KB080709

세계체제와
아프리카

THE WORLD-SYSTEM AND AFRICA
by Immanuel Wallerstein
Copyright ⓒ 2017 by Immanuel Wallerstein
All rights reserved.

Korean translation copyright ⓒ 2019 by Changbi Publishers, Inc.
This Korean edition is published by arrangement with the author.

이 한국어판의 판권은 Immanuel Wallerstein과
독점 계약한 (주)창비에 있습니다.
저작권법에 의해 보호를 받는 저작물이므로
무단 전재와 복제를 금합니다.

THE WORLD-SYSTEM AND AFRICA

이매뉴얼 월러스틴 지음 성백용 옮김

세계체제와
아프리카

인종주의
민족주의
종족성의
정치학

창비

일러두기

1. 외국의 인명·지명은 현지 발음에 충실하게 우리말로 표기하고 괄호에
   원어를 병기했다.
2. 원문의 주는 책 뒤에 붙였다. 분문 하단의 설명주와 본문 내 괄호 안의
   작은 글씨는 옮긴이의 것이다.

서문

30여년 전에 나는 세계체제에서 아프리카의 역할에 대해 쓴 글들을 책으로 묶어낸 적이 있다. 책 제목은 『아프리카와 근대세계』(*Africa and the Modern World*)였다. 그 이후로 아프리카에서 그리고 세계체제 전체에서 많은 일이 일어났다. 이참에 그동안 쓴 글들을 다시 묶어내는 게 좋겠다는 생각이 들었다.

  이 평론집에서 논의할 문제는 세가지다. 먼저, 내가 근대 세계체제의 구조적 위기라고 불러왔던 문제다. 내가 보기에, 우리는 거의 500년 동안 근대세계의 모습을 빚어내온 자본주의 체제로부터 그 후속 체제 또는 체제들로 가는 특이한 이행 과정에 있다. 이 구조적 위기는 향후 30년 내지 40년 동안 지속할 것이다. 있을 수 있는 결과는 두가지로, 우리가 살아온 체제보다 더 나은 체제일 수도 있고 더 나쁜 체제일 수도 있다. 결과를 예측하기란 불가능하지만, 그래도 그 투쟁을 분석하고 그것에 영향을 끼치도록 노력할 수는 있다. 윌리엄 마틴(William G. Martin)과 함께 쓴 것을 포함하여 모두 네편의 글에서 나는 전세계에 걸친 이 구조적 위기가 아프리카에 미친 영향을 분석하고자 했다.

다음으로 논의할 주제는 지난 30년 동안 두드러지게 나타난 정치적 태도인 정체성 정치(identity politics)의 문제다. 정체성 정치는 아프리카에만 특유한 것이 아니라 세계체제 어디서나 정치적 투쟁의 주요 쟁점이 되어왔다. 여기 실린 네편의 글에서 나는, 이러한 관점에서 제기되는 아프리카의 딜레마들을 세계체제의 맥락에서 살펴볼 것이다.

끝으로, 그다음 여섯편의 글에서는 세계체제와 아프리카에 걸쳐 일어난 최근의 사태들에 대한 아프리카 사상가들의 분석을 곱씹어볼 것이다.

근대 세계체제의 구조적 위기를 해결하는 데 아프리카가 적절하면서도 의미심장한 역할을 맡으려면, 여기에 어떤 심각한 문제들이 얽혀 있는지, 어떠한 도덕적 선택안들이 있는지, 또 어떠한 정치적 전략을 따라야 하는지 등에 관한 지적으로 적절하고 면밀한 토론을 계속 이어가는 것이 무엇보다도 중요하다. 이 책은 바로 이 토론에 참여하려는 뜻을 담은 것이다. 그것은 아프리카 사람은 아니지만, 70여 년 동안 아프리카에 대한 글쓰기에 관여해왔고 이 지역에 대한 이 같은 관여를 통해 자신이 안다고 주장하는 것의 대부분을 알게 된 어느 사람에게서 나온 것이다.

2부/ 정체성 정치의 등장
: 세계체제를 통해서 본 아프리카의 딜레마들

3부/ 아프리카 사상가들의 시각

: 아프리카에 대한 영향

1부

자본주의
세계체제의
구조적 위기

1장

아프리카와 세계체제
: 독립 이후 얼마나 변화했는가?

　1945년 무렵 아프리카가 세계체제에서 어떠한 위치에 있었는가 하는 문제는 아프리카인들 사이에서나 아프리카 연구자들 사이에서 거의 논란이 없다. 이집트, 에티오피아, 라이베리아, 남아프리카 — 모두 국제연합(UN)의 창립 회원국인 — 를 제외하고 대륙 전체가 식민지 영토들로 이루어져 있었다. 이 영토들의 공식 주권은 5개 유럽 국가 — 영국, 프랑스, 벨기에, 뽀르뚜갈, 에스빠냐 — 가 쥐고 있었다.[1] 1945년에만 해도 이 가운데 어느 지역이라도 가까운 장래에 주권국가가 될 가능성은 거의 없어 보였다. 1945년 당시 가장 전투적인 아프리카의 입장 표명이었던, 맨체스터에서 발표된 범아프리카회의의 선언을 들여다보면, 제국주의에 대한 비난과 모든 종류의 자유에 대한 요

구는 나타나 있지만 그럼에도 거기에 **독립**이라는 단어는 눈에 띄지 않는다.[2]

1957년이라는 해는 대개 현대 아프리카 정치사에서 하나의 실마리가 되는 시점으로 꼽힌다. 바로 가나가 독립한 해, 다시 말해 사하라 이남에서 최초로 —— 왜 그런지는 잘 모르겠지만 수단이 사하라 '이북'의 국가로 간주된 까닭에 1957년에는 가나가 이렇게 최초로 일컬어졌다 —— 아프리카 국가가 독립을 선포한 해였던 것이다. 헌정적 관점에서 가나의 독립으로 가는 길은 1949년 헌법개혁위원회(일명 커시 위원회Coussey Commission)의 보고서로 거슬러 올라갈 수 있다. 위원회는 인민대회당(CPP, Convention People's Party)과 콰메 은크루마*가 1951년 정권을 쥐게 될 지역 자치정부의 형태를 권고했다. 이 보고서에는 부록이 딸려 있는데, 여기에는 '한 위원의 요청으로 회람된 논문 발췌문'이 들어가 있다. 논문의 저자는 펠릭스 S. 코언(Felix S. Cohen)이고, 그 제목은 '식민주의: 하나의 현실적 접근'(Colonialism: A Realistic Approach)이다.[3] 논문은 매우 '균형 잡힌' 평가를 내리고 있다. 한편으로 코언은 우리가 식민 권력의 선한 의도에 다가갈 때 품어야 하는 의심에 대

---

* Kwame Nkrumah, 1909~72. 영국의 지배로부터 서아프리카의 독립운동을 주도했으며 1952년 골드코스트 총리에 이어 1960년 가나공화국 초대 대통령에 선출되었다.

해 언급한다.

식민지 상태는 종국에는 독립이나 동화를 목적으로 하는 일시적인 제도라는 식으로 오늘날 흔히 정당화된다. 이 견해의 유일한 난점은, 존 메이너드 케인즈(John Maynard Keynes)가 지적했듯이 종국에 우리는 모두 죽는다는 것이다. 확실히 식민지 상태를 비폭력적으로 순조롭게 종식시키는 과정은 가장 어려운 정치적 작업 가운데 하나다. (…)

우리의 정치적 현실주의 원칙으로 돌아가면, 식민지 상태의 존속이냐 폐기냐를 결정하는 데뿐만 아니라 자유의 약속을 실제로 이행하는 데서도 정권이 부패를 조장하는 요인으로 작용하는 것을 볼 수 있다. (…)

이로부터 우리는 권력 이양에 대한 결정이 그런 권력의 담당자에게 맡겨져서는 안심할 수 없다는 결론을 끌어낼 수 있다.

다른 한편으로 코언은 '원주민들'의 지도력에 대해 회의적인 의견을 표명한다.

하지만 냉소주의가 일방적이어서는 안 된다. 식민주의라는 질병은 통치하는 사람들에게만 해당되는 게 아니다. 통치를 받는 사람들도 마찬가지로 고약하고 심각한 질환에 걸린다. 이 질환들 가운데 주요한 것들을 꼽자면 다음과 같다. (1) 타고난 사대주의(toadyism): 이런 풍조 속에서 토착 정치가는 아첨꾼, 알랑쇠, 매춘부의 일상적인 습성을 익힘으로써 권력의 떡고물을 챙긴다. (2) 장황하게 떠들기(blablaism): 이런 풍조 속에서 그들 종족 가운데 지도적인 위치에 오르기를 지망하는 원주민들은 말이 아닌 행동 능력을 입증할 기회가 없으므로 오로지 그들의 입에서 나오는 장광설에 근거해서 평가받고, 선별되고, 육성된다. (3) 덮어놓고 반대하기(noitis): 이런 풍조 속에서 행동 기회를 빼앗긴 자들은 정부의 행정에 대해 끊임없이 반대하는 입장에 놓이게 된다.

뒤의 두가지 질환이 합쳐지면 의기소침한 집단이 지배권력에 대한 대중의 불신을 가장 호소력 있게 표현하는 자들 가운데서 지도자를 선택하는 상황이 연출된다. 이렇게 선출된 지도력이 자치에 대한 또는 미래의 개선된 조건에 대한 약속을 기꺼이 떠안으리라고 기대하는 것은 순진한 생각이다. 하지만 분명히 스태퍼드 크립스 경*은 그 인민에게 영국인들을 믿지 말라고 경고함으로

• Sir Stafford Cripps, 1889~1952. 영국 노동당 의원·각료. 좌파 정치가로

써 — 이런 경고들은 사건의 전개 과정에서 현실로 나타나는 일이 자주 있었는데 — 지도자의 위치에 오를 수 있었던 인도 지도자들이 그들의 추종자들을 향해 '지금 영국인들이 하는 약속은 믿어야 한다'고 말하기를 기대했다. 이런 종류의 상황에 대한 유일한 합리적 접근은 대개 새로운 책임 영역들을 토착세력의 관리로 즉각 이양하는 것이다. 이 같은 해결책은 약속의 이행에 대한 책임을 피할 뿐 아니라 실제 통치의 습성과 경험, 책임을 체득시키고, 그럼으로써 담화 지도자(leader-in-discourse)를 행동 지도자(leader-in-action)로 바꿈으로써 토착 지도력의 성격을 변화시키기 마련이다.

끝으로, 우리의 현실주의는 필시 그것이 균형 잡힌 판단에 이르려면 식민주의의 다른 대안들에도 적용되어야 한다. 중앙아메리카의 '바나나 공화국'*들은 지금 식민지적 종속 상태에 놓인 인민들이 열망할 수 있는 적절한 이상을 제시하고 있는가? 국내 정치에서의 반동세력(두가지 두드러진 예를 들자면 에드먼드 버크**와 W. R.

_____

파시즘에 맞서는 공산주의자들과의 인민전선 결성을 주장했다.
* Banana Republic. 특정 자원의 수출에 대한 경제 의존도가 높고 정치적으로 불안정하여 외세에 휘둘리는 중남미의 국가들을 일컫는 표현.
** Edmund Burke, 1729~97. 영국의 정치철학자. 프랑스혁명의 과격화에

허스트*)이 종속된 인민들의 독립운동을 종종 지지하고 나서는 이유는 무엇인가? 내가 보기에 이 두가지 질문에 대한 답은 경제적 제국주의가 반드시 정치적 제국주의에 의존하는 것은 아니며, 심지어 때로는 정치적 제국주의에 의해 방해받기도 한다는 사실을 인정하는 데서 찾아야 한다. 이 같은 방해가 일어나는 곳에서는 정치적 양상의 식민주의를 제거하는 것이 경제적 제국주의자들에게 이익이 될 것이다.

콰메 은크루마가 신식민주의(neocolonialism)를 독립 이후 정치의 기본적인 위장술로 삼기 10년 전에 이 같은 신식민주의의 논지를 들고 나온 코언은 이렇게 결론을 맺는다.

그렇다면 정치적 독립은 모든 식민지 문제들에 대한 적절한 답이 될 수 없다. 경제적 지배와 정치적 지배의 차이를 인정함으로써 우리는 우리의 기본 문제를 다음

대한 반발로『프랑스혁명에 관한 성찰』을 발표하여 근대 보수주의의 기초를 놓았으며, 자유주의 정치가로서 영국의 아메리카 정책 및 동인도 회사의 전횡을 비판했다.
* W. R. Hearst, 1863~1951. 미국의 언론사업가. 여러 일간지, 통신사, 방송국 등을 지배하여 이른바 '허스트 언론제국'을 이루었으며, 조지프 퓰리처의『뉴욕 월드』와 경쟁하면서 '황색언론'이라는 비판적 표현을 낳기도 했다.

과 같은 식으로 간명하게 제기할 수 있다. 즉 우리는 사적인 경제적 착취의 폐해를 늘리지 않으면서 어떻게 정치적 종주지배(overlordship)의 폐해를 최소화할 수 있는가?

1980년대에 글을 쓰는 나로서는, 코언의 문제 제기가 비록 온정주의적이긴 해도 문제의 핵심에 다가가 있음을 쉽사리 알 수 있다고 생각한다.

오늘날 극소수의 예외를 빼고 아프리카 전체는 유엔(그리고 아프리카 통일기구 OAU*)의 회원국인 주권국가들로 이루어져 있다. 따라서 1945년에 비해 지금 아프리카의 정치적 자율성이 더 커졌다는 주장에 이의를 달기 어렵다. 다시 말해, 이 세계체제에서 모든 정치적 행위자들이 (다양한 국가들의 힘을 통해서뿐만 아니라 강력한 경제집합체와 정치운동들의 힘을 통해서 표출되는) 국가 간 체제(interstate system)의 구조적 압력에 의해 제약을 받는다는 것은 틀림없는 사실이긴 하지만, 세계체제 내의 다른 지역 사람들에 대한 아프리카인들의 힘은 연속선상에서 극히

• Organization of African Unity. 사하라 이남 아프리카 국가들의 지위 향상, 협력과 연대 등을 목적으로 1963년 31개 독립국을 회원국으로 창설된 국제기구. 은크루마는 이 기구 창설의 주도자 가운데 하나였다. 2002년 아프리카 연합(African Union)으로 대체되었다.

낮은 수준에서 좀더 높은 수준으로 상승했다. 하지만 얼마나 더 높아졌는가, 그것이 문제다.

은크루마가 신식민주의에 대해 언급하기 시작한 것과 같은 시기에[4] 줄리어스 니에레레*는 아프리카가 "새로운 국면, 즉 아프리카에 대한 그리고 내 생각엔 아시아에 대한 두번째 쟁탈 국면에 들어가고" 있다고 선언했다. 그는 때 이르게 나온 이 이야기를, 매우 고전적인 남북 '종속관계'의 어법이 되어버린 것으로 마무리지었다.

하지만 국제적으로 보면 상황은 사뭇 다르다. 사회주의 국가들 사이에서조차 계급적 분열은 점점 더 커져간다. 지금은 부유한 자본주의 국가들과 가난한 자본주의 국가들만 있는 게 아니다. 부유한 사회주의 국가들과 가난한 사회주의 국가들도 있다. 게다가 내가 보기에 지금, 국가들로 이루어진 더 큰 사회에서는 제각기 '개체'로 간주되는 사회주의 국가들 스스로가 자본주의 국가들이 예전에 저지른 것과 똑같은 범죄를 저지르고 있다. 국제적인 차원에서 그들은 지금 자본가적 목적, 즉 권력과 위신을 위해 부를 이용하기 시작하고 있다.

---

* Julius Nyerere, 1922~99. 탄자니아의 독립운동가·정치가. 1961년 탕가니카 초대 수상, 1962년 탕가니카 초대 대통령이 되었고, 1964년 탄자니아공화국의 초대 대통령에 취임하여 1985년까지 재임했다.

그런데 국내 정책이 어떠하든 간에, 빈곤이 발견되는 모든 곳에서 빈곤을 퇴치하는 것 이외의 어떤 다른 목적을 위해 국부를 사용하는 것은 단 한가지 결과에 이를 뿐이다. 즉 계급투쟁이 국가적 차원에서 국제적 차원으로 옮겨갈 것이다. 빈부 사이의 충돌은 불가피하다는 카를 맑스의 이론은 국민국가들 내부에서와 마찬가지로 국제적으로도 똑같이 들어맞는다.

향후 세계의 분열은 이와 같이 될 터인즉, 그것은 계급적 분열이지 이데올로기적 분열은 아닐 것이다. 그리고 우리가 공언한 사회주의적 신념에 맞게 당장 행동하기 시작하지 않는다면, 우리는 자본주의 국가들과 사회주의 국가들이 그 계급투쟁 진영의 양쪽 모두에 포진해 있는 그러한 분열을 보게 될 것이다.[5]

세계적 계급투쟁의 관점에서 이 독립 시기에 대해 어떻게 말할 수 있을까? 아프리카의 상황은 1945년에 비해 더 좋아졌는가 아니면 더 나빠졌는가? 이렇다 혹은 저렇다고 너무 성급하게 답변을 내놓지 말자. 그것은 겉보기보다 답하기 꽤 복잡한 문제다.

한 지리적 영역에서의 '상황 개선' 여하를 평가하는 것의 복잡함은 대개 (1) 우리가 사용하는 측정 방식들 (2) 비교 대상이 되는 다른 지역들 (3) 분석 대상이 되는 기간

(4) 우리가 투사하는 역사적 궤적 등에서 비롯된다. 이 문제들을 하나씩 살펴보도록 하자.

우리는 누구를 그리고 무엇을 측정하는가? '누구를'은 답하기 쉬운 문제가 아니다. 발전에 관한 사회과학의 전통적 측정 방식은 어느 한 국가의 특질들, 이를테면 국내총생산(GDP) 또는 일인당 GDP, 대외무역 구조, 인구 같은 것들에 대한 것이다. 이런 수치들 가운데 몇몇을 들여다보면 아프리카는 그다지 좋아 보이지 않는다. 저소득 국가들을 놓고 볼 때, 1965년부터 77년까지 아프리카의 GDP, 수출·수입 성장률은 아시아의 성장률보다 낮다. 중위소득 국가들 중에서는 '사하라 이남' 아프리카가 같은 기간 가장 낮은 성장률을 기록했다. 1960년부터 90년까지의 일인당 GDP를 보면 (예상대로) 다른 모든 개발도상국, 산업국가와 중앙 계획경제 국가보다 더 낮게 나타난다.[6]

그러나 우리는 이것이 유의미한 통계인지 의문을 던질 수 있다. 사실 통계 수치들은 국내의 중대한 불균등 분배 문제를 감춘다. 통계상의 향상은 이를테면 인구의 상위 10퍼센트에 주로 해당하는 것일 수도 있다. 문제는 우리가 이 사안에 대한 진정한 측정값을 얻을 수 있을 만한 관련 데이터를 어디에서도 수집하고 있지 않다는 것이다. 예컨대 '노동자 계층'의 절대적·상대적 소득 성장률을 측정하려 할 때 (모든 근거 자료에서 나온 그리고 모든 형태의)

전체 가구 소득의 비교 수치가 필요할 수 있다.[7] 하지만 이런 종류의 데이터가 없기 때문에 우리는 이들 계층의 복지 상태를 비교한 매우 간접적인 지표들을 이용할 수 있을 뿐이다. 이러한 간접적 지표 중의 하나가 기아 및 영양실조에 관한 통계 수치다.

기근이 주로 1968~74년 사하라-에티오피아 일대의 나라들을 강타했고 지난 몇년 동안에는 그 남쪽 벨트에 걸친 나라들에서 심각해졌다는 것은 분명하다. 인도 아대륙, 중앙아메리카, 그밖의 다른 곳에서도 마찬가지로 심각한 기근이 있었을 것이다. 그러나 북반부에서는 이와 같은 기근이 없었다. 이 같은 비교를 세세한 데까지 본격적으로 계량화한 사람은 아직 없었지만, 이처럼 불균등한 기근 사태가 북반부와 남반부 노동자 계층의 실질소득 및 생활양식의 격차를 더 크게 벌렸으리라는 것은 아주 명백하다.

사하라 지역의 기근을 다룬 광범위한 문헌들은 사회경제적 요인이 가뭄을 기근으로 비화했다는 것에 대해, 비록 강조점에서 뚜렷한 차이가 있긴 하지만 의견이 일치하는 것 같다. 로프치(Michael F. Lofchie)가 간명하게 정리한 대로, "독립 아프리카의 최근 농업 관련 기록은 식량 생산에서의 거듭된 실패, (…) 〔하지만〕 수출용 작물 경작에서의 굉장한 성공이었다"는 것도 합치된 의견이다. 로프치에게 이것은 하나의 "역설"이다.[8] 다른 연구자들에게 수출용 작

물 경작의 확대는 식량작물 생산의 쇠퇴와 아주 직접적으로 연관되어 있다.[9]

분석 대상 기간과 관련해서는, 우리가 역사를 거슬러 올라가면 갈수록 오늘날 자본주의 세계경제의 핵심부(the core)에 있는 인민들과 주변부(the periphery)에 놓이게 된 인민들 사이에 실질소득 및 생활양식에서의 격차가 점점 더 줄어든다. 장기적으로 점점 더 벌어지는 그 격차가 세계경제의 예외적인 호황기였던 1945~67년 동안에 줄어들지 않았다면, 지금과 같은 장기적 경기침체의 국면에서 그 격차는 확연히 더 크게 벌어질 수밖에 없었을 것이다.

문제는, 독립이 그 격차의 확대를 조금이라도 둔화시켰는가 하는 것이다. 아프리카 민족주의의 주된 동기 가운데 하나는 만일 그들이 (은크루마의 은유적 표현으로) '정치적 왕국'을 지배할 수 있다면 경제적 개선이 뒤따를 것이라는 기대였고, 따라서 그 격차를 줄일 수 있다는 것은 물론 하나의 희망이었다. 어떤 면에서 분명히 답하기에는 너무 이른 감이 있다. 아프리카가 독립한 시기는 1960년 언저리다. 어쩌면 2010년이나 심지어 2060년쯤 되어야 더 정확한 평가를 내릴 수 있을지 모른다. 그러나 처음에 나타난 결과는 어지간히 실망스러운 것이었고, 그래서 '탈식민화'(decolonization) 과정이 1945년에 누구나 예견했던 것보다 여러 면에서 더 수월하게 이뤄진 ─ 덧붙이자면 여기서 나는 그런 목적을 이루기 위한 아프리카의 정치적 동원과 전쟁의 결정적이고 힘겨운 역할을 부인하지 않는다 — 이유들 가운데 하나가 '만물의 상품화'(따라서 세계경제의 양극화) 과정이 '원주민' 정부하에서 더 느리기는커녕 오히려 더 빠르게 진행되리라고, 중심부의 선견지명 있는 정책입안자들이 내다봤기 때문이 아닐까 하는 생각마저 든다. 만일 그렇다면, 이는 자본주의 세계경제가 애초부터 걸어온 역사적 궤적에 들어맞는 일이 될 것이다.[10]

설상가상으로 그러한 '토착화'가 자본주의 세계체제의 전형적인 계급구조의 내부적 형성을 심화하고 공고히 하는 하나의 방식이며, 그리하여 세계적으로는 물론이고 국내적으로도 그 격차를 확대하는 하나의 방식이라고 주장할 수도 있지 않을까? 아니, 정말로 그렇게 주장할 수 있을 텐데, 왜냐하면 그런 일은 누구나 알다시피 어디서건 실제로 일어난 것처럼 보이기 때문이다. 탄자니아에서 일컬어지는 대로 '바벤지'(waBenzi)*가 심각한 저항에 맞닥뜨린 곳은 아직 어디에도 없다.

그렇다면 아프리카의 독립을 위한 투쟁은 자기기만의 거대한 사례였는가? 아니, 전혀 아니다. 하지만 이 문제를

• 반투어로 '벤츠 자동차를 타는 사람'이라는 뜻으로 식민지 독립 이후 새로운 지배층이 된 부패한 정부관리를 가리킨다.

이해하기 위해, 우리는 방금 내가 논의한 침울한 경제 상황으로부터 눈길을 돌려서 아프리카의 정치적 투쟁이 갖는 세계적 차원의 정치적 함의를 살펴봐야만 한다.

아프리카에서 솟구친 민족주의 물결(그리고 더 나중에 나타난 민족해방운동으로의 변형)은 물론 훨씬 더 광범위한 현상의 일부다. 어떤 면에서 그것은 19세기 말에 절정에 이른 유럽의 정복(또는 몇몇 경우 준準식민화)에 대한 비서구 세계의 반발의 일환이다. 말하자면 '유럽'의 롤백(rollback, 원래의 상태로 되돌아감)은 20세기의 주요한 문화적 테마였다. 하지만 그것을 이렇게 제한된 관점에서 바라보는 것은 잘못일 것이다. 실은 유럽 사회운동의 성장, 여러 차례의 인터내셔널과 러시아혁명을 포함하여 **조직적인 반체제 활동**이 19세기 이래로 자본주의 세계경제 안에서 줄곧 존재해왔다. 이 모든 반체제운동(antisystemic movement)이 모호하게 반체제적이었다(하지만 아프리카의 민족주의도 물론 마찬가지였다)는 것은 사실이지만, 그럼에도 세계체제와 그 지역 단위 또는 지역권(zone)들의 역사에 조금도 어김없이 구체적으로 영향을 끼쳐온 세계적 차원의 정치적 '힘'이 창출되고 있었다는 것은 틀림없는 사실이다.

우리는 전 기간에 걸쳐 세계체제 내 반체제 활동의 전체적인 힘을 어느정도 '측정'할 수 있다. 나는 그 힘의 정도를 나타내는 곡선이 지난 150년간, 많은 이들이 기대했거나 주장하는 것보다 덜 가파르기는 하지만 그래도 꾸준히 상승해왔다고 평가한다. 이 세계적 차원의 운동에 대하여, 특정 국가 또는 지역에서의 '혁명' 또는 동원이 경제적 분배나 인간다운 생활양식의 관점에서 두드러진 성과를 거두지 못했다고 해서, 그런 사실 때문에 그것이 **정치적** 누적효과에 기여한 바가 폄하되는 것은 아니다. 이런 의미에서, 아프리카 내 독립운동의 물결 그리고 많은 난관을 뚫고 이루어진 아프리카 통일기구의 창설과 유지는 현존 세계체제의 안정성을 다만 조금이라도 약화하는 쪽으로 세계정치적 **힘의 관계**에 영향을 끼친 것으로 평가받아야 한다.

하지만 이 지점에서 우리는 이른바 '톱니' 효과*라고 하는 것을 고려해볼 필요가 있다. 어떠한 사회 행위도 뚜렷하게 오직 한 방향으로만 나아가지는 않는 법이다. 모순은 모든 복잡한 구조 속에 똬리를 틀게 마련이며, 게다가 반체제운동은 매우 복잡한 구조다. 첫번째, 그것은 다양한 사회적 배경과 다양한 사회적 목적, 그리고 다양한 정도의 열성을 지닌 사람들을 단일한 사회조직으로 그러모을 수밖에 없다. 두번째, 사회변혁의 수단으로서 하나의 조직을

---

* ratchet effect. 소비 등의 활동이 일정 수준에 이르면 이전 수준으로 돌아가기 어려움을 나타내는 말.

창설하는 것은 양면성을 띠게 마련인데, 왜냐하면 그것의 장점(효율성)은 또한 자체의 약점(그 수단이 간부진에게는 목적이 되는 것)을 내포하고 있기 때문이다.

이것은 무엇을 의미하는가? 그것은 모든 반체제운동의 경우 '잠정적인' 목적의 성취, 즉 국가권력 장악이 현존 세계체제를 침식하는 **동시에** 강화하기도 한다는 것을 보여준다. 이 같은 강화 작용은 (중국, 베트남, 모잠비끄, 알제리처럼) 대단한 대중동원이 있었던 경우에도 나타났다. 얼마간 어떤 다른 곳에서 일어난 투쟁의 부작용으로서 '탈식민화'가 이뤄진 아프리카의 숱한 사례들에서 그것은 더 이를 나위가 없다.

특정한 X 또는 Y의 경우 강화작용보다 침식작용이 더 컸는가 아니면 그 반대인가? 중요한 문제는 이런 식의 사이비 계량적 산술이 아니다. 앞서 말했듯이, 아프리카 지역권만 따로 떼어놓고 본다면 꼭 그렇다고 말할 수는 없겠지만, 세계적인 차원에서는 강화작용보다 침식작용이 더 컸다는 것이 분명하다. 정작 문제는 전혀 다른 데 있다. 사회의 변형은 누적적인 과정이다. 지난 150여년의 조직적인 반체제 활동은 종합적으로 지금의 행위자들의 사회심리에 영향을 주었다.

그러한 영향은 다음의 세가지다.

1. 성공은 성공을 낳는다. 오늘날 남서아프리카민족기구(SWAPO)*의 투사들이 악전고투하며 버티고 있다면, 이는 부분적으로 그들이 최근의 아프리카 역사를 읽고서 그러한 악전고투가 언젠가 결실을 맺을 것이며, 조만간 남아프리카 정부가 굴복하게 될 것이라는 기대를 갖게끔 되었기 때문이다.

　2. 성공은 환멸을 낳는다. 이는 자신들이 '혁명'을 이루어냈다고 '생각하는' 나라들에서 주로 일어난다. 혁명 이후의 현실은 여러 면에서 애초의 기대와는 딴판이다. '믿는 자들'은 줄어들고 '냉소자들'(이익을 챙기는 냉소자들 그리고 자기 개인의 영역으로 물러나는 냉소자들)은 아주 많아지는 것이다.

　3. 성공은 세계의 상위계층에게 두려움을 불러일으킨다. 하나의 일반적 사회 과정으로서, 사회적 계층구조의 최상위에 있는 사람들은 반대세력에 대해 으레 다음과 같은 세가지 방식으로 잇따라 대응한다. 먼저 억압한다. 억압이 더이상 여의치 않을 때 그들은 포섭하기를 바라면서 양보한다. 그리고 이것이 더이상 여의치 않을 때 그들은 '이길 수 없으면 한패가 되라'(if you can't lick

---

* South West African People's Organization. 나미비아의 독립운동기구이자 1990년 독립 이후의 집권 정당.

'em, join 'em)는 낡은 슬로건을 응용한다. 좀더 명확히 말하면, 그들은 전면적인 변형을 통해, 하지만 계층화된 구조라는 똑같은 결과를 여전히 남겨두는 그런 전면적인 형태의 변형을 통해 그들의 계층적 기득권을 유지하려 한다.

이 세가지 결과는 향후 25~50년의 중대한 정치적 전장이 국가 간 대립 또는 고전적인 형태의 계급투쟁(사적 부르주아 기업가 대 프롤레타리아 산업노동자)이 아니라 반체제운동들 내부 그리고 반체제운동들 일체의 울타리 안에 존재할 것이라는 점을 한결같이 가리킨다.

이는 아프리카 대부분의 지역에서 매우 명백한 사실이며, 더 극적이고 아주 장기적으로 대중동원을 경험한 나라들의 경우에는 더더욱 명백하다. 독립 후 아프리카 정부들의 상대적인 정치적 소강상태(정치적으로 상관이 없는 쿠데타가 간간이 끼어드는)는 그리 오래가지 못할 것이다. 문제는 중대한 반체제 투쟁이 아프리카에서 취하게 될 새로운 형태는 무엇인가 하는 것이다. 이를테면 그것은 또 한층 새로운 조직들에 의한 국가권력 장악에 여전히 우선권을 둘 것인가? 나로서는 답할 수가 없다. 하지만 이는 아프리카만의 문제가 아니다. 핵심부에서는 사실상의 '사회민주주의화'(social-democratization) 및 복지국가에 맞서 이른바 신좌파(New Left)가 대두했지만, 이는 자체의 이론적 근거나 전략 문제를 결코 해결하지는 못했다. 또한 사회주의 진영에서는 그 정부들에 맞서 대안적 투쟁 방식을 찾으려는 다양한 시도가 나타났다. 연대노조●운동은 그중 가장 두드러진 예지만 결코 결정적인 형태는 아니다. 그리고 아직까지 민족해방운동들의 집권 '국면'을 마무리하고 있는 주변부 지역들에서 진정한 문제는, 다음 국면은 무엇인가 하는 것이다.

관건이 되는 사안들에 대해 분명히 해두자. 우리의 대안은 현존 자본주의 세계체제라든지 또는 어떤 유토피아적 미래 같은 것이 아니다. 현존 자본주의 세계체제는 자체의 '성공들'로 다져진 모순들의 결과로 얼마 전부터 흔들리고 있다. 진짜 문제는 다음에 오는 체제는 무엇인가 하는 것이다. 선택은, 현 체제와는 다르되 여전히 계층구조를 지닌 어떤 계층화된 역사적 체제 그리고 비교적 덜 계층화된 역사적 체제 사이에 놓여 있다. 내가 보기에, 이 문제는 향후 25년의 조직적 투쟁에 의해서 판가름 날 것이다. 아프리카는 여러 면에서 관건이 되는 지역권이다. 많은 역사

● Solidarność. 1980년 폴란드 그단스크의 레닌조선소에서 출범한 자유노조의 명칭. 동유럽 사회주의 국가들에서 민주화 바람을 일으키는 계기가 되었으며 노조 지도자인 레흐 바웬사는 1990년 초대 민선 대통령이 되었다.

적 이유들로 말미암아, 아프리카는 현 체제를 지탱하는 데 아주 큰 역할을 해온 계몽사상의 '보편주의' 이데올로기에 지적으로 덜 예속되어 있다.[11] 따라서 가장 창조적인 일단의 조직적 재고와 재평가 시도가 그곳에서 나타날 것이다. 적어도 우리는 그렇게 되기를 기대할 수 있다.

〔1985〕

2장 /

세계경제 속의 남부 아프리카, 1870~2000[1]

남부 아프리카 인민들에 대한 전략적 이슈의 중요성에 관해서는 거의 이론의 여지가 없다. 지난 25년에 걸쳐 이 지역은 전쟁으로 황폐해졌다. 남쪽으로 향하는 아프리카 해방의 물결이 1960년 7월 남부 아프리카의 전진기지인 콩고의 카탕가(Katanga)까지 도달한 바로 그 순간부터, 이 지역 곳곳은 현지 무장세력과 대륙 외부의 무장세력들이 개입한 군사적 충돌에 휘말렸다. 1975년 앙골라와 모잠비끄의 탈식민화 그리고 1980년 짐바브웨의 탈식민화조차도 평화의 시대를 여는 데는 실패하고 말았다. 실제로, 남아프리카에서 다수결 원칙*을 위한 투쟁이 고조되고 프리

---

* majority rule. 인종차별 선거 및 인종분리 선거나 인종별 권력배분 등에

토리아(Pretoria, 남아프리카공화국의 행정수도)의 권력기관들이 포위되면서, 프리토리아는 이웃 국가들을 대상으로 점점 더 격렬한 군사행동을 조직했다. 그 결과 국가 간 갈등이 최고조에 달했고, 그에 따라 경제 상황이 나아지리라는 기대는 일찌감치 짓밟히고 말았다.

1945년 이후 남부 아프리카를 둘러싼 싸움을 들여다보면 세가지 특징이 두드러지게 나타난다. 첫째, 동서 간 대결(냉전)의 직접적인 영향권 밖에 있는 지역으로서는 예외적으로 군사적·정치적 갈등의 수위가 높다는 것이다. 둘째로, 민족적 투쟁이 지역 세력 및 행위자들 속에 파고들어가 있거나 아니면 이들이 재빨리 그에 개입하면서, 갈등이 점점 더 초국가적인 성격을 드러냈다는 것이다. 끝으로, 가까운 과거에는 식민주의에 맞서 그리고 현재는 다수결 원칙에 맞서 포진한 세력들에 의해 실증되었듯이, 서구 열강은 국지적(local) 갈등이 더 광범위한 지역적(regional) 이해관계를 위험에 빠트린다는 전제 위에서 행동해왔다. 이 세가지 요인은 그중 어느 하나만으로도 주목을 끌 만큼 중요하다. 하나로 합쳐지면 그것들은 남부 아프리카에서 일어나는 갈등의 바탕이 되는 구조적 토대에 대하여 진지

반대하여 평등·보통 선거에서 다수를 차지한 정파가 집권한다는 원칙. 이러한 원칙에 입각한 1994년 선거에서 넬슨 만델라가 남아프리카공화국 대통령에 선출되었다.

한 질문을 제기하는 하나의 합성함수 같은 것으로 나타난다. 민족해방 투쟁은 왜 그렇게 길고 격렬해야 했는가? 민족적 차원의 갈등에 왜 지역세력들과 세계열강이 휘말리게 되었는가? 이 같은 역사적 패턴들을 고려할 때 지금 그리고 가까운 장래에 다양한 행위자들이 택할 수 있는 선택지는 무엇인가?

지금 시대의 사건과 행위자에 대한 세밀한 분석만으로는 이런 질문들에 답할 수가 없다. 그에 더하여, 전략적 행위의 바탕이 되는 구조적 조건들, 즉 장기적이거나 지속적 성격을 띠는 조건들의 면면과 단기적 또는 중기적으로 변동하는 조건들의 면면을 모두 파악할 필요가 있다. 이는 '안보'와 '발전'에 대한 고정관념들을 다시금 생각하는 계기가 된다. 이 개념들이 유용하게 제구실을 하려면, 그것들을 자본주의 세계경제의 역사적 구조와 작동이라는 틀 속에 놓고 봐야 한다. 그 속에서 진정한 '발전'은 세계경제의 양극화 경향에 맞서는 지난한 노력으로 정의될 수 있을 것이며, '안보'의 쟁점들은 세계체제 내의 체제세력과 반체제세력 사이의 끊임없는 싸움에 관련되어 있다. 이것의 온전한 의미를 분석하려면, 자본주의 세계경제에서 남부 아프리카의 위상이 어떻게 변화해왔는지를 명확히 파악해야 한다. 따라서 남부 아프리카라는 하나의 '지역'의 등장이 갈등의 궤도에 가해왔던 충격을 살펴보고, 그런 다음 이제까지의 반체제운동들의 역할과 가까운 장래의 발전 가능성을 포함하여 국가 간 체제의 차원에서 균형추 (balance offerees) 변화가 갖는 역할을 살펴보는 것이 유용할 것이다.

남부 아프리카를 둘러싼 현재의 투쟁에 걸린 이해관계는 꽤 크다. 이 점 자체는 새로울 것이 없다. 적어도 20세기로 넘어올 무렵 영국이 이 지역을 통제하기 위해 50만 대군을 투입했을 때부터 남부 아프리카는 전세계에 걸친 출연진의 관심을 끌어왔다. 세기 전환기의 이 같은 관심에 대해 제시된 이유들은 오늘날 아주 흔하게 이야기되는, 말하자면 해당 지역의 전략적 자원 가치, 정착민 정치세력의 존재라는 이유들과 들어맞는다. 남부 아프리카에서 이 두 가지 요인이 합쳐진 까닭에, 우리는 현재 이 지역을 둘러싼 다툼의 수위와 강도가 이렇게 높고 심한 것이 그리 놀라운 일이 아니라는 말을 듣게 된다.

사실에 비춰 맞는 말이긴 하지만 이 같은 설명은 남아프리카 정권이 강력하며 상당한 자원을 통제하고 있다는 것 이상의 거의 어떤 것도 실제로 우리에게 말해주지 못한다. 이를테면 이것은 남아프리카의 경계에서 멀리 떨어진, 경제적으로 주변적인 지역들에서의 분쟁에 남아프리카와 아프리카 독립국들 그리고 세계열강이 기어이 개입하는 이유를 설명해주지는 못한다. 분명히 그에 대한 답의 일부는 자신의 군사적·경제적 힘을 그 지역 전역으로 확대할 수 있는 능력을 가졌다는 데 있다. 그래도 여전히 우리는 왜 이런 일이 그렇게 쉽사리 일어나는지 물어야만 한다. 그리고 훨씬 더 중요한 것은 이 같은 패턴의 기원, 그것의 구조, 그것의 영구적인 그리고 가변적인 특징들, 그것의 현재와 미래의 궤도 등이다.

20세기의 첫 10년대에 자본주의 세계경제의 기축적 분업과 국가 간 체제에서 남부 아프리카가 맡았던 역할에 관해서는 거의 의문의 여지가 없다. 이 지역은 영국 헤게모니의 보호막 아래에서 세계경제에 편입되면서 전체적으로 광물 및 농산물 수출을 특화한 전형적인 주변부 지역이 되었다. 계급 및 국가 형성 과정은 이 같은 추세와 어울려 진행되었다. 남아프리카와 짐바브웨에서 정착민 정치조직이 창설된 것조차도 세계적 분업에 전면적으로 참여하는 데 적합하게끔 영토를 넘나드는 노동과 상품, 자본의 원활한 흐름을 보장하기 위해 의도된 것이었다. 남아프리카가 이 그물망에서 가장 값나가는 경품이긴 했지만 그럼에도 남아프리카와 인접 영토들에서 자본을 축적할 가능성은 명백히 세계경제 핵심부 지역들과의 연관성이 점점 더 깊어지는 것에 달려 있었다.

양차대전 사이에 세계경제에서 일어난 국지적인 정치적 분쟁과 변형은 전체적으로 이 같은 패턴을 뒤흔들어 세계경제에서 남부 아프리카의 역할을 변경하기 시작했다. 이러한 변경을 일으킨 동력은 1차대전 동안과 그 직후에 남아프리카에서 일어난 계급투쟁 및 민족주의 투쟁이었다. 아프리카너* 민족주의자들은 그런 기회를 포착해, 남아프리카 국가**라는 신생 세력을 이용함으로써 남아프리카의 생산과정을 세계적 분업의 상품 연쇄에서 새로운 자리로 편입시키게 될 과정을 시작했다. 이 과정에는 남아프리카의 경제활동을 핵심부 지역들에 동여매도록 그 관계망을 변경하기 위해 고안된 일련의 조치들이 포함되었다. 그 조치는 최초의 보호관세(1925)에서 시작하여 핵심부에서와 같은 생산의 증진(예컨대 유럽 및 북아메리카 밖에서 최초의 현대적 제강소 가운데 하나를 설립하는 등)을 거쳐 서로 경쟁하는 핵심부 공급자들로부터 기술 도입을 다변화하는 것까지를 아우른다. 이와 동시에, 그리고 거의 눈에 띄지 않게, 남아프리카의 자본과 국가는 국지적 축적 과정을 그 주위 주변부 지역들의 축적 과정과 선을 그어 차별화하고자 했다. 경쟁 지역의 원재료 및 기타 투입물의

---

* Afrikaner. 남아프리카공화국에서 아프리칸스어(Afrikaans)를 제1언어로 쓰는, 보통 네덜란드계 사람.
** 1910년 영연방의 일원으로 수립된 남아프리카 연방을 가리킨다. 남아프리카 연방은 1961년 남아프리카 공화국을 선포하고 영연방에서 탈퇴하였다가, 인종분리정책이 폐지된 이후인 1994년 영연방에 재가입했다.

수입이 제한되었고(예를 들어 보츠와나산 소, 로디지아산 담배, 모잠비끄산 설탕, 시멘트, 노동력), 그러면서도 남아프리카의 신흥 산업 부문에서 나온 새로운 생산품들은 주변 지역시장에 변함없이 접근할 수 있었다.

빤히 알 수 있듯이, 이것은 자급자족을 위한 전략이 아니라 오히려 세계경제의 핵심부 및 주변부 지역들과 동시에 선택적 관계를 맺음으로써 남아프리카 국가의 힘을 상당한 정도로 끌어올리려는 전략의 일환이었다. 총체적으로 그것의 전 과정은 결정적이면서 유리한 두가지 조건 속에서 진행되었는데, 하나는 영국 헤게모니의 최종적인 쇠퇴이고, 또 하나는 양차 세계대전 사이의 대공황이었다. 바로 이런 환경에서 남아프리카 국가의 전략은 가능하고도 성공적인 일이 될 수 있었다. 아울러 이 조건들은 남부 아프리카 전체를 분해시키는 경향을 촉진했는데, 예컨대 1930년대에 뽀르뚜갈은 신국가* 정책을 확립했고, 같은 시기에 마찬가지로 (남아프리카의 조치와 진전에 자극을 받은) 로디지아 정착민들은 그들 자신의 경제 변혁 프로그램을 시작했다. 양차 대전 사이 기간이 끝나갈 즈음 세계경제 내 이 지역의 20세기 초 궤도를 상징했던 개방적인 경

---

* Estado Novo. 1933년 수립된 교권주의적 극우 파시스트 정권으로 뽀르뚜갈의 제2공화국으로 불린다.

제적 관계망은 결정적으로 파괴되고 말았다.

그러나 양차 대전 사이 기간의 경향이 전후 시기에도 단순히 연장되는 일은 일어나지 않았다. 아주 묘하게도, 세계경제의 새로운 추세와 연결된 남아프리카의 바로 그 성공은 남부 아프리카의 여러 지역들 사이의 유대를 더 긴밀하게 하는 계기가 되었다. 전후 초기에 남아프리카의 경제적 우위는 남부 아프리카 전역에 대한 공격적 침투를 가능하게 했거니와, 그것은 비단 해외 핵심부 지역들과의 관계에서만이 아니라 처음으로 그 지역 자체 내에서 중심-배후 관계를 처음으로 확립했다는 진기한 성격을 띤 것이었다. 이는 우리가 세계경제의 한 '지역'(region)이라고 이름 붙인 것으로의 변형을 낳은 근본적으로 새로운 특징이었다. 이 새로운 역사적 과정에서 핵심적인 부분은 거칠 것 없는 미국의 헤게모니 아래서 확립된 새로운 세계질서의 조건과 동맹이다. 세계경제가 지속적인 번영기에 들어서면서 남아프리카는 국지적 자본과 외국 자본에 의해서 이식된 선진적 생산과정의 지역 기지로 서서히 그리고 확실히 변모했다. 그리고 그에 따라 남부 아프리카의 '지역화'(regionalization)도 가속화되었다. 한편 그 이전에 남아프리카는 전후 세계에 새로이 등장한 모든 주요한 국가 간 제도들의 창립 멤버 가운데 하나였으며 이는 남아프리카의 지역 지배를 위한 정치적 조건들을 보장해주는 것으로 보였다.

모두 알다시피, 1970년대와 80년대의 정치적 지각 변동은 남부 아프리카에 대한 남아프리카의 정치적 지배를 의문에 빠트렸다. 같은 시기에 세계경제는 침체기로 들어가 세계경제의 주변부 지역뿐만 아니라 남아프리카가 하나의 안정적 멤버로 자리잡고 있었던 반(半)주변부(semi-peripheral) 지역까지도 중대한 시험대에 올려놓았다. 따라서 남아프리카와 그 지역의 신생 독립국가들이 직면한 1970년대와 80년대의 상황은 매우 복잡해졌다. 하지만 그 기저에는 전후 시기에 발달한 일단의 핵심부-주변부 관계들이 여전히 남아 있었다. 이 관계들은 30년 전에 이뤄진 관계들의 성격과 근본적으로 달랐고, 대개 예상했던 것보다 변형되기가 더 어려운 것으로 드러났다. 1945년 당시에는 남부 아프리카의 여러 지역과 여러 핵심부 지역 사이의 개별적 관계들을 상상할 수 있었다면, 그 이후에 발달한 하나의 지역으로서의 남부 아프리카에 깊게 자리한 구조적 토대는 해외 주요 지역들과의 관계를 매개하는 지역 차원의 핵심부-주변부 관계들로부터 한치의 이탈도 불가능하게 했다. 이런 맥락에서 국가발전계획이나 상호안보협약을 논하는 것은 의미가 없다. 역내 핵심부-주변부 관계들이 뚜렷이 고착화되는 가운데, 반체제 투쟁과 경제성장에 대한 희망은 당장 지역세력들을 끌어들인다. 우리는 바로 이 같은 틀 안에서 동시대의 급진적인 사회경제적 변혁을 위한 전반적인 조건들을 평가해야 한다. 따라서 중요한 것은 자본주의 세계경제의 현 발전 단계에서 국지세력 및 세계열강의 이동 궤적들을 측정하는 것이다.

향후 남부 아프리카의 정치적 변형은 현행 국가 간 체제 내의 세력 균형이 재편되는 것에서 직접적으로 영향을 받을 것이다. 남부 아프리카의 지역화는 2차대전 이후 미국 헤게모니의 시대에 일어났고, 남아프리카의 팽창하는 산업 생산을 능히 흡수할 수 있었던 세계경제의 거대한 팽창으로 촉진되었다.

그러나 1960년대 말에 미국의 완연한 헤게모니 시대는 막을 내리게 되었다. 미국의 헤게모니는 동시에 일어난 세 가지 현상에 의해서 근본적으로 약화되었다. 첫째는 서유럽 및 일본의 절대적 생산량과 상대적 효율성이 증가함으로써 수익성이 가장 높았던 미국의 여러 독점 부문들이 잠식된 것이다. 둘째는 주로 국내 사회를 평화롭게 유지해야 했기에 자국 내 생산 비용이 증가한 것이며, 셋째는 특히 베트남 전쟁으로 악화된 것으로 제국주의의 엄청난 비용 때문에 국가의 재정 건전성이 침식된 것이다.

1967년에 이르러 장기 경제팽창 국면인 꼰드라띠예프*

• N. Kondratieff, 1892~1938. 서구 자본주의 경제가 50~60년 주기의 경기순환을 보인다는 학설, 이른바 '꼰드라띠예프 주기설'을 제시한 러시아의 경제학자.

A 국면은 끝이 나고, 세계경제의 긴 수축, 즉 현재까지 이어지고 있는 수축 국면이 시작되었다. 세계경제의 자본축적이라는 관점에서 이 수축은 주요 생산국들 사이에 치열한 경쟁을 낳았다. 특히 미국, 서유럽, 일본, 이 삼자는 수축의 직접적인 비용(실업, 낮은 이윤율, 국제수지 문제)을 상대방에게 전가하는 한편, 세계 경제팽창의 다음 물결 속에서 자본축적의 중심축으로 떠오를 새로운 혁신 및 독점 부문들(예를 들면 마이크로프로세서와 바이오테크놀로지)을 장악하고자 골몰했다.

이렇듯 치열한 자본주의 내부 경쟁에다 사회주의 국가들 내부의 정치적·경제적 난관들이 더해지면서 국가 간 체제 내의 정치적 동맹구조가 상당히 이완되었다. 1950년대와 60년대의 자동 반사작용은 많은 정치적 분쟁과 대립 구도가 이데올로기적으로 설명하기 어려워진 상황으로 바뀌어버렸다. 이는 헤게모니의 몰락 이후 나타나는 매우 정상적인 상황인즉, 강조하거니와 우리는 궁극적으로 그리고 확실히 국가 간 체제의 차원에서 새로운, 심지어 근본적으로 새로운 정치적 동맹들을 낳게 될 이러한 과정의 시작 단계에 있을 뿐이다.

그러므로 미국 헤게모니의 시대에, 지리적으로 멀리 떨어져 있으며 남아프리카 및 뽀르뚜갈 정부의 강경 노선*과 (다른 여러 지역들과는 달리) 미국의 무관심 때문에 탈식민화의 거센 물결이 비교적 덜 밀어닥친 지역이었던 남부 아프리카가 홀연히 격렬한 반체제 투쟁의 무대가 된 것은 결코 우연이 아니다. 가장 극적인 촉발 요인은 세계경제의 하강 국면에서 그 분쟁의 사회적·경제적 비용을 더이상 감당할 수 없었던 뽀르뚜갈의 정치경제적 붕괴였다. 분명히 1974년은 남부 아프리카 전체에 대하여 하나의 정치적 전환점이었다. 그러나 세계경제의 변동은 남아프리카 내에도 영향을 미쳤다. 도시의 아프리카인 임금노동자 계급의 힘이 성장한 것은 더 빡빡해진 세계경제에서 계속 경쟁력을 유지해야 하는 남아프리카 수도의 필요에 따른 결과였다고도 할 수 있다. 그런데 이것은 또한 1970년대에 등장한 전투적 노동조합운동의 근거가 되었고, 오늘날 우리가 보고 있는바 도시에서의 공공연한 정치적 충돌에 다시 불을 지핀 파업 물결의 근원이기도 했다.

앵글로아메리칸사[**] 회장이 아프리카민족회의(ANC)[***] 지도자들과 잠비아의 수도 루사카(Lusaka)에서 만나고 또

• 1974년까지 존속한 뽀르뚜갈 제2공화국은 남부 아프리카의 앙골라, 모잠비끄 등 광대한 해외 식민지들을 유지하고자 했다.

** Anglo-American Corporation. 1917년 요하네스버그에 설립된 영국의 다국적 광업회사.

*** African National Congress. 1912년 설립되어 1948년부터 남아프리카 국민당 정부의 인종분리정책에 맞서 투쟁했으며, 1994년 넬슨 만델라 대통령의 선출 이후 집권당이 되었다.

이 지도자들이 그와 만날 때, 응코마티 협약* 등이 체결될 때, 그리고 그것이 효력을 발휘하지 못할 때, 미국이 사빔비**에게 원조를 보내는 것과 남아프리카에 대한 제재에 동의하는 것 사이에서 오락가락할 때, 우리는 물론 이 같은 사태 진전을 다양한 행위자들의 단기 전술이라는 관점에서 설명할 수 있다. 그러나 우리가 간과하지 말아야 할 한가지 요인은 이 같은 행위들의 조건이 되며 그것들을 더 가능하게 만들고 또한 더 중요하게 만드는 국가 간 체제가 서서히 재편되고 있다는 사실이다. 현재 대대적인 재편 과정에 들어간 세계체제 내의 정치적·경제적 진용이 2000년 무렵에 어찌될지는 아직 분명치 않다.

물론, 아프리카민족회의는 아파르트헤이트(apartheid, 인종분리정책)를 끝장내고 정권을 잡기를 원한다. 그러나 그들은 또한 그러고 나서 남아프리카 자체에서 상당한 경제적 변형과 팽창을 이룰 수 있기를 원한다. 남부 아프리카가 세계경제 안에서 하나의 '지역'으로 계속 있을지 아닐지

---

* Nkomati Accord. 1984년 모잠비끄인민공화국과 남아프리카공화국 사이에 체결된 불가침·선린조약으로 그 골자는 모잠비끄는 아프리카민족회의를 지원하지 않으며, 남아프리카는 모잠비끄의 반정부단체를 지원하지 않는다는 것이다.

** J. Savimbi, 1934~2002. 뽀르뚜갈의 식민 지배에 맞서 투쟁하고 1975년 독립 이후 집권한 '앙골라 해방을 위한 인민운동' 당에 맞서 내전을 이끌었던 반공산주의 정치가.

는 아프리카민족회의의 목표들과 관련이 있다. 물론 남아프리카의 백인 도시 중산층 대부분은 실질적인 정치적 변화가 최소한으로 그치기를 원하지만, 어떤 대가를 치르고서라도 그러고 싶은 것은 아니다. 우리는 그 대가가 너무 클 때 실질적으로 행동이 어떻게 바뀌는지를 세계의 다른 지역들(예를 들면 1960대 초의 프랑스, 1960년대 말의 미국, 1970년대 초의 뽀르뚜갈)에서 이미 본 적이 있다. 앵글로아메리칸사는 그들이 받아들이기에는 변화가 너무 멀리까지 나가지 않을까 우려하지만, 그래도 그런 변화가 불가피해 보이는 상황에서는 하나의 기업으로서 자체의 생존방안을 궁리해야만 한다. 그리고 남부 아프리카 발전 조정회의(SADCC)*의 여러 멤버들은 모두 남아프리카 원숭이를 따돌리고 싶어하겠지만, 어느 누구도 세계경제의 후미진 벽지로 남아 있기를 원하지는 않는다.

엄밀한 경제적 관점에서 봤을 때, 만일 1990년대에 남부 아프리카에서 계속 무장투쟁이 진행된다면 이 지역은 세계경제의 경제적 재편에서 뒤처진 채로 남게 될 위험이 있다. 향후 15년 동안 경제팽창의 다음 물결을 이끌 몇몇 핵

• Southern African Development Coordination Conference. 1980년 앙골라, 잠비아, 말라위, 탄자니아, 보츠와나, 짐바브웨, 모잠비끄, 스와질랜드, 레소토 등 남부 아프리카 9개 국가가 공동의 경제발전과 남아프리카에 대한 의존 탈피 등을 목적으로 설립한 협력기구.

심적인 경제활동의 입지를 위해 세계적 차원의 치열한 경쟁이 펼쳐질 것이고 그 활동들이 입지할 수많은 지역들 사이에서 선택이 이루어진다고 하면, 분쟁 지역은 고려 대상에서 제외될 가능성이 크다. 이는 자본의 이해관계가 남아프리카에서 다수결 원칙이 비교적 신속하게 이행 ── 그러한 신속한 이행, 게다가 오직 그것만이 그 지역 전체의 경제활동을 안정시킬 수 있고 또 그럼으로써 지속적인 고이윤 수준을 보장할 수 있을 것이라는 전망 ── 되도록 지지하게 이끌 한가지 요인이다.

　세계적 차원에서 가능한 정치-경제적 재편성이라는 측면에서 볼 때, 남부 아프리카는 중동, 남아시아, 중앙아메리카 및 카리브해 지역보다 (그것의 풍부한 광물자원에도 불구하고) 영향력이 덜한 것으로 보인다. 이런 의미에서 그 지역의 운동들은 상대적으로 자력에 더 많이 의존하고 또 앞으로도 그러할 것이며, 오로지 그것들 자체의 투쟁에 의해 성취할 수 있는 것만을 성취할 것이다. 말하자면 저절로 주어지는 조건(default)으로 득을 볼 수 있는 것이 거의 없다. 요는 현대 세계의 5대 힘의 중심인 미국, 소련, 서유럽, 일본, 중국은 모두 지역권의 정치에 관심을 두고 있겠지만, 그래도 남부 아프리카의 사태 전개는 그들의 어젠다에서 최우선 순위가 아니라는 것이다. 이는 그 지역으로서는 행운인 동시에 불행이기도 하다. 그것이 행운인 동시에 불행인 이유는 다음번의 경제적 팽창 국면으로 들어갈 때, 아마도 남부 아프리카에 정치적 관점에서는 더 다행스럽고 경제적 관점에서는 덜 다행스러운 일이 될 것이기 때문이다.

남부 아프리카의 '지역적 통합성'(regional integrity)이 그 안의 여러 인민들에게 행운이 될지 거꾸로 불행이 될지는 다양한 운동들이 서로 어떻게 관계를 맺느냐에 따라 아주 크게 달라질 것이다. 남부 아프리카 발전 조정회의의 표면적인 목표 ── 남부 아프리카에서 남아프리카 제외하기 ── 가 실현 가능한 목표인지는 의문이다. 1945년 이후 시기에 남아프리카가 구성할 수 있었던 대로 이루어진 한 지역이, 그 지역에 속한 대부분의 국가와 인민의 열망을 충족시킬 수는 없을 것이다. 다른 한편으로 그 지역의 통합성이 붕괴된다면 다수결 원칙을 따를 남아프리카의 경제적 희망이 사라질 수 있으며, 그렇다고 해서 그것이 역내의 다른 나라들에 반드시 득이 되지도 않을 것이다. 오히려 중요한 질문은 다음과 같은 것일지도 모른다. '일단 아프리카민족회의가 남아프리카에서 집권한다면, 그 지역의 운동들은 오랫동안 경제적 변혁을 가로막은 지역 구조상의 제약들에 굴복하지 않고 오히려 경제적 변혁을 위한 그들의 투쟁에서 지역의 응집성을 어떻게 하나의 무기로 이용할 수 있을 것인가?' 세계경제의 다음 국면에서 그 지

역 인민들의 합리적인 경제 전략이, 이제까지 그래왔던 것
보다 그 운동들의 공동계획을 더욱 요구하리라는 것은 명
백하다.

〔1990〕

3장 /

아프리카민족회의와 남아프리카
: 해방운동들의 과거와 미래[1]

　남아프리카에서 아프리카민족회의의 집권은 1789년 이래로 면면히 이어진 세계체제 차원의 한 과정, 즉 민족해방운동 과정의 종막을 알려주는 것일지 모른다. 일단 권좌에 오른 반체제운동들이 해방의 임무를 다하는 데 비록 실패했다고 해도, 바로 그 같은 실패와 그에 따른 결과로서 독립적인 반(反)국가 운동의 성장은 향후의 긍정적 발전에 대한 희망을 갖게 한다.

　아프리카민족회의는 세계체제에서 가장 오래된 민족해방운동 가운데 하나다. 그것은 또한 정치권력이라는 그 본래의 목적을 성취한 가장 최근의 운동이기도 하다. 아마도 이는 목적을 달성한 민족해방운동들 가운데 마지막 사례가 될 것이다. 따라서 1994년 5월 10일(넬슨 만델라가 남아프리카공화국 대통령으로 취임한 날)은 남아프리카에서 한 시대의 종막을 나타낼 뿐만 아니라 세계체제의 차원에서 1789년 이래로 면면히 이어진 한 과정의 종막을 나타내는 시점이 될 수 있다.

'민족해방'(national liberation)이라는 용어는 물론 최근에 생긴 말이지만, 그 개념 자체는 훨씬 더 오래된 것이다. 그 개념은 다시 '민족'과 '해방'이라는 다른 두 개념을 가정한다. 이 두 개념 모두 프랑스혁명 이전에는 그다지 널리 받아들여지거나 정당성을 띠지 못했다(비록 미국혁명으로 이어진, 1765년 이후 영국령 북아메리카에서의 정치적 소요가 아마도 그와 비슷한 관념들을 반영하기는 했지만). 프랑스혁명은 근대 세계체제의 지문화(geo-culture)를 탈바꿈시켰다. 그것은 정치적 변화가 예외적인 것이라기보다는 '정상적인'(normal) 것이며, (그 자체가 기껏해야 16세기부터 시작된 개념인) 국가의 주권은 (군주이건 의회이건 간에) 최고 통치자가 아니라 하나의 전체로서의 '인민'에게 있다는 믿음을 널리 유포시켰다.[2]

그 이후 이러한 관념은 많고 많은 사람들 — 권력을 쥔 사람들까지 포함될 정도로 너무도 많은 사람들 — 에 의해 진지하게 받아들여졌다. 지난 두 세기 동안 세계체제의 주된 정치적 쟁점은 이 같은 관념들이 온전히 실현되는 것을 보고파 했던 사람들과 그것이 실현되는 것을 가로막은 사람들 사이의 싸움이었다. 이 싸움은 끊임없이 그리고 격렬하게 벌어져왔고, 세계체제의 서로 다른 지역들에서 다양한 형태를 띠어왔다. 일찍이 영국, 프랑스, 미국을 비롯하여 산업화가 더 진전된 지역이면 어디에서나, 늘어난 도시 프롤레타리아트가 부르주아 고용주와 여전히 권력을 쥐고 있던 귀족계층에 맞서 싸우는 계급투쟁이 나타났다. 또한 나뽈레옹 시대의 에스빠냐와 이집트에서처럼 하나의 '민족'의 인민이 '외부의' 침략자에 맞서 싸운, 또는 나뽈레옹 이후 시대에 그리스, 이딸리아, 폴란드, 헝가리와 줄줄이 그 뒤를 이은 나라들에서 등장한 다양한 운동들의 경우처럼 제국 중앙의 지배에 맞서 싸운 수많은 민족주의운동이 있었다. 그리고 아일랜드, 페루, 그리고 퍽 의미심장하게도 (비록 흔히 무시되는 사례이지만) 아이티에서처럼 별도로 자치권을 요구하고 나선 내부의 정착민 집단과 외부의 지배세력이 결합한 또다른 상황도 나타났다. 남아프리카에서의 운동은 기본적으로 이 세번째 범주의 한 변형태다.

금방 알아챌 수 있듯이 19세기 초반에도 이 운동들은 서유럽에 국한되지 않고 세계체제의 주변부 지역들까지 퍼져 있었다. 물론 시간이 흐름에 따라 점점 더 많은 운동들이 나중에 제3세계 또는 남반부라 불리게 된 지역에 자리를 잡았다. 대략 1870년부터 1차대전에 이르는 시기에 네번째 종류가 등장했는데 그것은 공식적으로 독립한 나라에서 일어난 운동으로, 거기에서는 '구체제'(ancien regime)에 대한 투쟁이 민족적 활력의 부흥을 위한 투쟁인 동시에 따라서 외부세력의 지배에 맞선 투쟁이라고 간주되었다. 이것들은 예를 들면 터키, 페르시아(현 이란 일대), 아프가니스탄, 중국, 멕시코 등지에서 나타난 운동들이다.

이 모든 운동을 하나로 묶은 것은, 첫째로 '인민'은 누구이며 인민에게 '해방'이란 무엇을 의미하는지를 공동으로 이해하고 있다는 의식이었다. 이 운동들은 또한 권력이 현재 인민의 수중에 있지 않으며 인민이 진정으로 자유롭지 않다는 생각, 그리고 불공정하고 도덕적으로 변명의 여지가 없는 이 상황에 대해 책임이 있는 집단들이 분명히 있다는 생각을 모두 공유하고 있었다. 물론, 실제 정치 상황은 놀라울 만큼 다양했으므로 다양한 운동들에 의해 행해진 세부적인 분석은 제각기 매우 달랐다. 그리고 시기에 따라 내부 상황이 변화하면서 특정한 운동의 분석 역시 달라지기 일쑤였다.

그렇지만 그 다양성에도 불구하고 이 모든 운동은 그들의 두번째 공통점인 중기적 전략을 공유하고 있었다. 또는 적어도 정치적으로 중요한 비중을 차지하게 된 운동들이 그 전략을 공유했다. 성공적인 운동들, 권력을 쥔 운동들은 모두 우리가 2단계 전략으로 부르는 것을 믿고 있었다. 그 전략은 바로, 먼저 정권을 잡고, 그다음에 세계를 변혁한다는 것이었다. 그들의 공통적인 좌우명은 콰메 은크루마에 의해서 가장 간결하면서도 함축적으로 표현되었다. "너희는 먼저 정치적 왕국을 추구하라. 그리하면 모든 것을 너희에게 더하시리라."• 이는 노동계급에게 그들의 레토릭을 집중시킨 사회주의운동, 특정한 문화유산을 공유하는 사람들에게 그들의 레토릭을 집중시킨 종족-민족(ethno-national)운동뿐만 아니라 공동의 거주와 시민권을 그들 '민족'을 규정하는 특징으로 간주하는 민족주의(nationalist)운동이 따른 전략이었다.

민족해방운동은 맨 나중에 언급한 유형의 운동에 붙여진 이름이다. 이런 종류에 속하는 것으로 가장 오래된 전형적인 운동은 1885년에 결성되어 오늘날까지 여전히 (적어도 명목상으로) 존속하는 인도국민회의(Indian National Congress)라고 할 수 있다. 1912년 결성 당시에 아프리카민족회의는 인도 운동의 사례를 원용하여 남아프리카 토착 국민회의(South African Native National Congress)라고 스스로 이름을 붙였다. 당연하게도, 인도국민회의는 몇 안 되는 다른 운동들이 공유하는 한가지 특징을 지니고 있었다. 이 운동은 그 역사의 가장 험난하고 중요한 시기 동안

• "너희는 먼저 그의 나라와 그의 의를 구하라. 그리하면 이 모든 것을 너희에게 더하시리라"라는 마태복음의 구절(마태 6:33)을 패러디한 말.

'사티아그라하'(satyagraha) 즉 비폭력 저항이라는 정치 전술과 세계관을 완성해낸 마하트마 간디(Mahatma Gandhi)에 의해 주도되었으며, 그는 이 같은 전술을 먼저 남아프리카의 억압적인 상황 속에서 고심 끝에 고안했고, 나중에 그것을 인도로 가져갔다.

인도의 투쟁이 사티아그라하 때문에 승리한 것인지 아니면 사티아그라하에도 불구하고 승리한 것인지는 긴 토론이 필요한 문제다. 분명한 것은 1947년 인도의 독립이 세계체제에 대하여 더할 나위 없이 상징적인 사건이 되었다는 점이다. 그것은 세계 최대의 식민지에서 일어난 주요한 해방운동의 승리를 상징하는 동시에 그밖의 세계에서 탈식민화가 정치적으로 불가피하다는 암묵적인 보증을 상징했다. 하지만 그것은 또한 민족해방이 이루어졌을 당시 그 운동이 본래 추구했던 것에는 미치지 못했으며 그와는 다른 형태로 도래했다는 것을 상징하기도 했다. 인도는 분할되었다. 독립에 뒤이어 끔찍한 힌두-무슬림 간의 학살이 잇따랐다. 그리고 간디는 이른바 힌두 극단주의자에 의해 암살당했다.

2차대전에 뒤이은 25년은 여러가지 이유에서 비상한 시기였다. 한편으로 이 시대에는 세계체제 내에서 미국 헤게모니가 명백했다. 미국은 생산기업들의 효율성 면에서 타의 추종을 불허했으며, 나머지 세계에 자기 버전의 지문화를 들이밀면서 세계정치를 일정한 지정학적 질서 안에 효과적으로 억제하는 강력한 정치적 연합의 리더였다. 또 한편으로 이 시대는 4세기 전 자본주의 세계경제가 처음 등장한 이래로 전례가 없을 만큼 세계 생산 및 자본축적이 단번에 최대로 팽창한 시기였다는 점에서도 주목할 만하다.

이렇듯 이 시대의 두 측면 — 미국 헤게모니와 세계경제의 굉장한 팽창 — 은 우리 뇌리에 너무 깊이 새겨진 나머지, 우리는 그 시대가 또한 세계체제의 역사적 반체제운동들이 승리를 거둔 시기이기도 했다는 사실을 종종 놓치고 만다. 제3인터내셔널,[*] 이른바 공산당들이 세계 표면의 3분의 1, 즉 '동쪽' 세계를 지배하게 되었다. '서쪽' 세계에서는 제2인터내셔널[**]의 운동들이 도처에서, 어느정도는 문자 그대로 그리고 대개는 처음으로 실제 집권하게 되었고, 또한 우파 정당들이 '복지국가'의 원칙에 전적으로 동의한 경우에는 집권하지 못한 나머지 기간에도 간접적으로 사실상 집권하게 되었다. 그리고 '남쪽' 세계에서 — 즉 아시아, 아프리카, 라틴아메리카에서 — 민족해방운동은

---

* Third International, 1919~43. 1차대전의 발발로 제2인터내셔널이 해체된 이후 1919년 러시아 볼셰비키당의 주도 아래 모스끄바에서 결성된 국제 공산주의 조직으로 '꼬민떼른'이라고 불린다.

** Second International, 1889~1916. 프랑스혁명 100주년인 1889년 7월 빠리에서 결성된 사회주의 및 노동운동 단체들의 국제조직으로 노동운동의 확산에 기여했으나 이념 및 노선상의 갈등으로 분열했다.

잇따라 정권을 장악했다. 이런 승리가 지연된 유일한 대지역권은 남부 아프리카였는데, 여기서도 이제 그 같은 지연이 종료되었다.

우리는 이러한 반체제운동들이 거둔 정치적 승리의 영향에 대해서는 충분히 세세하게 논의하지 않는다. 19세기 중엽의 관점에서 보면 그것은 누가 봐도 예사롭지 않은 성취였다. 1945년 이후 시기를 1848년 시점의 세계체제와 비교해보라. 1848년에 프랑스에서 처음으로 권력을 손에 넣으려는 유사 사회주의운동의 시도가 있었다. 1848년은 역사가들이 '민족들의 봄'으로 부르는 해이기도 하다. 그러나 1851년에 이르러 이 모든 유사 봉기들은 도처에서 쉽사리 진압되고 말았다. 힘 있는 자들에게는 '위험한 계급들'의 위협이 지나간 것처럼 보였다. 그 과정에서, 19세기 초반의 정치를 지배했던 구(舊)지주계층과 신흥 산업부르주아 계층 사이의 싸움은 '인민'과 '민족들'을 억제하려는 성공적이고 단합된 노력 속에서 뒤로 밀려났다.

이 같은 질서의 회복으로 상황은 잘 돌아가는 것 같았다. 그 이후 15~20년 동안 유럽 안에서든 밖에서든 어떤 심각한 민중운동도 알려지지 않았다. 게다가 상위계층들도 해방운동의 성공적인 진압자로서 그들의 월계관을 깔고 그저 앉아 있지만은 않았다. 그들은 민중봉기의 위협이 영원히 묻히도록 하기 위하여 반동이 아니라 자유주의 정치 프로그램을 추구했다. 그들은 느리지만 꾸준한 개혁정책, 이를테면 투표권의 확대, 작업장에서의 약자 보호, 분배적 복지의 시작, 그 보장 범위가 점점 더 확대된 교육 및 보건 인프라 구축 등 개혁 노선을 따라가기 시작했다. 그들은 19세기 동안 여전히 유럽 세계에 국한되었던 이 같은 개혁 프로그램을 범유럽적 인종주의 ─ 백인의 짐, 문명화의 사명, '황화'(yellow-peril), 새로운 반유대주의 ─ 의 선전 및 정당화와 결합시켰다. 이 같은 인종주의는 유럽의 하위계층들을 우파적이고, 비(非)해방적이며, 민족적인 정체성 및 동일화(identification)의 테두리 안에 고착시키는 데 일조했다.

여기서 1870~1945년 기간부터 근대 세계체제의 전체 역사를 되새기지는 않을 것이다. 다만 바로 이 기간에 주요한 반체제운동들이 민족적 세력으로서 국제적 사명을 띠고 처음으로 등장했다는 점만 이야기하고 넘어가겠다. 벨벳 장갑을 낀 철권의 자유주의 전략에 맞선 이들 반체제운동들의 단독 또는 공동 투쟁은 여러모로 힘겨운 싸움이었다. 그래서 1945년에서 1970년에 이르는 기간에 그들의 투쟁이 그토록 재빨리 그리고 결국에는 그토록 쉽사리 성공을 거두었다는 것이 놀라울 지경이다. 정말이지 의아한 생각마저 든다. 역사적 자본주의 ─ 하나의 생산양식으로서, 하나의 세계체제로서, 하나의 문명으로서 ─ 는 그 자체가 대단히 교묘하고 유연하며 강인하다는 것을 입증해왔다. 우리는 반대세력을 저지하는 그것의 능력을 과소평가해서는 안 된다.

그러므로 먼저 운동들의 관점에서 반체제운동 전반과 특히 민족해방운동의 장기간에 걸친 투쟁을 살펴보기로 하자. 그 운동들은 적대적인 정치환경, 즉 그들의 정치활동을 진압하거나 억압하는 데 혈안이 되어 있는 정치환경 속에서 조직을 꾸려야만 했다. 국가는 그 구성원들(특히 지도자와 간부들)은 물론 운동 자체를 직접적으로 위협하거나 동시에 잠재적 구성원들을 위협함으로써 간접적으로 억압하는 데 발 벗고 나섰다. 국가는 또한 그 운동들의 도덕적 정당성을 부정하고, 흔히 비국가적 문화구조(교회, 지식계, 매스컴)를 동원해 그러한 부정에 힘을 보태게 했다.

이 같은 집중 공세에 맞서, 각각의 운동 — 거의 다 처음에는 소수 집단의 사업으로 시작한 — 은 대중의 지지를 동원하고 대중의 불만과 불안의 배출구를 터주고자 노력했다. 필시 그 운동들은 주민 대중에게 공감을 얻을 수 있는 주제와 분석을 줄곧 꺼내들고 제시했지만, 그럼에도 불구하고 효과적인 정치 동원은 길고도 험난한 과제였다. 대부분은 그날그날 먹고사는 사람들이었고 권력에 도전하는 위험한 길에 가담하기를 주저했다. 많은 사람들은 용기 있고 대담한 사람들의 행동에 내심 박수를 보내면서도 자기

주변의 다른 이들이 적극적으로 운동을 지지하고 나서는
지 지켜보며 기다리는 '무임 승차자'였다.

무엇이 대중의 지지를 동원하는가? 억압의 수준에 따른
것이라고 말할 수는 없다. 한편으로 억압은 흔히 변함없는
상수(常數)이며, 따라서 예전의 T1 시점에 동원되지 않았
던 사람들이 왜 T2 시점에는 동원되었는지를 설명하지 못
한다. 게다가 날카로운 억압은 제대로 먹혀드는 경우가 다
반사여서, 덜 대담한 사람들이 운동에 적극 가담하는 것을
주저하게 한다. 아니, 대중을 동원하는 것은 억압이 아니
라 희망과 확신 — 억압의 끝이 가까이 다가왔다는 믿음,
더 나은 세상이 정말로 가능하다는 믿음 — 이다. 그리고
성공보다 이 같은 희망과 확신을 더 강하게 만드는 것은
아무것도 없다. 반체제운동들의 긴 행진은 마치 구르는 돌
과 같았다. 그것은 시간이 흐름에 따라 추진력을 얻었다.
그리고 어떤 특정한 운동이 지지를 동원하기 위해 이용할
수 있었던 최대의 논거는 자신과 비슷하고 지리와 문화 면
에서 상당히 밀접한 다른 운동들의 성공 사례였다.

이런 시각에서 볼 때 운동들 내부의 커다란 논쟁 — 개
혁이냐 혁명이냐 — 은 논쟁 아닌 논쟁이었다. 어떤 특정
한 노력의 성과가 (지도자 및 간부들의 정서와 구별되는
것으로서) 대중의 정서에 긍정적인 일로 환영받는다는 아
주 단순한 의미에서 그 운동들이 유효하게 구실하기만 한

다면, 개혁주의 전술은 혁명주의 전술을 북돋았고, 혁명주의 전술은 개혁주의 전술을 북돋았다. 국가권력이라는 일차적 목적이 아직 성취되지 않은 상황에서 어떠한 성공이든 미래의 행동을 위한 대중의 지지를 동원할 수 있었기 때문이다.

개혁이냐 혁명이냐 하는 논쟁을 둘러싼 열정은 엄청났다. 그러나 그것은 소수의 정치 전술가 집단을 분열시킨 열정이었다. 확실히, 이 전술가들 자신은 전술상의 차이가 단기적으로(효력) 그리고 중기적으로(성과) 모두 중요하다고 믿었다. 장기적으로 일어난 일을 살펴보건대, 그들의 이런 믿음이 옳았음을 역사가 증명했는지는 확실치 않다. 집권세력의 관점에서, 다시 말해 운동들이 동원하여 맞선 세력의 관점에서 이 같은 대중동원 과정을 살펴보면, 동전의 이면이 나타난다. 집권세력이 가장 두려워한 것은 운동들의 도덕적 비난이 아니라 대중동원에 의해 정치 무대를 무너뜨릴 수도 있을 그것들의 잠재력이었다. 그래서 반체제운동의 출현에 대한 맨 처음의 반응은 한결같이 그 지도부를 잠재적 대중의 지지로부터 고립 —— 물리적 고립, 정치적 고립, 사회적 고립 —— 시켜놓고자 애쓰는 것이었다. 국가는 바로 운동의 지도자들이 사실 다른 계급 그리고/또는 다른 문화적 배경 출신이라고 주장하면서 광범위한 집단들의 '대변인'으로서의 그들의 정통성을 부정했다. 이는 사태의 원인을 '외부 선동가' 탓으로 돌리는 잘 알려진 그리고 곧잘 이용된 주제였다.

하지만 일정한 지역에서 운동을 그저 침투한 '선동가들'의 소행으로 치부하는 이 같은 주제가 더이상 먹혀들지 않는 시점이 다가왔다. 이러한 전환점은 운동의 끈질긴 노력(한때 그것은 '포퓰리즘' 방식에 의지한 경우가 다반사였다)의 결과인 동시에 세계체제 내의 '구르는 돌'의 전염 효과에 따른 결과였다. 이 전환점에서 현 질서의 수호자들은 운동들과 같은 딜레마, 하지만 정반대 형태로 같은 딜레마에 맞닥뜨리게 된다. 개혁이냐 혁명이냐 하는 딜레마에 반대되는 것으로서, 현 질서의 수호자들은 양보냐 강경 노선이냐 하는 문제로 논쟁을 벌였다. 줄곧 이어진 이 논쟁 역시 논쟁 아닌 논쟁이었다. 어떤 쪽의 전술이든 그것들이 한편으론 운동들에 대한 시각을, 다른 한편으론 대중의 지지에 대한 시각을 바꾼다는 아주 단순한 의미에서 그 전술들이 유효하게 구실하기만 한다면, 강경 노선의 전술은 양보 조치를 북돋았고, 양보 조치는 강경 노선의 전술을 북돋았다.

양보냐 강경 노선이냐 하는 논쟁을 둘러싼 열정은 엄청났다. 그러나 그것은 이번에도 역시 소수의 정치 전술가 집단을 분열시킨 열정이었다. 이 전술가들 자신은 전술상의 차이가 단기적으로(효력) 그리고 중기적으로(성과) 모두 중요하다고 믿었다. 그러나 여기서도 역시, 장기적으로 일어난 일을 살펴보건대, 그들의 이런 믿음이 옳았음을 역사가 증명했는지는 확실치 않다.

결국 실제로 일어난 일은 운동들이 거의 모든 곳에서 권력을 잡게 되었고, 이것이 커다란 상징적인 변화를 드러냈다는 것이다. 사실 이들의 집권 순간은 어느 곳에서나 일반의 의식 속에 뚜렷이 각인되었다. 그 당시에 그것은 마침내 '인민'이 주권의 행사에 다가갔음을 알리는 카타르시스의 순간으로 보였고 또 훗날 그렇게 기억되었다. 하지만 그 운동들은 거의 어디서나 완전한 조건에서 권력을 장악한 것이 아니었으며, 그래서 어디서나 실질적인 변화가 애초에 원하고 기대했던 수준에 미치지 못했다는 것 또한 사실이다. 이것이 곧 집권한 운동들의 이야기다.

집권한 운동들의 이야기는 어떤 면에서 동원 중인 운동들의 이야기와 비슷하다. 2단계 전략 이론은 일단 어떤 운동이 권력을 잡고 국가를 통제하게 되면 세계를, 적어도 그것의 세계를 변혁할 수 있으리라는 것이었다. 하지만 이는 물론 사실이 아니었다. 정말이지 지나고 나서 보니 그것은 놀라우리만큼 순진한 생각이었다. 그것은 주권 이론을 액면 그대로 받아들이고, 주권국가는 자주적이라고 가정했다. 하지만 그 국가들은 당연히 자주적이지 않았으며, 결코 그런 적이 없었다. 그들 중 가장 강력한 국가들, 예컨대 현대의 미국 같은 국가조차도 진정으로 주권적이지는 않다. 하물며 매우 약한 국가들, 예컨대 라이베리아 같은 국가들의 경우 주권을 논하는 것은 허튼 농담이다. 모든 근대국가는 예외 없이 국가 간 체제의 틀 안에 존재하며, 그것의 규칙과 정치학에 의해 제약을 받는다. 모든 근대국가 내의 생산활동은 예외 없이 자본주의 세계경제의 틀 안에서 일어나며, 그것의 우선권과 경제학에 의해 제약을 받는다. 모든 근대국가 안에서 나타나는 문화적 정체성은 예외 없이 하나의 지문화 안에 존재하며, 그것의 준거와 지적 위계질서에 의해 제약을 받는다. 어떤 국가가 자주적이라고 외치는 것은 마치 크누트*가 바닷물에게 물러나라고 명령한 것과 다름없는 짓이라고 하겠다.

운동들이 권좌에 올랐을 때 무슨 일이 일어났는가? 무엇보다도 먼저 그들은 하나의 전체로서의 세계체제 내 권력자들에게 양보해야만 한다는 것을 알게 되었다. 게다가 그것은 그저 그런 양보가 아니라 중요한 양보였다. 이때 그들 스스로 한결같이 이용한 논거는 신경제체제(NEP)를 도입하면서 레닌이 이용한 것, 즉 양보는 일시적인 것이며 1보 후퇴 2보 전진을 위해서라는 것이었다. 이 같은 양보

---

* Canute. 11세기 초 잉글랜드, 덴마크, 노르웨이 등 광대한 영토를 지배한 데인족 출신의 대왕.

를 거부한 몇몇 경우에 그 운동 자체가 얼마 안 되어 권좌에서 완전히 쫓겨난 것을 보면, 그 논거는 강력했다. 그럼에도 양보는 삐걱거리는 소리를 냈고, 결국 지도부 내부의 싸움과 주민 대중의 당혹감과 의문을 낳았다.

운동이 권좌에 머물러 있으려면, 이 지점에서 오로지 한 가지 정책만이 가능한 것으로 보였으니, 그것은 곧 진정으로 근본적인 변혁을 연기하고 그 대신 세계경제 안에서 '따라잡기'(catchup)를 시도하는 것이었다. 운동들이 세운 정권은 모두 한결같이 세계경제 내에서 국가를 더 강하게 만들고자 했고, 또한 주요 국가들의 수준에 더 가깝게 자체의 생활 수준을 끌어올리고자 했다. 으레 주민 대중이 정말로 원한 것은 (어찌 될지 예측하기가 어려운) '근본적인 변혁'이 아니라 (꽤 구체적인 목표로서) 바로 부유한 나라들의 물질적 혜택을 '따라잡는 것'이었으므로, 운동 지도자들에 의한 전후 정책의 변경은 ─ 그것이 유효하게 구실하기만 한다면 ─ 실제로 인기가 있었다. 바로 그게 문제였다!

어떤 정책이 유효하게 구실하는지 판단하기 위해 우리가 알아야 할 첫번째 문제는 측정의 대상으로 삼을 기간이다. 즉각적인 시간과 결코 오지 않을 시간(Greek calends) 사이에는 긴 일련의 가능성들이 놓여 있다. 당연히, 권좌에 있는 운동 지도부는 그 추종자들에게 단기적인 측정 기간보다는 장기적인 측정 기간을 간청한다. 하지만 이 같은 시간적 여유를 허락받기 위해 그들은 주민 대중에게 어떠한 논거를 제시할 수 있었는가? 주로 두가지 종류의 논거가 있었다. 하나는 물질적인 것으로, 비록 대단한 정도는 아닐지라도 어떤 즉각적이고 유의미하며 가시적으로 나아진 점이 실제로 있었음을 입증하는 것이었다. 국가의 상황은 그때그때 변하므로, 이 목표를 성취하는 것이 다른 목표들보다 더 용이하다는 것을 일부 운동들은 알게 되었다. 게다가 세계경제의 변동하는 현실을 고려할 때 다른 시점이 아닌 어느 특정한 시점에서 이 같은 논거를 제시하는 것은 더 용이한 일이었다. 유일한 문제는, 비록 대단치는 않을지라도 그러한 유의미한 개선을 집권한 운동이 이루는 데 실제로 한계가 있다는 것뿐이었다.

하지만 집권한 운동들이 실행하기에 더 만만하게 보았던 두번째 종류의 논거가 있었다. 그것은 희망과 확신의 논거였다. 운동은 전세계에 걸친 해방운동 전체의 구르는 돌을 가리킬 수 있었고, 역사가 (분명히) 그들의 편에 있다는 증거로 이를 이용했다. 그럼으로써 그들은 그들 자신은 아니더라도 그들의 자녀들이 또 그들 자녀들은 아니더라도 그들의 손자들이 더 나은 삶을 살 수 있으리라는 약속을 제시할 수 있었다. 이것은 아주 강력한 논거였으며, 지금에 와서 우리가 볼 수 있듯이 오랫동안 집권한 운동들을 실제로 지탱해주었다. 믿음은 산을 움직인다. 그리고 미래에 대한 신념은 집권한 반체제운동들을 버텨준다. 신념이 지속하는 한.

두루 알다시피 신념은 회의에 빠지기 쉽다. 운동들에 대한 회의는 두가지 원천으로부터 자라났다. 한가지 원천은 '노멘클라투라'*의 죄악이었다. 집권한 운동에는 집권한 간부진이 있기 마련이다. 그리고 간부진은 사람이다. 그들 역시 안락한 삶을 원하며, 그런 삶을 성취하는 것에 대하여 흔히 주민 대중보다 더 조바심을 낸다. 그 결과 부패, 오만, 사소한 학대가 특히 카타르시스 순간의 열정이 시들해짐에 따라 사실상 불가피하게 나타났다. 새로운 체제의 간부진은 시간이 흐름에 따라 점점 더 구체제의 간부진과 다름없게 보였고, 정말이지 더 나쁘게 보일 때도 적지 않았다. 이런 일은 5년 안에 일어날 수도 있었고 25년이 걸릴 수도 있었지만, 여하튼 반복적으로 일어났다.

그러면 그다음은? 혁명가들에 맞서는 혁명인가? 곧바로 그렇게 넘어간 것은 결코 아니다. 구체제에 맞선 주민 대중의 동원을 완만한 과정으로 만든 것과 같은 무기력이 여기서도 역시 작동했다. 집권한 운동들을 끌어내리는 데에

---

* nomenklatura. 구소련 등 동유럽 공산주의 국가들에서 각 방면에서 주요 관리직을 차지한 관료집단을 일컫는 말.

는 노멘클라투라의 죄악보다 더한 무언가가 필요하다. 즉 그것은 당면한 경제의 붕괴, 그리고 그와 아울러 구르는 돌이 여전히 굴러가고 있다는 확신의 붕괴가 필요하다. 이런 사태가 벌어질 때마다, 우리는 최근 러시아와 알제리, 그밖의 여러 나라들에서 일어난 것처럼 '혁명 후 시대'의 종말을 지켜보게 되었다.

이제 전세계로 퍼진 구르는 돌, 하나의 전체로서의 세계체제 내부의 그 과정을 되돌아보기로 하자. 이미 나는 1870~1945년의 장기간에 걸친 운동들의 힘겨운 투쟁과 1945~70년 사이에 전세계에 걸쳐 돌연히 나타난 돌파구에 대해 논의했다. 이 같은 돌연한 돌파구는 상당한 승리주의와 자기도취를 낳았다. 그것은 남부 아프리카처럼 가장 험난한 지역권에서 운동들을 지탱해주었다. 하지만 운동들이 직면했던 가장 큰 문제는 바로 그들의 성공, 즉 그들 개개의 성공이라기보다는 전세계에 걸친 그들의 집단적 성공이었다. 집권한 운동들이 결코 온전하지 못한 성과 때문에 내부의 불만에 직면했을 때, 그들은 자신들의 난관이 대부분 막강한 외부세력의 적대에서 기인했다는 논거를 이용했고, 대부분 이는 전적으로 타당한 논거였다. 그러나 점점 더 많은 운동이 점점 더 많은 나라에서 집권하게 되면서, 게다가 그 운동들 스스로 그들의 집단적 힘이 커지는 것을 논거로 이용함에 따라서, 그들이 당면한 난관을 외부의 적대 탓으로 돌리는 것은 이제 설득력을 잃었다. 백번을 양보하더라도 그것은 역사가 분명히 그들 편에 있다는 명제와 모순되는 것으로 보였다.

집권한 운동들의 실패는 1968년 세계혁명의 배후에 있는 근본 요인들 가운데 하나였다. 갑자기, 집권한 반체제 운동들의 한계가 현 질서 수호세력들의 적대로부터 나왔다기보다는 현 질서 수호세력과 그 운동들 자체의 공모로부터 나온 것이 아닐까 의문을 던지는 목소리가 도처에서 들려왔다. 이른바 구좌파(Old Left)는 모든 곳에서 공격받고 있었다. 제3세계 전역에 걸쳐 민족해방운동이 집권한 곳곳에서 그 운동들 또한 이 같은 비판에서 벗어날 수 없었다. 아직 권력을 잡지 못한 운동들만이 그런대로 무사히 넘어갈 수 있었다.

1968년의 혁명들이 운동의 대중적 기반을 흔들어놓았다면, 그 뒤로 20년 동안 이어진 세계경제의 침체는 우상의 해체를 지속시켰다. 1945~70년의 기간, 즉 운동들이 대승리를 거둔 시기에 당장의 중대한 약속은 많은 운동들이 '사회주의'라는 이름 아래 추구한 '국가 발전'이었다. 실제로 그 운동들은 자신들이, 또한 자신들만이 이 과정을 촉진할 수 있으며 그들 각각의 국가에서 그것을 완전히 실현할 수 있다고 말했다. 1945~70년 기간에 세계경제는 모든 곳에서 팽창하고 있었고 차오르는 밀물이 모든 배를 띄우고 있었으므로 이 같은 약속은 그럴듯해 보였다.

그러나 조수가 썰물로 바뀌기 시작했을 때 세계경제의 주변부 지역에서 집권한 운동들은 그들 국가에 대한 세계적인 경기침체의 부정적 여파를 차단하기 위해 할 수 있는 일이 거의 없다는 것을 알게 되었다. 그들은 자신들이 생각하는 것보다 덜 강력했고, 그들의 주민들이 생각하는 것보다는 훨씬 덜 강력했다. '따라잡기'의 전망에 대한 환멸은 모든 나라에서 잇따라 운동들 자체에 대한 환멸로 옮아갔다. 그들은 희망과 확신을 팔아서 그들 자신의 권력을 유지해왔던 것이다. 이제 그들은 물거품 같은 희망과 끝장난 확신의 대가를 치르게 되었다.

이러한 정신적 위기 속으로 '시카고 보이즈'●라는 또다른 이름으로 알려진 허풍쟁이 외판원들이 뛰어들었다. 이들은 세계체제 전체에서 집권한 인민 측이 강경 노선으로 복귀한 것에 대중들이 지지를 보내는 상황에서, 모든 이에게 시장의 마술을 대체물로 제시했다. 그러나 비타민 섭취가 백혈병을 치유할 수 없는 것과 마찬가지로 '시장'이 세계 인구 중 가난한 편에 속하는 75퍼센트 인구의 경제 전망을 바꿀 수는 없다. 그것은 사기이며, 우리는 곧 그 허풍

● Chicago boys. 1970~80년대 시카고 학파의 밀턴 프리드먼 등의 지도 아래 시카고 대학에서 유학하고 자기 나라로 귀국하여 경제정책을 주도한 칠레 등 남아메리카의 경제학자들.

쟁이 외판원들을 시내에서 쫓아내고야 말 테지만, 그때는 이미 피해를 본 뒤일 것이다.

이 모든 사태가 벌어지는 가운데 이 암울한 세계무대에 한 줄기 환한 빛을 던져준 남아프리카의 기적이 일어났다. 뒤죽박죽 혼란스러운 때였다. 그것은 1960년대 민족해방 운동의 승리가 재연된 것이었으며, 그것도 가장 처치 곤란한 최악의 상황이라고 너나없이 말해온 곳에서 일어났다. 변혁은 매우 빠르면서도 놀라울 정도로 순탄하게 진행되었다. 어떤 면에서 그것은 세계가 남아프리카와 아프리카 민족회의에 얹어놓은 부당하기 짝이 없는 부담이었다. 그들은 그들 자신을 위해서는 물론이고 우리 나머지 세계를 위해서도 성공해야만 한다. 남아프리카 다음에, 여전히 낙관적인 민중세력 동원자로 기여할 다른 주자, 세계의 연대 운동들로부터 응원을 받을 또다른 주자는 없다. 마치 세계에서 반체제운동이라는 개념 자체가 마지막 기회를 부여받은 것 같고, 마치 우리 모두 역사가 최후의 심판에 다가가기 전에 연옥에서 결정적 순간을 맞고 있는 것 같다.

나로서는 다음 10~15년 안에 남아프리카에서 무슨 일이 일어날지 자신할 수 없다. 누군들 그럴 수 있겠는가? 그러나 남아프리카 사람들도 그밖의 우리 모두도 세계의 짐을 그들의 어깨에 지워서는 안 된다고 생각한다. 세계의 짐은 세계가 떠안아야 할 몫이다. 남아프리카 사람들은 그들 자신의 짐을 감당하고 세계의 짐 가운데 그들에게 돌아가는 몫을 떠맡는 것으로 충분하다. 그러니 여기서는 세계의 짐에 관해 주로 이야기하겠다.

하나의 구조로서 그리고 하나의 개념으로서의 반체제운동은 1789년 이후 세계체제 지문화의 변형에 따른 자연적인 산물이었다. 반체제운동은 그 체제의 산물이었고 또 그럴 수밖에 없었다. 지금 우리가 아무리 비판적인 대차대조표를 그릴 수 있다고 해도, 그리고 내가 그런 표를 그려온 게 아닐까 두렵긴 하지만, 19세기 중엽 반체제운동들이 실제로 택했던 길보다 더 나은 역사적 대안이 있었다고 보지는 않는다. 인간해방을 위한 어떤 다른 힘은 존재하지 않았다. 그리고 비록 반체제운동들이 인간해방을 성취하지 못했다고 해도, 적어도 그것들은 어느정도 인간의 고통을 줄였고 세계에 대한 대안적인 비전을 위해 깃발을 높이 들었다. 남아프리카가 10년 전보다 지금 더 살 만한 곳이 되었다는 것을 합리적인 사람이라면 누가 부정하겠는가? 그렇다면 우리는 민족해방운동 이외의 다른 어떤 운동에 기대를 걸어야 하는가?

근본적인 문제는 운동들의 전략에 있었다. 그들은 자신들이 역사적으로 이중의 굴레에 매여 있음을 깨달았다. 1848년 이후 정치적으로 실현 가능하며 처지의 즉각적인 개선을 위해 어느정도 희망을 주는 단 한가지 목표가 있었는데, 그것은 근대 세계체제의 주된 조정 메커니즘을 제공하는 국가구조들 내에서 권력을 잡는 것이었다. 그러나 세계체제 내에서 권력을 잡는다는 것은 반체제운동을 궁극적으로 무력화하고 세계의 변혁에 대한 그들의 무능력을 확실하게 하는 하나의 목표이기도 했다. 그들은 사실 진퇴양난에, 다시 말해 당장의 무관함이냐 아니면 장기적인 실패냐 하는 진퇴양난에 놓여 있었다. 그들은 그런 실패를 피할 수 있기를 기대하면서 후자를 선택했다. 누군들 그렇게 하지 않겠는가?

나로서는 오늘날 역설적으로, 민족해방운동이 진정으로 그리고 충분히 해방적인 운동이 되는 데 실패한 것을 포함하여 반체제운동들의 집단적인 실패 자체가 향후 25~50년 안에 긍정적인 사태 진전을 위한 가장 희망적인 요인이 될 것이라고 주장하고 싶다. 이 이상한 견해를 바르게 평가하려면 지금 현재 일어나고 있는 것을 똑바로 받아들여야 한다. 우리는 세계 자본주의의 최종적 승리 국면을 겪고 있는 것이 아니라 그것의 첫번째이자 유일하게 진정한 위기 국면을 겪고 있는 것이다.[3]

여기서 나는 네가지 장기적 추세를 지적하고자 하는데, 그 추세들 각각은 자체의 점근선에 점점 더 가까이 다가가며 또한 끝없는 자본축적을 추구하는 자본가들의 관점에서는 대단히 파괴적이다. 첫번째, 그리고 이 추세들 가운데 가장 적게 논의된 것으로, 세계의 탈농촌화(de-ruralization)다. 불과 200년 전만 해도 세계 인구의 80~90퍼센트, 그리고 실제로 각 나라 인구의 80~90퍼센트가 농촌 주민이었다. 오늘날 세계적으로 그 비율은 50퍼센트 이하이며, 점점 더 빠르게 줄어들고 있다. 세계의 다수 지역에서 농촌 인구는 20퍼센트 미만이며, 일부 지역에서는 5퍼센트에도 미치지 못한다. 자, 그래서 무슨 이야기를 하려는 것인가? 도시화와 근대화가 사실상 동의어가 아니냐고? 이건 소위 산업혁명과 더불어 일어났을 거라고 우리가 생각하는 게 아니냐고? 그렇다. 그것은 정말이지 우리 모두가 배운 바 있는 진부한 사회학적 일반화다. 하지만 이는 자본주의가 작동하는 방식을 오해하는 것이다. 잉여가치는 자본을 가진 사람들과 노동을 수행하는 사람들 사이에서 분배되기 마련이다. 이 분배의 조건은 결국 정치적인 문제로, 양측의 협상력에 달려 있다. 자본가들에게는 한가지 기본적 모순이 있다. 만약 세계적으로 노동에 대한 보수의 조건이 너무 낮으면 그것은 시장을 제한하며, 이미 애덤 스미스(Adam Smith)가 알려준 대로 분업의 범위는 시장 범위의 함수다. 그러나 만약 그 조건이 너무 높으면 그것은 이윤을 제한한다. 노동자들로서는 당연히 자신들의 몫을 늘리기를 원하며, 이를 성취하기 위해 정치적으로 투쟁하기 마련이다. 시간이 흐르면서, 노동이 집중되어 있는 곳이면 어디서든지 노동자들은 그들 조합의 힘을 보여줄 수 있게 되었으며, 결국 이는 자본주의 세계경제의 역사를 통해 주기적으로 나타난 이윤 압박(profit squeezes) 현상을 낳았다. 자본가들은 일정한 선까지만 노동자들과 싸울 수 있을 뿐인데, 왜냐하면 그 선을 넘어서 실질임금 수준을 너무 낮추면 그들의 생산품에 대한 세계적 유효 수요를 감소시킬 위험이 있기 때문이다. 이제껏 되풀이된 해결책은 더 높은 임금을 받는 노동자들로 하여금 시장을 공급하도록 허용하는 한편, 정치적으로 취약하고 여러가지 이유로 매우 낮은 임금을 마다하지 않으며 그럼으로써 총 생산비용을 낮추어주는 새로운 인력계층을 세계 노동력으로 끌어들이는 것이었다. 지난 5세기에 걸쳐 그들은 이러한 인력을 줄곧 농촌 지역에서 찾아내어 이들을 도시 프롤레타리아로 변모시켰는데, 이들이 저임금 노동자로 머물러 있는 것은 얼마 동안일 뿐이고 일정한 기간이 지나면 이들을 대체할 다른 인력을 노동 공급에 끌어들여야만 한다. 세계의 탈농촌화는 이 필수적인 과정을 위협하며, 그럼으로써 자본가들이 그들의 세계적 이윤 수준을 유지할 수 있는 능력을 위협한다.

두번째 장기적 추세는 생태학적 위기라 불리는 것이다. 자본가들의 관점에서 이것은 비용의 외부화를 종식할 위협으로 불려야 마땅하다. 여기서도 역시 하나의 임계 과정

(critical process)이 나타난다. 이윤 수준에서의 한가지 중대한 요소는 언제나 자본가들이 그들 생산품의 비용 전체를 지불하지 않는다는 것이었다. 비용의 일부는 '외부화된다'(externalized)는 것, 다시 말해 더 광범위한 인구 집단 전체로, 더 나아가 결국 세계 인구 전체로 비례적으로 확산된다는 것이다. 어떤 강이 화학공장 때문에 오염되면, 정화(만일 그런 작업이 이루어진다면) 비용은 으레 납세자들이 떠맡게 된다. 생태학자들이 예고하고 있는 것은 오염시킬 지대의 고갈, 벌채할 나무의 고갈 등등이다. 세계는 생태학적 재앙이냐 아니면 비용의 내부화(internalization)를 강요하느냐 하는 선택에 직면해 있다. 그러나 비용의 내부화를 강요하는 것은 자본축적 능력을 심각하게 위협한다.

자본가들에게 부정적인 세번째 추세는 세계의 민주화다. 앞서 우리는 19세기 유럽 지역에서 시작된 그리고 근래에는 복지국가로 총칭하는 양보의 프로그램에 대해 언급했다. 여기에는 사회임금(social wage)에 대한 지출들, 이를테면 자녀, 노인, 교육, 보건 시설에 들어가는 돈이 포함된다. 이것은 다음과 같은 두가지 이유로 장기간 잘 굴러갈 수 있었는데, 하나는 수급자들의 요구 수준이 처음에는 그리 높지 않았다는 것이고, 또 하나는 오로지 유럽 노동자들만 이 같은 사회임금을 받고 있었다는 것이다. 오늘날에는 어디서나 노동자들이 그것을 기대하며, 그들의 요구 수준은 불과 50년 전에 비해서도 상당히 더 높아졌다. 궁극적으로 여기에 들어가는 돈은 자본축적을 희생해서만 나올 수 있다. 민주화는 자본가들에게 이익이 되지 않으며 이제껏 그런 적이 결코 없었다.

네번째 요인은 국가권력에서 나타난 추세의 역전이다. 지난 40여년 동안 국가들은 세계체제의 조정 메커니즘으로서 대내적으로 그리고 대외적으로 자신들의 권력을 다져왔다. 이는 자본에게 자신들의 반국가적 레토릭에도 불구하고 절대적으로 중요했다. 국가는 질서를 보증하기도 했지만, 그에 못지않게 중대한 자본축적의 유일무이한 경로인 독점을 보증해왔기 때문이다.[4]

하지만 이제 국가는 조정 메커니즘으로서의 그들의 임무를 더이상 수행할 수 없게 되었다. 세계의 민주화와 생태학적 위기는 한결같이 '재정위기'를 겪고 있는 국가구조들에 대해 불가능한 수준의 요구를 제기하고 있다. 만일 그 국가구조들이 재정위기에 대응하기 위해 지출을 줄인다면, 체제를 조정할 그것들의 능력 역시 줄어들게 된다. 국가의 실패는 그때마다 국가의 임무 수행 능력에 대한 불신을 키우고, 그리하여 포괄적인 조세 반란을 불러일으키는 악순환을 낳는 것이다. 한편 국가의 지급 능력이 줄어듦에 따라 기존의 임무를 수행하는 국가의 능력이 눈에 띄게 떨어질 수 있다. 우리는 이미 이 같은 소용돌이에 휩말려 있다.

운동들의 실패가 시작된 지점이 바로 여기다. 특히 운동들이 일단 정권을 잡았을 때, 실상 국가를 정치적으로 지탱해온 것은 다른 무엇보다도 그 운동들이었다. 그들은 국가구조의 도덕적 보증인으로서 구실했다. 더이상 희망과 확신을 줄 수 없기에 운동들이 지지를 요구할 근거를 잃어갈 경우, 주민 대중의 민심은 점점 더 반국가적으로 돌아서게 된다. 그러나 누구보다도 절실히 국가를 필요로 하는 것은 개혁가도 운동도 아니라 바로 자본가다. 자본주의 세계체제는 강력한 국가 간 체제의 틀 안의 강력한 국가들(물론 다른 국가들보다 더 강력한 일부 국가들)이 없이는 제대로 작동할 수 없다. 하지만 자본가들이 이 같은 요구를 이념적으로 내세울 수는 없는 처지였는데, 왜냐하면 그들의 정당성은 경제적 생산성과 공공복지의 확대에서 나오는 것이지 질서라든가 이윤의 보장에서 나오는 것이 아니기 때문이다. 그래서 지난 세기에 자본가들은 국가구조를 정당화하는 기능을 그들 대신에 수행하는 운동들에 점점 더 의존하게 된 것이다.

오늘날 그 운동들은 이러한 기능을 더이상 수행할 수 없다. 또 설령 그렇게 하려고 한다 해도 주민들을 자신들의 대오로 끌어들일 수는 없을 것이다. 그래서 우리는 지금 그들 자신을 보호하고 심지어 복지까지 제공하는 역할을 자임하는 비국가 '그룹들'이 곳곳에서 움터 나오는 것을 보고 있다. 이는 우리가 치닫고 있는 세계적 무질서의 경로다. 그것은 근대 세계체제의 해체, 하나의 문명으로서 자본주의의 해체 징후다.

특권을 누리는 사람들이 기득권을 지키고자 안간힘 쓰지 않고 가만히 앉아서 지켜보고만 있지는 않으리라는 것은 장담할 수 있다. 하지만 내가 앞서 논의한 모든 이유들 때문에, 그들이 단지 그 체제를 다시 한번 더 조정하는 것만으로 특권을 지킬 수 없으리라는 것 또한 장담할 수 있을 것이다. 세계는 이행기에 있다. 혼돈으로부터 어떤 새로운 질서, 지금 우리가 알고 있는 것과는 다른 어떤 새로운 질서가 등장할 것이다. 다른 질서이긴 하지만 그렇다고 반드시 더 나은 질서라고 장담할 수는 없다.

이것이 운동들이 또다시 다다른 지점이다. 특권을 누리는 사람들은 불평등하고 계층적이며 안정된 새로운 종류의 역사적 체제를 건설하려고 노력할 것이다. 그들은 권력과 돈, 그리고 풍부한 정보의 조력이라는 이점을 갖고 있다. 그들은 틀림없이 교묘하고 실행 가능한 무언가를 생각해낼 것이다. 운동들이 새로운 활력을 되찾아 그들에 맞설 수 있을까? 우리는 지금 우리의 체제가 갈라지는 분기(分岐) 과정에 놓여 있다. 그에 따른 파동은 엄청나게 클 것이며, 작은 압박이라도 그 과정이 어느 방향으로 나아갈지를

3장 / 아프리카민족회의와 남아프리카 **79**

결정할 것이다. 이제 더이상 민족해방운동이 아닌 해방운동은, 그 체제의 위기, 그들이 채택한 과거 전략의 궁지, 그리고 바로 구운동들의 좌절로 말미암아 마구 터져나온 세계 대중의 불만이 지닌 마력에 대해 진지하게 검토해야 하는 임무를 가진다. 지금은 유토피아학(utopistics), 즉 역사적 대안 체제들에 대한 철두철미한 분석에 집중해야 할 때다. 또한 사회과학자들이, 만일 그들이 그러기를 원한다고 한다면, 무언가 중대하게 기여할 바가 있는 시기다. 하지만 그렇게 하려면 사회과학자들은 또한 과거에 그들이 사용한 개념들을 먼저 탈피(unthinking)할 필요가 있다. 그러한 개념들은 다름 아닌 19세기의 상황에서 도출된 것이었고, 바로 그것들이 반체제운동들에 의해서 채택된 전략들을 낳았던 것이다.

무엇보다도 그것은 하루나 일주일 안에 해결할 과제가 아니며, 그렇다고 몇 세기를 끌 과제도 아니다. 그것은 바로 향후 25년에서 50년에 이르는 기간의 과제이며, 우리가 그것을 얼마나 준비하고 역량을 얼마나 투입하느냐에 전적으로 그 결과가 좌우될 그런 과제다.

〔1996〕

4장 /

아프리카에 어떤 희망? 세계에 어떤 희망?

희망이 깨지면서 〔미국〕유권자들 사이에 분노와 냉소가 솟아나다.
—『뉴욕타임즈』, 1994년 10월 10일

내가 아프리카에 처음 발을 디딘 것은 1952년 세네갈의 수도 다카르(Dakar)에 갔을 때인데, 그때 나는 식민지 시대의 막바지에 이른 아프리카, 도처에서 민족주의운동들이 등장하고 급속히 번성하고 있던 아프리카와 마주쳤다. 그들은 식민주의의 악폐를 노여워했고, 식민열강, 더 일반적으로 서구의 약속을 의심하고 있었지만, 새로운 세상을 이루어낼 수 있을 자신들의 능력을 믿고 있었다. 다른 무엇보다도 그들은 일체의 보호에서 벗어나기를, 정치적 결정을 그들 자신이 할 수 있기를, 공직을 그들 자신의 인원으로 채울 수 있기를, 그리고 국제 정치기구에 완전한 자격으로 참여할 수 있기를 갈망했다.

1952년 당시에 이런 의식을 갖고 있던 사람들이 아프리카인들만은 아니었으며, 또 그들만이 자신들의 정당한 몫을 차지하리라는 기대를 품고 있었던 것은 아니었다. 국가의 자주성을 되찾겠다는 열망은 제3세계라고 뭉뚱그려 부르기 시작한 지역에 공통되는 현상이었다. 실은 비슷한 의식이 유럽의 인민들에게도 퍼져 있었다. 그리고 심지어 삶이 그렇게 행복해 보인 적이 결코 없었던 미국에서조차, 아니 어쩌면 미국에서 특히 전반적인 낙관주의가 공유되고 있었다.

우리는 1994년에 와 있고, 세계는 지금 사뭇 다르게 보인다. 아프리카의 해였던 1960년이 아주 오래전으로 느껴진다. 유엔의 10개년 발전계획(United Nations Development Decades)은 썰렁한 농담으로 보일 뿐이다. 게다가 아프리카 비관주의(Afro-pessimism)가 우리의 사전에서 신조어로 남발되고 있다. 1994년 2월 『애틀랜틱먼슬리』(*Atlantic Monthly*)는 세간의 관심을 끈 아프리카 관련 기사를 하나 실었다. 기사의 제목은 '다가오는 무정부 상태'(The Coming Anarchy)이고, 거기에 '결핍, 범죄, 과잉인구, 종족주의, 질병이 우리 행성의 사회조직을 급속히 파괴하고 있다'라는 부제가 달려 있다.

1994년 5월 29~30일자 『르몽드』는 1면에 '약탈당하는 나이지리아 박물관들'이라는 제목의 기사를 실었다. 통신원은 다음과 같은 인상적인 비교로 기사를 시작한다.

대담한 절도범들이 델피(Delphi)의 「전차 모는 사람」 (*Auriga*) 상이나 보띠첼리(Botticelli)의 「봄」(*La Primavera*) 을 훔쳐 달아나는 데 성공했다고 상상해보자. 이 정도 솜씨의 절도라면 전세계의 텔레타이프라이터들을 요란하게 만들었을 것이고, 적어도 CNN 방송의 황금시간대 60초를 따냈을 것이다. 1993년 4월 18~19일 밤에 정체불명의 절도범들이 나이지리아의 이페(Ife) 국립박물관 소장품 중에서 아프리카 조각의 걸작으로 알려진 12점의 명품——10점의 테라코타 두상과 2점의 청동 두상——을 훔쳤다. 1년이 더 지난 지금까지도 그것들은 발견되지 않았다. 절도범들은 여전히 잡히지 않았고, 몇몇 전문가 외에 나머지 인류(나이지리아 대중은 말할 것도 없고)는 이런 사건이 일어났다는 것조차 모르고 있다.

또한 1994년 6월 23일자 『런던리뷰오브북스』(*London Review of Books*)는 배즐 데이빗슨(Basil Davidson)의 최근 저서에 대한 논평을 실었다. 논평자는 데이빗슨에게 아프리카는 여전히 "희망의 대륙"임에도 불구하고 데이빗슨조차 "지켜지지 않은 독립의 약속"에 관한 음울한 그림을 그리고 있다고 지적한다. 논평자는 데이빗슨이 "희망적인 조짐이라고 할 만한 것으로 찾아낸 것은 무엇이든지 (…)

아주 보잘것없는 것이 될 수 있다"라고 덧붙인다. 그러고 나서 다음과 같은 평가로 끝을 맺는다. 데이빗슨의 책 속에는 "도둑질 정치(kleptocracies), 독재, 탈선한 해방운동들 — 때론 이 세가지 모두 — 에 휘둘리는 수많은 아프리카인에게 위로가 될 만한 게 별로 없다."

자, 여기 위로가 될 만한 게 있다. 1957년(가나의 독립)과 1960년(16개 아프리카 국가가 독립한 해. 하지만 콩고위기가 일어난 해이기도 하다는 것을 기억하자), 그리고 1963년(아프리카 통일기구의 창설)이라는 멋진 때로부터, 우리가 세계 언론을 통해 아프리카에 관해 뭐든 듣게 된다면 소말리아는 서로 싸우는 씨족 군벌들의 나라라는 것, 르완다는 후투(Hutu)족과 투치(Tutsi)족이 서로 학살하는 나라이며, 알제리는 이슬람주의자 집단들이 지식인들을 참수하는 나라라는 것 등이 신문이 우리에게 말해주는 전부인 1994년에 이르기까지, 확실히 한가지 멋진 뉴스가 있기는 있었다. 남아프리카가 아파르트헤이트에서 탈피하여 모든 시민이 투표권을 가지는 국가로 돌연히 평화로운 이행을 이루어냈다는 소식이다. 우리 모두 이를 축하하면서 새로운 남아프리카가 잘 헤쳐나가리라는 희망을 확언하고 있다. 하지만 우리는 또한 숨을 죽이고 지켜보고 있다.

희망으로 부풀었던 하나의 대륙이 이렇듯 19세기 담론에서 나타난 것과 다름없는 부정적인 측면에서 국외자들

(그리고 실은 그 내부의 많은 지식인들)에 의해 묘사되고 있으니, 지난 30년 동안 이 대륙에 무슨 일이 일어난 것인가? 바로 덧붙이고 싶은 말이 두가지 있다. 하나는 아프리카에 관한 지문화적 기술의 부정적 성격이 새삼스러운 일은 아니라는 것이다. 그것은 적어도 지난 5세기, 즉 근대 세계체제의 역사에 걸쳐서 유럽인들이 아프리카를 바라본 방식으로 되돌아간 것이다. 1950년대와 60년대에 세계가 이용한 낙관적이고 긍정적인 어법이 오히려 예외적인 것이며, 일시적인 것으로 보인다. 또 하나 언급할 것은 1960년대와 90년대 사이에 변화한 것은 아프리카라기보다는 세계체제 전체라는 점이다. 지난 50년 동안 세계체제 전체에서 일어나고 있던 사태를 먼저 분석하기 전에는 오늘날 아프리카의 상태에 대해 또는 그것의 가능한 궤도에 대해 무언가 진지한 판단을 내릴 수가 없을 것이다.

1945년 추축국의 패배는 1870년대부터 쇠퇴하기 시작한 영국에 뒤이어 세계체제에서의 헤게모니를 둘러싸고 독일과 미국 사이에 벌어진 오랜 투쟁 ─ 일종의 '30년 전쟁'─이 끝났음을 의미했다. 이른바 스크램블(Scramble, 앞다투어 빼앗는 쟁탈전)로 표현되는 아프리카 식민지 정복은 일단 영국이 세계질서 및 세계무역의 규칙을 일방적으로 포고하는 자리에서 밀려난 다음 무대를 지배한 열강 사이의 각축에 따른 부산물이었다.

잘 알다시피 미국은 이 30년 전쟁에서 '무조건으로' 승리를 거두었고, 1945년 그 당시로서는 가장 효율적일 뿐만 아니라 유일하게 물리적으로 온전히 보존된(즉 전시의 파괴에 영향 받지 않은) 어마어마한 생산조직과 함께 세계체제에서 홀로 우뚝 서게 되었다. 그다음 4반세기의 이야기는 미국이 정의하게 된 바대로 세계의 세 지리적 권역(arenas) ── 소비에뜨권, 서방, 제3세계 ── 에서의 적절한 조치에 의해 미국의 헤게모니적 역할을 공고히 해나가는 것으로 진행되었다.

경제 분야에서 미국은 바로 그 뒤를 따라오는 경쟁자들에 비해 누가 봐도 확실하게 앞서 나갔지만, 소련이 제2의 슈퍼파워였던 군사 분야에서는(비록 어떤 면에서도 미국과 완전히 대등한 군사력을 갖지는 못했지만) 사정이 그렇지가 않았다. 게다가 소련은 맑스-레닌주의를 표방하면서 지배적인 윌슨적 자유주의*에 대한 이데올로기 대립의 화신으로 나타났다.

하지만 이데올로기 차원에서 맑스-레닌주의는 윌슨적 자유주의의 진정한 대안이라기보다는 그것의 한 변종이 되어버렸다. 사실 이 두 이데올로기는 지문화의 기본 전제

---

* Wilsonian liberalism. 제28대 미국 대통령 우드로 윌슨이 구현한 현대 미국의 자유주의.

들에 대한 신념을 공유했다. 비록 그러한 일치가 조금 다른 말로 표현되는 경우가 때로 있기는 했지만, 그것들은 적어도 여섯가지 주요한 프로그램과 세계관에서 서로 일치했다.

1. 그것들은 민족 자결의 원칙을 지지했다.

2. 그것들은 모든 국가의 경제발전을 옹호했다. 경제발전이란 도시화, 상업화, 프롤레타리아화, 산업화를 의미하며, 그 무지개 끝에 번영과 평등을 함께 가져다줄 것이다.

3. 그것들은 모든 민족에게 똑같이 적용되는 어떤 보편적 가치가 존재한다는 믿음을 역설했다.

4. 그것들은 기술 진보의 유일한 합리적 기초로서 (근본적으로 뉴튼적 형태의) 과학 지식의 타당성에 대한 신념을 역설했다.

5. 그것들은 인류의 진보는 필연적인 동시에 바람직하며, 이 같은 진보가 일어나기 위해서는 강력하고 안정되고 중앙집권화된 국가가 있어야 한다고 믿었다.

6. 그것들은 인민의 지배, 민주주의에 대한 신념을 표명했지만, 실제로는 민주주의를 합리적 개혁 전문가들이 매우 중요한 정치적 결정을 내리도록 허용된 상황으로 한정했다.

이렇듯 의식되지 않은 이데올로기상의 일치는 얄따(Yalta) 회담*의 조건에 따른 세계 권력의 분할을 더욱 수월하게 해주었다. 그 조건이란 다음의 세가지다.

1. 소련은 동유럽(그리고 뒤이은 수정에 의해 분단된 한국과 중국)의 보호구역(chasse gardée, 수렵이 금지된 사냥터의 뜻)에서 사실상 종주권을 가질 수 있을 것인데, 단 그것의 실질적 요구(수사적 요구에 반대되는 것으로서)를 오직 이 지역에 실제로 국한하는 한에서 그러할 것이다.
2. 양 진영은 유럽에서 일체의 교전행위를 하지 않을 것을 보증한다.
3. 각 진영은 기존의 지정학적 질서에 대해 근본적으로 반대하는 집단들(미국 권역에서의 '좌파', 소련 권역에서의 '모험가들'과 '민족주의자들')을 억압할 수 있으며 또 억압할 것이다.

이러한 합의가 이데올로기 투쟁, 실제로 요란한 팡파르를 울리며 수행된 그 투쟁을 불가능하게 하거나 받아들이

---

* 2차대전의 막바지인 1945년 2월 연합국의 지도자인 미국의 프랭클린 루즈벨트, 영국의 윈스턴 처칠, 소련의 이오시프 스딸린이 끄림 반도의 얄따에서 회동하여 전쟁 종결 및 전후처리 방식에 관하여 논의한 회담.

기 어렵게 만든 것은 아니다. 반대로 그것은 그 투쟁을 가정했고 심지어 조장했다. 그러나 이 같은 이데올로기 투쟁은 어느 한편의 강대국도 그 지정된 영역 밖에서 전면적인 군사 개입을 하지 못하도록 막는 엄격한 한계 안에서 밀고 나가야만 했다. 물론 전시 동맹국 사이의 이러한 '법적 분리'에는 소련이 전후의 재건에서 미국으로부터 어떠한 종류의 경제 지원도 기대해서는 안 된다는 또 하나의 원칙이 들어 있었다. 즉 소련의 재건은 그 자신의 힘으로 이뤄야 한다는 것이었다.

이 자리에서 냉전의 역사를 되돌아보려는 것은 아니다. 여기서는 다만 1945년에서 1989년에 이르는 기간에 (앞서 요약한 바와 같은) 합의가 근본적으로 조심스럽게 지켜졌다는 것을 언급하는 것으로 충분하다. 그 합의 조건이 두 초강대국의 직접적 통제 밖에 있는 세력들에 의해 위협받는 것으로 보일 때마다, 그들은 이 세력들을 어떻게든 억제하고 그들의 암묵적 합의를 갱신했다. 아프리카에 대하여, 이것이 의미한 바는 아주 간단했다. 1950년대 말까지 소련과 미국은 모두 탈식민화를 지지하는 공식 입장을 취했는데, 이러한 입장은 보편적 가치들에 대한 그들의 이론상의 헌신으로부터 나온 것이었다. 그들이 특정 국가들의 다양한 정치운동들에 대해 은밀하게(그리고 심지어 공공연하게) 정치적·재정적인 지원을 한 경우가 종종 있었다는 것은 분명하다. 하지만 아프리카는 미국 권역 내부에 그리고 소련 권역 외부에 있었던 것이 사실이다. 그랬기 때문에, 1960~65년 콩고 위기[•]와 1975년 이후 남부 아프리카에서 나타난 독립 후 불안정화 시도들에서 볼 수 있듯이, 소련은 스스로의 개입을 매번 엄격히 제한했다. 여하튼 아프리카의 해방운동들은 소련으로부터 그리고 한층 더 미국으로부터 심지어 정신적 지지를 얻게 되었을 때까지 우선 그들 자신의 힘으로 살아남아야만 했다.

세계무대에서 주요 동맹국들 ── 서유럽과 일본 ── 에 대한 미국의 정책은 오히려 간단명료했다. 미국은 이들의 경제 재건을 위해 (마셜플랜Marshall Plan에서 뚜렷이 나타나듯이) 대규모 원조를 제공하고자 했다. 이는 경제적으로나 정치적으로나 미국에 대단히 중요한 일이었다. 경제면에서 그 이유를 이해하기란 어렵지 않다. 생산품을 사줄 고객이 없다면, 세계경제에서 최고로 효율적인 경제조직을 가지는 것은 의미가 없다. 미국 기업들은 자신의 생산품을 위한 주된 외부 배출구로서 경제적으로 회복된 서유럽과 일본을 필요로 했다. 다른 어느 지역도 전후 기간에 이 같은 역할을 수행할 수 없었을 것이다. 정치적으로 양

• 1960년 콩고가 벨기에로부터 독립한 직후 벌어진 내전에 미국과 소련이 개입하면서 대리전으로 비화된 사태.

대 동맹체제 ─ 북대서양조약기구(NATO)와 미일 방위조약 ─ 는 미국이 자신의 세계질서를 유지하기 위해 구축하고 있던 구조에서 두가지 중대한 요소들을 아울러 보증하고 있는데, 하나는 세계 전역에 배치된 군사 기지들이고, 또 하나는 지정학적 영역에서 자동적이고 강력한 일련의 정치적 동맹국들(오랫동안 동맹국으로서보다는 피보호국으로 구실해온)이다.

이 같은 동맹구조는 아프리카에 영향을 미치기 마련이었다. 서유럽 국가들은 미국의 주요 동맹국일 뿐만 아니라 아프리카의 주된 식민열강이기도 했다. 식민열강은 그들의 '국내 문제'로 간주하기를 고집하는 일에 미국이 조금이라도 개입하는 것을 강력하게 반대했다. 그래서 미국은 급격한 탈식민화는 위험하다는 식민정부들의 견해를 대체로 공유하고 있던 1945~60년 기간만 해도 동맹국들을 자극하는 일에 대해 조심하는 태도를 보였다. 그럼에도 불구하고 아프리카의 해방운동들은 탈식민화 속도를 재촉할수 있었다. 게다가 1960년에 이르러 '아프리카 해방운동의 하방 전진(downward sweep)'은 이미 반쯤 이뤄진 상태였다. 1960년이 하나의 전환점이 되는 이유는 이 '하방 전진'이 이제 콩고까지, 그리하여 탈식민화에 대한 정치적·경제적 저항의 핵심 지역, 바로 남부 아프리카의 정착지 겸 광산 지역까지 이르렀기 때문이다. 이른바 콩고 위기라는 사태가 터진 것이다. 채 1년이 안 되어 콩고 안에서뿐만 아니라 독립한 아프리카 국가들 사이에서 그리고 실은 세계 전체에서 두개(실제로는 두개 반)의 진영이 나타났다. 그 결과는 우리 모두가 알고 있다. 루뭄바°가 암살당했고, 루뭄바주의자들(Lumumbists)은 진압당했다. 촘베°°가 이끈 카탕가(Katanga)의 분리 또한 진압되었다. 모부투°°° 대령은 자이르°°°°의 지배자가 되었고, 여전히 권좌에 있다. 콩고 위기는 아프리카에서 미국의 지정학적 입장을 일변시키기도 했다. 즉 그 사태의 여파로 미국은 더이상 어떠한 중요한 방식으로도 (이전의) 식민열강에 양보하지 않았으며 차후로 아프리카에서 직접적인 역할을 떠맡게 되었다.

　미국이 1945년 이후 식민지 세계에서(그리고 더 일반

• P. Lumumba, 1925~61. 콩고민족운동(MNC)의 지도자로 1960년 5월 콩고공화국 초대 총리로 선출되었으나 분리주의운동, 초대 대통령 카사부부와의 갈등 등으로 곤경을 겪던 중 모부투 대령의 군부 쿠데타 직후 체포되어 처형되었다.

•• M. Tshombe, 1919~69. 1960년 독립한 콩고의 남부 카탕가 주 총리가 된 뒤 곧이어 벨기에의 지지를 업고 카탕가의 분리 독립을 선언했으나 루뭄바 정부가 요청한 유엔의 군사적 개입으로 진압되었다.

••• Mobutu S. S., 1930~97. 콩고민족운동에 가담했고 독립 이후 루뭄바 내각에 입각했으나 대통령 카사부부, 미국과 벨기에의 지지를 등에 업고 쿠데타를 일으켰으며, 1965년 두번째 쿠데타로 카사부부를 몰아내고 대통령에 취임하여 1997년까지 독재자로 군림했다.

•••• Zaire. 1971년 모부투 대통령이 개칭한 국명으로 그가 사망한 1997년에 현재의 콩고민주공화국으로 다시 개칭되었다.

적으로 비유럽 세계에서) 실현되기를 기대한 시나리오는 민족주의자 자격증명서를 지닌 이른바 온건파 지도자들이 집권함으로써 완만한 정치적 변화가 이뤄지는 것이었다. 그런 지도자들은 자본주의 세계경제의 상품 연쇄에 대한 자국의 편입을 지속시킬 것이고 더 나아가 그것을 증대시키기 위해 애쓸 것이었다. 소련의 공식 입장은 방금 말한 시나리오가 '사회주의'를 지향할 진보세력의 집권에 유리하다는 것이었다. 실제로, 앞에서 언급한 대로 소련이 1945년 중국 공산당에 (국민당 정부에 대한 투쟁과 권력 장악을) 서두르지 말라고 조언한 것에서, 알제리 독립운동에 대한 지지를 오랫동안 미룬 것에서, 그리고 꾸바 공산당이 1959년까지 바띠스따*에게 보낸 지지에서 볼 수 있듯이, 소련 측은 그런 세력을 지원하는 데 미온적이었다.

미국과 소련 어느 쪽도 이 당시 유럽 너머의 세계에서 민족해방운동이 격화하는 것을 바라지 않았다. 확실히 모든 종류의 급진적 민족주의 폭동은 진압되었다. 말레이시아, 필리핀과 이란에서 그러했고, 마다가스카르, 케냐와 카메룬에서, 그리고 아메리카 대륙의 여러 나라들에서도 그러했다. 하지만 그런 봉기가 진압된 곳에서도 그것은 탈식

• F. Batista, 1901~73. 여러 차례의 쿠데타로 권력을 장악하고 1940~44년, 1952~59년 대통령으로 독재했으나 1959년 까스뜨로가 이끈 혁명군에 패하여 망명했다.

민화의 일정을 촉진했다.

그리고 네 나라에서는 커다란 자취를 남긴 해방전쟁이 대단히 격렬했고 마침내 승리를 거두었다. 그 네 나라는 중국, 베트남, 알제리, 꾸바였다. 이 네가지 사례의 운동들은 모두 미국이 규정한 대로의 그리고 소련이 암묵적으로 동의한 대로의 게임 규칙을 따르기를 거부했다.

각 사례는 지리와 역사, 국내 사회세력의 갈등 구도가 제각기 달랐기 때문에 세부적인 면에서 차이가 있을 수밖에 없었다. 그러나 네 운동은 모두 다음과 같은 몇가지 특징을 공유했다.

1. 그들은 세계체제의 강대국들로 하여금 그들의 집권을 받아들이게 했다. 그들의 힘은 (자신들의 정치적 자주성을 추구한) 그 맹렬함에 있었다.

2. 그들은 근대성 및 국가 발전에 대한 신념을 천명했다.

3. 그들은 사회변혁의 필수 전제조건으로 국가권력을 추구했고, 일단 집권한 다음에는 그들이 건설하고 있던 강력한 국가에 대한 완전한 정당화를 인민 대중에 의해 성취하고자 했다.

4. 그들은 자신들이 역사적 진보의 물결을 타고 있다고 확신했다.

1965년에 이르면 반둥(Bandung) 정신*이 세계를 정복한 것처럼 보였다. 민족해방운동들이 모든 곳에서 권좌에 올랐고, 여기서 예외였던 남부 아프리카에서도 역시 무장투쟁이 시작되었다. 그것은 말하자면 묘한 상황이었다. 미국이 맨 위에서 굽어보며 모든 상황을 그렇게 강력히 장악하고 있는 것으로 보인 적은 일찍이 없었다. 하지만 반체제운동들이 그렇게 강력하게 보인 적도 일찍이 없었다. 그것은 태풍의 눈 속에서의 고요함이었다. 경고 신호가 아프리카에서 진작 울리고 있었다. 1965년 그해에, 좀더 '전투적인' 국가 집단을 일컫는 카사블랑카 그룹**의 상징적 인물들 가운데 몇 사람, 즉 가나의 은크루마, 말리의 모디보 케이타***, 알제리의 벤 벨라****가 권좌에서 밀려났다. 로디

---

* 1955년 인도네시아의 반둥에서 열린 아시아-아프리카 회의의 정신. 미국-소련 중심의 동맹체제를 거부하고 제3세계의 상호협력과 자주성을 천명했다.

** Casablanca group. 또는 '카사블랑카 블록'. 1961년 모로코의 카사블랑카에서 회합한 모로코, 알제리, 이집트, 말리, 가나, 기니, 리비아 등 7개국. 아프리카 국가들의 초국적 통일을 추구한 이 그룹의 급진적 이상은 개별 국가들의 주권 유지와 온건한 통합을 주장한 몬로비아 그룹과 갈등을 빚어 1963년에 결성된 아프리카 통일기구에서 실현되지 못했다.

*** Modibo Keita, 1915~77. 프랑스령 수단의 독립을 지도하고 1960년 말리 연방의 초대 총리에 선출되었으며, 세네갈의 연방 탈퇴 후 말리공화국의 초대 대통령이 되었다. 산업 국유화 및 농업 집단화 등 사회주의

지아 정착민들이 일방적 독립선언(UDI)*을 선포한 것도 바로 그해였다. 그리고 미국에서는 최초의 베트남전 토론 집회(teach-in)가 벌어진 해였다. 1966년에는 중국의 문화 혁명이 시작되었다. 1968년이라는 중대한 해가 바로 목전에 있었다.

1968년 초 구정 공세(Tet offensive)는 미국이 베트남 전쟁에서 이길 능력이 없음을 알리는 신호였다. 2월에는 마틴 루터 킹(Martin Luther King)이 암살당했다. 그리고 4월에 세계적인 1968년 혁명이 시작되었다. 그것은 3년에 걸쳐 도처에서 — 북아메리카, 유럽, 일본에서, 공산주의 세계에서, 라틴아메리카, 아프리카와 남아시아에서 — 일어났다. 지역에 따라 표출된 양상은 제각기 다를 수밖에 없었다. 하지만 어디서나 두가지 공통된 주제가 있었고, 이런 공통점이 다양한 봉기들을 하나의 세계적인 사건으로

노선을 추구하다 1966년 군부의 쿠데타로 실각했다.
•••• Ben Bella, 1918~2012. 알제리민족해방전선(FLN)의 지도자로 프랑스로부터의 독립투쟁을 이끌었으며, 1962년 독립 후 초대 총리를 거쳐 이듬해 초대 대통령에 취임했으나, 1965년 군부 쿠데타로 실각했다.
• Unilateral Declaration of Independence. 1923년부터 자치권을 인정받은 영국령 남로디지아 정부가 1965년 11월 11일에 일방적으로 선포한 독립선언. 그러나 독립선언을 강행한 소수 백인 정권이 다수결 원칙을 거부하여 대내외적인 분쟁의 씨앗이 되었다. 이 문제는 결국 1980년 짐바브웨공화국의 수립으로 해결되었다.

만들었다. 하나는 (베트남에서의 미국의 역할에 대한 반대에서 상징적으로 나타난) 미국의 헤게모니에 대한 반감과 ('두 초강대국'이라는 주제로 환기된 것처럼) 소련과 미국의 공모에 대한 반감이었다. 또 하나는 이른바 구좌파, 즉 서구의 사회민주주의 정당, 공산당, 제3세계의 민족해방운동, 이렇게 세가지의 주요한 변형체들을 통칭하는 구좌파에 대한 깊은 환멸이었다. 1968년의 혁명가들은 구좌파가 반체제적인 면에서 철저하지도 유능하지도 못하다고 보았다. 정말이지 1968년의 혁명가들이 보기엔 구좌파가 미국보다 훨씬 더 으뜸가는 악역이라고 해도 괜찮을 정도였다.

하나의 정치적 사건으로서 1968년의 세계혁명은 순식간에 타올랐고, 그러고 나서 불이 꺼졌다. 1970년에 이르러서는 잔불들 ─ 대개 마오주의(Maoist) 당파들의 형태로 ─ 만이 남아 있었다. 1975년에 이르면 그런 잔불들마저도 꺼져버렸다. 그럼에도 불구하고 혁명은 영속적인 영향을 남겼다. 그것은 개량주의적 중도 자유주의를 지문화의 지배 이데올로기라는 당당한 지위에서 물러나게 했고, 자유주의를 우파와 좌파 모두에게 강력한 힘을 가하면서 무대에서 경쟁하는 하나의 이데올로기에 불과한 것으로 끌어내렸다. 그것은 어디서나 사람들에게 사회변혁의 도구로서의 국가에 대해 등을 돌리게 만들었다. 그리고 그것은 진보의 불가피성에 대한 낙관론을 깨부수었으며, 그러한 낙관론의 마지막 화신, 마치 혜성처럼 나타난 그 혁명 자체의 성공이 흐지부지되었을 때 특히 그러했다. 분위기는 이미 바뀌어 있었다.

1968년의 사건들은 세계경제가 오늘날 우리가 여전히 겪고 있는 꼰드라띠예프 B 하강 국면으로 들어가고 있던 바로 그 시점에 일어났다. 자본주의 세계경제의 역사에서 되풀이되어온 것처럼 이번에도 다시 선도적인 부문들의 고수익성이 끝장났는데, 이는 대개 반주변부 국가 정부들의 지원을 받고 있으며 높은 이윤율에 유인된 새로운 생산자들이 집요하게 시장으로 진입함으로써 주로 소수 기업들의 상대적인 독점이 침식당했기 때문이다. 생산활동에서 기대되는 이윤율이 세계적으로 급격히 하락한 것은 예상할 수 있는 것처럼 주요 부문들의 현장에서 생산 감소와 실업이라는 결과를 불러왔고, 또 그에 따라 주변부 지역들로부터의 수입 원자재 구매가 감소되었으며, 더 나아가 더 낮은 노동 비용을 찾아 반주변부 지역들로 산업이 재배치되는 결과를 낳았다. 또한 핵심부 지역의 국가들 사이에 부정적 부담을 서로에게 떠넘기려는 경쟁이 치열해졌고, 생산 부문에서 이윤을 추구하던 투자자들이 금융(투기) 활동에서의 이윤 추구로 대거 옮아가는 현상을 낳았다.

특히 이 B 국면에서 경기침체를 세계적 관심사로 떠오르게 한(하지만 결코 그 침체의 원인이라고 할 수 없는)

두가지 주요 사건은 1970년대 석유수출국기구(OPEC, Organization of Petroleum Exporting Countries)의 유가 인상과 그에 잇따라 일어난 1980년대의 채무위기였다. 당연히 이 두 사건은 남반부 세계 전반에, 그중에서도 특히 아프리카에 대단히 부정적인 영향을 끼쳤다. 그것들이 정치경제적 조정 메커니즘으로서 어떠한 중요성을 갖는지는 좀더 논의해볼 가치가 있다.

1973년에 OPEC ─ 10여년 넘게 잠자고 있었고 거의 알려져 있지도 않던 집단 ─ 은 갑자기 대폭적인 유가 인상을 공표했다. 이 사건의 몇몇 측면들을 눈여겨보자. 세계 총생산이 팽창하고 있던 꼰드라띠예프 A 국면 내내 유가는 대단히 낮은 수준이었다. 그런데 원유 생산자들이 가격을, 그것도 대폭적으로 인상한 것은 바로 세계경제가 곤경에 빠져들기 시작한 때였고, 또한 도처에서 생산자들이 그들 상품의 가격을 내리든가 아니면 생산 비용을 줄이든가 하여 종전보다 경색된 시장에서 자신들의 상품을 판매할 수 있을 방법을 모색하기 시작하던 때였다. 석유는 거의 모든 생산과정의 직접적 또는 간접적 구성요소이기에, 유가가 인상되면 두말할 것 없이 전세계에 걸친 거의 모든 산업 공정의 생산 비용이 증가할 수밖에 없었다.

이 같은 조치의 이유는 무엇이었는가? 서구 세계의 취약해진 경제 상황을 이용하여 세계 잉여가치의 재분배를 자신들에게 유리하게 변경하고자 한 석유수출국들의 집단 행동이었다는 주장이 있을 수 있다. 이런 주장은 알제리나 이라크처럼 그 당시 정치적으로 급진적인 정부가 집권하고 있던 OPEC 회원국들이 그러한 조치를 줄곧 요구하고 나선 이유를 설명해줄 수 있다. 그런데 유전 보유 지역에서 미국의 가장 친밀한 두 동맹국 ─ 사우디아라비아와 이란(시아파의 이란) ─ 은 왜 공동 유가 인상에 단순히 동의하는 데 그치지 않고 실제로 그에 대한 OPEC의 합의를 끌어내는 데 앞장섰을까? 그리고 그 조치가 세계 잉여가치의 분배를 바로잡으려는 의도였다면, 실제로는 그것의 직접적인 결과로 미국 기업들의 수중에 들어가는 세계 잉여가치의 양이 늘어났는데 이것은 어찌된 일인가?

유가를 갑자기 대폭적으로 올릴 경우 어떤 일이 일어나는지 보기로 하자. 석유에 대한 수요를 아주 재빠르게 줄이기란 어려운 까닭에 다음과 같은 일들이 잇따를 것이다. 원유 생산자들의 수입은 늘고, 그것도 정말 가파르게 늘어난다. 가격이 너무 비싸서 판매되는 원유의 양이 줄어든다고 해도 그들의 수입은 늘어난다. 원유 판매량의 감소는 현재 세계 총생산의 감소를 의미하지만, 그것은 실제로 1960년대에 종전의 선도적 부문들에서의 과잉생산이 있었다는 사실에 가중된 사태다. 역시 그것은 산업노동자들의 해고를 더욱더 정당화한다.

주변부 지역의 비산유국가들, 예컨대 대부분의 아프리카 국가에 유가 인상은 매우 심각한 타격이었다. 수입 원유 가격은 올랐다. 석유가 중요한 역할을 하는, 즉 앞서 말했듯이 거의 모든 생산 분야에서 나온 산업 생산물의 수입 가격 역시 올랐다. 게다가 이런 일은 수출량과 종종 수출품 단가가 하락하고 있었던 시기에 일어났다. 당연하게도 (몇몇을 제외하고) 아프리카 국가들은 심각한 국제수지 압박에 놓여 있었다. 그 주민들은 생활 수준이 떨어지고 정부 서비스가 저하되는 상황에 직면한 상태였다. 10년 또는 그보다 더 오랫동안 성공적으로 투쟁했던 목적인 독립의 이 명백한 결과가 그들에게 만족스러울 리가 없었다. 그들은 예전에 자신들이 그토록 열렬히 지지했던 바로 그 운동에 등을 돌렸고, 특히 그 엘리트들 사이에서 부패와 사치 행각이 드러날 때마다 더더욱 그러했다.

물론 유가 인상이 아프리카인들에게만 일어난 것은 아니었다. 미국을 포함하여 모든 곳에서 똑같이 일어났다. 그것은 다른 많은 요인들에 의해 발생한 장기적 인플레이션 추세의 일부였다. (그 자체가 세계경제 침체의 원인이 아니라 결과였던) 유가 인상의 작용은 자체의 금전등록기들을 통해 세계 잉여가치의 엄청난 몫을 끌어들이는 거대한 깔때기를 만들어냈다. 이 수입에는 무슨 일이 일어났는가? 그중 일부는 지대 수입으로서 산유국들의 몫이 되어 극소수가 사치품 소비를 즐기도록 해주었으며, 또한 잠시 동안 주민 대부분의 소득 수준을 높여주었다. 그것은 이 국가들이 대규모로 사회기반시설을 건설하고 무기를 사들일 수 있도록 해주었다. 후자는 전자에 비해 사회적으로 유용하지 못한데, 특히 1980년대의 이란-이라크 전쟁처럼 축적된 자본금과 인명의 어마어마한 낭비를 낳을 수 있기 때문이다. 하지만 이 두 종류의 지출 — 사회기반시설과 무기 구매 — 모두 재화를 수출하는 북반부 국가들의 경제적 곤경을 해소하는 데 부분적으로 도움이 된다.

그럼에도, 산유국들 내부의 지출은 그 수입의 일부분을 차지할 뿐이다. 또다른 큰 몫은 7자매들(Seven Sisters)*, 즉 더이상 원유 생산을 통제하지는 못하지만 세계적으로 원유 정제 및 유통을 여전히 장악하고 있는 서구의 석유회사들로 돌아갔다. 그럼 그들은 횡재처럼 굴러들어온 이 엄청난 이윤을 가지고 무엇을 했는가? 수익성 있는 생산 부문의 배출구가 그리 많지 않은 상황에서 그들은 자금의 상당 부분을 세계 금융시장에 투자했고, 그래서 지난 20년 동안 믿기 힘들 정도로 심한 통화의 롤러코스터 현상을 부채질했다.

• 걸프, 스탠더드, 로열더취셸, 텍사코 등 1970년대 중엽까지 세계 석유산업을 지배한 7대 다국적 기업들.

이 모든 활동으로도 세계 잉여가치가 이렇게 집중된 금고들이 바닥을 드러낸 것은 아니다. 나머지 수입은 주로 미국의, 그리고 또한 서유럽의 은행 계좌에 예치되었다. 은행의 수익은 물론 그들에게 예치된 자금을 대출해줌으로써 나온다. 그런데 꼰드라띠에프 A 국면에 비해서 새로운 생산적 기업 활동이 둔화되고 있던 시점에 유입된 막대한 추가 자금을, 은행들은 누구에게 대출해줄 수 있었는가? 답은 분명해 보인다. 국제수지상의 곤경에 처해 있던 정부들, 즉 거의 모든 아프리카 국가들, 대부분의 라틴아메리카 및 아시아, 또한 (폴란드로부터 루마니아, 소련, 북한에 이르는) 거의 모든 이른바 사회주의 블록으로 대출된 것이다. 1970년대 중엽에 세계 은행들은 이런 정부들을 상대로 대부금을 마구 쏟아부었고, 이 정부들은 이런 식으로 수지 균형을 맞추고 불운한 일반 서민들로부터 나오는 당장의 정치적 압박을 다소 완화할 기회를 잡게 되었다. 심지어 수지 균형에 신경 쓸 필요는 없었지만 '발전'이라고 이해한(그리고 오해한) 일에 서둘러 돈을 쓰는 데 열을 올린 산유국들에까지 이 같은 대부가 이루어졌다. 이러한 대부는 결과적으로 서구 국가에 도움이 되었는데, 왜냐하면 그로 말미암아 그밖의 세계가 그들의 수출품을 구매할 수 있는 여력이 생겼기 때문이다.

서구 국가들의 상황은 면밀하게 분석할 필요가 있다.

1970년대부터 나타나서 80년대에 지속된 현상을 평가하는 세 가지 방식이 있는데, 하나는 그 국가들의 형편이 전체적으로 어떠했는지를 살펴보는 것이다. 전체적으로 1945년부터 1970년경에 이르는 꼰드라띠예프 A 국면에는 물론 절대적으로 꾸준히 성장했지만 그들의 성장률은 상당히 낮아지고 있었다. 둘째로, 그들의 성장률을 서로서로에 대하여 평가할 수 있다. 여기서 우리는 미국이 최선의 노력을 기울였음에도 불구하고(또한 서유럽이나 일본에 비하여 석유 수입에 덜 의존한다는 사실 덕분에 OPEC의 조치에 대해 일찍부터 유리한 입장에 있었음에도 불구하고), 미국의 경제적 위상이 서유럽에 대하여 그리고 특히 일본에 대하여, 단기적으로 운수가 뒤바뀌곤 했지만 전반적으로 위축되었음을 알 수 있다. 셋째로, 잉여가치의 내부 분배라는 관점에서 그들의 성장률을 평가할 수 있다. A 국면의 패턴이 수입 수준의 전반적인 향상 및 양극 간 격차 축소를 나타낸 반면에, B 국면의 패턴은 국내적으로 수입 양극화의 상당한 증가를 보여주었다. 적은 비율의 사람들이 적어도 장기간에 걸쳐 꽤 성공을 거두었고, 이런 사람들을 가리키는 용어로 '여피'*라는 신조어까지 등장했다. 하지

* yuppie. 도시의 젊은 전문직 종사자(Young Urban Professional)의 머리글자를 따서 만든 1980년대 초의 신조어로 고등교육을 받고 고소득을 올리며 새로운 사고방식과 생활방식을 지닌 신세대를 지칭한다.

만 이 소수의 집단을 제외하면 국내의 빈곤이 뚜렷이 증가했으며, 마침내 중간계층에서 상당한 규모의 집단이 떨어져나가고 그밖의 중간계층 대부분도 실질수입의 감소를 겪었다. 이 같은 내부적 양극화는 미국과 영국에서 특히 두드러졌지만, 서유럽 대륙과 심지어 일본의 경우에도 예외가 아니었다.

이쯤에서 동아시아에 대해 잠시 언급할 필요가 있겠는데, 왜냐하면 그 지역은 아프리카인들 앞에 성공적인 발전 모델로 줄곧 제시되어왔기 때문이다. 세계경제가 침체되어 이윤 전반, 특히 생산활동에서 나오는 이윤에 대한 압박이 나타날 때마다, 종전까지 이윤 창출의 위계질서에서 정상에 있지 않았던 한 지리적 권역이 부상하는 경향이 곧잘 있다. 그 지역은 세계경제 전체가 처한 곤경의 수혜자로서 세계적으로 진행되는 상당한 생산 재배치의 현장이 된다. 1970년대에 그리고 그 이후로 동아시아 — 또는 더 정확히 말하면 첫째로 일본이, 그다음으로는 이른바 네마리 용(Four Dragons, 한국·홍콩·대만·싱가포르)이라 불리는 그 주변의 국가들, 세번째로는 (그리고 더 최근에는) 일련의 동남아시아 국가들 — 가 바로 그런 지역이었다. 동아시아가 어떻게 이 같은 수혜 지역이 될 수 있었는지는 여기서 논의할 문제가 아니지만, 다음 두가지 사항은 언급할 필요가 있다. 먼저, 필수적인 경제 기반 구축을 위한 정부 개입과 국내시장에 대한 국가의 보호가 핵심적인 역할을 했다는 점이다. 그리고 둘째로, 같은 시기에 그와 똑같은 경제적 성과를 거둘 수 있었던 어떤 제2의 지역은 있을 수 없었다는 점이다. 동아시아 외의 어떤 지역이 그 같은 성장을 성취하는 것은 있을 수 있는 일이었겠지만, 동아시아와 제2의 지역이 동시에 그럴 수는 없었다. 그렇기 때문에 동아시아는 가까운 장래에 아프리카에게 타당한 모델이 되지 못하는 것이다.

지금까지 OPEC의 유가 인상에 대해 이렇듯 길게 논의한 이유가 그것이 경제적 곤경의 주된 원인이었기 때문은 아니다. 그것은 주된 원인이 아니라, 세계경제 침체의 파급 효과가 퍼지게 된 하나의 중간 과정일 뿐이었다. 하지만 그것은 눈에 빤히 보이는 일이었고, 그래서 그 메커니즘을 세밀히 들여다보면 그 과정이 더욱 분명하게 드러난다. 또한 그것은 1980년대를 조명하는 데에도 도움을 준다. 이 시기는 유가가 비록 1950년대 수준으로 떨어진 것은 아니지만 어쨌든 다시 하락하여 세계가 유가에 대해 잊고 살던 때였다. 그러나 정부들에 대한 대출은 1980년대에 자업자득으로 돌아왔다. 차관은 당장의 국제수지 문제를 해결해주지만, 국민소득의 일정 비율로서 채무상환 비용이 증가하면 결국 연쇄적으로 차관을 낳게 된다. 1980년대는 이른바 채무위기로 시작하여 이른바 공산주의 체제들의 붕괴로 끝이 났다. 이것들은 서로 무관한 일이 아니었다.

채무위기라는 말은 산유국 가운데 하나인 멕시코가 채무상환을 이행할 능력이 없음을 선언하고 채무 재협상을 요구한 1982년에 등장했다. 실상 채무위기는 1980년 폴란드에서 처음으로 표면에 나타났다. 1970년대에 과중하게 채무를 진 폴란드의 기에레크* 정부는 채무상환 문제에 직면하자 부분적인 해결책으로 임금 수준을 떨어뜨리려 했다. 그 결과는 바로 연대노조(Solidarność)였다. 폴란드 공산당 정부는 국제통화기금(IMF) 측으로부터 요구받지 않고서도 상황 타개를 위해 IMF 구제책의 이행에 들어간 까닭에 곤경에 처하게 되었다. IMF는 이 같은 상황에 처한 모든 국가(특히 아프리카 국가들)에 지출을 줄여야 한다는 것(즉 더 적은 수입과 더 적은 주민 복지), 그리고 수출을 늘려야 한다는 것(임금을 낮게 유지하거나 더 낮춤으로써, 내수를 위한 생산으로부터 무엇이든 세계시장에서 당장 팔 수 있는 것을 생산하는 체제로 전환함으로써)을 권고했다. 이 껄끄러운 권고안을 위해 IMF가 지닌 무기는 어

---

* E. Gierek, 1913~2001. 2차대전 중 벨기에에서 저항활동을 벌였으며, 1948년부터 폴란드 통일노동자당의 여러 고위직을 거쳐 1970년 고무카에 이어 당 총서기가 되었다. 서방의 외채에 의존한 경제개발 정책이 실패로 돌아가면서 경제난에 몰려 노동자들의 저항에 직면하자 1980년 노조의 파업권을 인정하고 곧이어 총서기에서 물러났다.

떤 특정 국가가 IMF의 정책을 이행하지 못할 경우 모든 서방 정부의 단기적 지원을 보류시키는 것이었고, 그리하여 (채무위기가 일어날 경우) 해당 정부의 지불 불능 사태가 코앞에 닥치는 것이다. 아프리카 국가들은 차례로 그 압력에 따르고자 했다. 하지만 어느 나라도 1980년대에 거액의 부채를 완전히 상환한 유일한 나라, 즉 차우셰스쿠*의 루마니아처럼 잘해내지는 못했다. 루마니아의 채무상환은 IMF로서는 대단히 반가운 일이었지만, 루마니아 인민에게는 커다란 분노를 안겨주었다.

아프리카의 '채무위기'는 많은 고약한 것들, 즉 기근, 실업, 사회기반시설의 극심한 악화, 내란, 국가기구들의 해체 등으로 나타났다. 남부 아프리카에서는 엎친 데 덮친 격으로 1994년 요하네스버그까지 이른 아프리카 해방운동의 남하 물결에 맞서 승산 없는 싸움을 벌이고 있던 남아프리카 아파르트헤이트 체제의 불안정화 프로그램까지 가세했다. 하지만 세계경제라는 더 큰 그림판에 놓고 보지 않으면 1980년대 아프리카의 심각한 곤경에 대한 우리의 이해는

• N. Ceauşescu, 1918~89. 1965년부터 루마니아 공산당 총서기에 취임한 이후 국가평의회 의장, 대통령 등으로 장기 집권하며 개인숭배와 족벌정치를 조장하고 철권통치를 폈으며, 무리한 공업화 정책과 대외 부채에 따른 경제 파탄 등으로 곤경에 처했다. 1989년 12월 민주화운동으로 시위 군중을 피해 도망하다 체포되어 부인 엘레나와 함께 총살당했다.

왜곡될 것이다. 채무위기는 물론 다른 곳에서도 일어났고, 게다가 관련된 부채의 총액으로 따지자면 라틴아메리카에서 가장 심각했다. 제3세계(더하기 사회주의권)의 채무위기는 이들 지역의 나라들이 더이상 새로운 차관을 들여올 수 없음을 의미했다. 실제로 1980년대 자금의 흐름은 분명히 남반부에서 북반부로 향했고 그 반대 방향은 아니었다.

그러나 생산적 투자를 위한 딱히 유리한 배출구가 여전히 없었기 때문에 잉여가치를 수익성 있는 곳에 투자하는 것은 줄곧 문젯거리였다. 1970년대 (아프리카 국가들을 포함하여) 채무국들의 파탄은 확실히 이들 채무국에 감당하기 힘든 문제였지만, 누군가에게 돈을 빌려줘야 했던 채권국들에도 심각한 문제였다. 1980년대에 이들은 새로운 두 차입자, 그것도 그저 그런 게 아니라 덩치가 큰 주요 차입자를 발견했으니, 그것은 곧 세계의 거대 기업들과 미국 정부였다.

1980년대는 기업계에서 정크본드*와 기업 인수의 시대로 기억될 시기였다. 무슨 일이 일어나고 있었는가? 기본적으로 막대한 자금이 기업들을 사들이는 데 투자되고 있었는데, 목적은 주로 기업을 쪼개서 수익성 있는 덩어리들은 팔아치우고 그 나머지는 부식하여 무너지게 (그 과정

---

* junk bond. 수익률이 아주 높지만 위험률도 큰 채권.

에서 노동자들을 정리해고하면서) 내버려두는 것이었다. 그 결과는 결코 생산의 증대가 아니라 이러한 기업들의 막대한 부채였다. 그에 따라 많은 산업기업들과 은행들이 파산했다. 만일 그들의 덩치가 아주 크다면 파산 사태가 다가올 때 미치는 부정적인 정치적·경제적 파급효과 때문에 국가가 그들을 '구제하기' 위해 개입했다. 그 결과는 미국의 저축대부조합(savings-and-loan associations) 스캔들의 경우처럼 정크본드 딜러들에게 돌아간 어마어마한 수익과 미국 납세자에게 돌아간 어마어마한 청구서였다.

기업 채무에서 기인한 막대한 청구서에다 미국의 경우 군사적 케인즈주의*에 따른 막대한 부채까지 얹혀졌다. 레이건 정부의 비혁명(non-revolution)은 다른 무엇보다도 먼저 그 스스로 떠들어댄 수사와는 정반대로 미국 경제에 대한 국가 개입 및 관료기구 규모의 엄청난 팽창을 의미했다. 경제 면에서 레이건이 한 일은 상대적으로 더 부유한 계층의 주민을 위해 연방과세 수준을 내리는 것(그 결과로 국내의 양극화를 더 심화시키는 것)이었고 그와 동시에 군사비 지출을 대폭 증대하는 것(그럼으로써 실업률을 억제하는 것)이었다. 그러나 1980년대를 지나면서 미국의 채무

* military Keynesianism. 경제 부양책으로 정부가 군사비 지출을 확대해야 한다는 입장.

는 제3세계의 빚이 제3세계에 일으킨 것과 똑같은 문제를 미국에 불러일으켰다. 다만 한가지 다른 점이 있었다. IMF 는 미국을 상대로 IMF의 정책을 강요할 수 있는 처지가 아니었고, 미국은 스스로에게 그 정책을 부과할 의향이 없었다. 그러나 그 과정에서 미국의 강력한 경쟁자들(서유럽과 일본)에 대한 미국의 경제적 지위는 바로 미국의 투자가 군사 부문에 집중된 것으로 인해 꾸준히 저하되었다.

이른바 공산주의 체제의 붕괴 사태가 일어난 것은 바로 이 시점이었다. 널리 알려진 대로 그 사태의 발단이 된 폴란드 연대노조의 부상이 채무위기의 하나의 직접적인 결과였다는 것은 앞서 이미 언급했다. 근본적으로 사회주의 국가들은 아프리카 국가들과 마찬가지로 세계경제의 침체에 따른 부정적 결과들, 즉 A 국면에서 나타난 인상적인 성장률의 종식, 1970년대는 아니더라도 80년대에 와서 나타난 실질적 생활 수준의 하락, 사회기반시설의 악화, 정부 서비스의 저하, 그리고 무엇보다도 집권 체제들에 대한 환멸 등에 똑같이 직면해 있었다. 그런 환멸은 정치적 억압에 초점이 맞춰져 있었지만, 그 동력은 '발전'에 대한 약속의 실패에서 나온 것이었다.

소련의 경우에는 모든 사회주의 국가들의 일반적 문제에다 얄따 협정의 모순까지 겹쳐 있었다. 앞서 논의한 바와 같이 얄따 협정은 꽤 엄밀한 합의였다. 그것은 먼 미래에 대해서는 수사학적 투쟁이 있음을 감안했지만, 현재에 대해서는 어떠한 합의, 용의주도하게 존중되는 합의가 있음을 가정했다. 이를 실행하기 위해서는 양측 모두 강력해야만, 다시 말해 그들의 모든 위성국과 동맹국을 통제할 수 있을 정도로 충분히 강력해야만 했다. 그러나 자기 몫을 해낼 수 있을 소련의 능력은 1980년대의 경제적 곤경에 의해서, 게다가 당연하게도 1956년 제20차 당대회*에서 시작된 이데올로기적 일관성의 약화에 의해서 손상을 입게 되었다. 게다가 수중에 없는 자금을 쏟아붓도록 소련에 대한 압박을 증가시킨 미국 측의 군사적 케인즈주의에 의해 문제는 더욱 악화되었다. 그러나 모든 문제 가운데 가장 큰 딜레마는 미국의 군사력이 아니라 점점 더해가는 미국의 경제적·정치적 **약점**(weakness)이었다. 미소관계는 팽팽한 고무줄처럼 한데 묶여 있었다. 만일 미국의 장악력이 약해지면 그 관계는 유지될 수 없었다. 그리하여 그 결과로, 냉전의 종식을 밀어붙이고, 동유럽에서 손을 떼고, 내부적으로 소련의 새 출발을 꾀함으로써 사태를 수습하려던 고르바초프의 필사적인 시도가 나타났다. 하지만 적어도 세번째 과제에서 그것은 결국 가능하지 않은 일로 드러

• 1956년 2월 14일 개막한 소련 공산당대회. 이 대회에서 제1서기인 니끼따 흐루쇼프가 비공개 연설에서 전임자인 스딸린의 개인숭배와 독재를 비판하여 전세계에 큰 파문을 던졌다.

났고, 그리하여 소련은 사라지고 말았다.

　소련의 붕괴는 미국에 엄청난, 어쩌면 극복하기 어려울 정도의 곤경을 안겨주었다. 그것은 이제 매우 강력한 경제적 경쟁자들, 즉 서유럽과 일본에 대해 그동안 미국이 누리고 있던 유일한 정치적 지배력을 제거해버렸다. 그것은 군사적 케인즈주의를 끝장냄으로써 미국의 부채가 더이상 늘어나는 것을 막아주긴 했지만, 그 결과로 미국이 썩 잘 대처하지 못한, 경제의 효율적 운영에 관련한 매우 심각한 문제를 빚어냈다. 또한 이데올로기 면에서 맑스-레닌주의의 붕괴는 자본주의 세계경제의 주변부 및 반주변부 지역에서 국가 주도의 개혁이 상당한 경제발전을 가져다줄 수 있다는 마지막 남은 믿음마저 제거해버렸다. 이른바 공산주의 체제들의 붕괴가 실제로는 하나의 이데올로기로서의 자유주의의 붕괴였다고 내가 다른 지면에서 주장한 것은 바로 이 때문이다. 지문화의 지배 이데올로기로서 자유주의(이미 1968년에 기반이 약화되고 1989년의 사건들로 치명상을 입은)는 세계체제의 하나의 정치적 기둥이었다. 실상 그것은 '위험한 계급들'(먼저 19세기 유럽의 노동계급, 그다음에는 20세기 제3세계의 민중계급)을 '길들이기' 위한 주요한 수단이었던 것이다. 맑스-레닌주의가 투여된 민족해방의 유효성에 대한 믿음이 없다면 제3세계의 민중계급은 인내할 이유가 별로 없었고, 실제로 인내하기를 그

만둘 것이었다.

끝으로, 군사적 케인즈주의 종식의 경제적 결과들은 일본과 동아시아에 매우 나쁜 뉴스였다. 왜냐하면 1980년대 이들의 경제적 팽창은 미국 정부에 돈을 빌려줄 수 있었던 데서, 그리고 이제는 휴면 상태에 들어갔지만 기업 인수 과정에 참여할 수 있었던 데서 크게 활력을 얻은 것이었기 때문이다. 이렇게 해서, 동아시아의 기적은 미국에 대한 상대적인 관점에서 보면 여전히 현실이었지만, 절대적인 관점에서는 이제 곤경에 처하게 되었다.

1980년대 말의 이 같은 극적인 변화는 아프리카에서 (라틴아메리카와 동유럽에서와 마찬가지로) 두가지 중심 테마, 즉 시장과 민주화의 진전으로 뚜렷이 나타났다. 미래를 내다보기에 앞서 우리는 잠시 이것들을 분석해봐야 한다. 조직화의 주문(呪文, mantra)으로서의 '시장'의 인기는 조직화의 주문으로서의 '국가'에 대한 환멸과 짝을 이룬다. 문제는 그것이 전혀 다른 두가지 메시지를 전달한다는 것이다. 일부 사람들, 특히 종전의 관료 그리고/또는 사회주의 정치가 같은 젊은 층의 엘리트들에게 그것은 1848년 직전 프랑스의 근사한 표어, 즉 '신사 여러분, 부자가 되십시오!'라는 메시지다. 그리고 지난 500여년 동안 진실이었듯이, 일부 신흥 집단이 '졸부'(nouveaux riches)가 되는 것은 늘 가능한 일이었다.

그러나 대부분의 사람들에게 '시장'을 지향하는 것은 목적상의 어떠한 변화도 의미하지 않는다. 지난 10년 동안 아프리카 (및 다른 지역) 사람들은 그들이 그 이전에 '국가'를 지향했던 것과 똑같은 목적으로 '시장'을 지향해왔다. 그들이 손에 넣고자 하는 것은 '발전'이라는 무지개 끝에 좀처럼 잡히지 않는 노다지다. 물론 '발전'이라고 할 때 그들이 실제 의도한 것은 균등함, 즉 북반부 사람들, 아마도 특히 미국 영화에 나오는 사람들처럼 안락하게 잘사는 것이다. 하지만 이는 엄청난 착각이다. 자본주의 세계경제에서는 '시장'도 '국가'도 평등주의적 '발전'을 촉진하지 않는다. 끝없는 자본의 축적이라는 자본주의 세계경제의 지도 원리는 점점 더 커지는 실질소득의 양극화를 필요로 하고 또 불러일으킨다. 대부분의 사람들은 상당히 똑똑하고 눈치가 빠르기 때문에, 부적처럼 '시장'에 들러붙은 일체의 마법이 굉장한 후유증을 남기고 사라지기까지는 오래 걸리지 않을 것이다.

'민주화'와 그에 따라붙는 '인권'이라는 슬로건은 그렇게 다른 것인가? 그렇기도 하고 아니기도 하다. 먼저 우리는 '민주화'라는 말을 어떤 의미로 쓰는지부터 명확히 할 필요가 있다. 1945년 이후로 거의 완전한 보통선거권과 정기적인 의회선거제를 시행하지 않는 국가는 사실상 없다. 우리 모두가 인정하는 이 같은 절차는 의미 없는 것일 수도 있다. 그것은 그 이상의 무언가를 뜻하는 것으로 보인다. 하지만 그 이상의 무언가란 무엇인가? 둘 또는 그 이상의 정당들이 경쟁하는 선거인가? 명목상이 아니라 실질적인 경쟁, 속임수 없이 정확하게 개표된 표수로 판가름 나는 경쟁, 공정하게 치러지고 결과가 무효화되지 않는 경쟁인가? 이런 요구조건들을 모두 충족하는 것이 '민주화'의 방향으로 나아가는 것이라면, 나는 그동안 우리가 이룬 진보는 별 게 아니라고 생각한다. 하지만 『뉴욕타임즈』가 폭로한 바에 따르면 지난 40여년에 걸쳐 집권한 일본의 자민당(자유민주당)이 미국 중앙정보국(CIA)으로부터 정기적으로 보조금을 받아왔다고 하는 시대에, 자유경쟁선거의 형식적 절차가 민주화를 논하기에 충분한 조건인지는 의심할 만하다.

우리가 알다시피 문제는, 시장과 마찬가지로 민주주의도 전혀 다른 두가지 정서적인 함의를 갖고 있다는 것이다. 하나는 부를 축적하는 현장으로서 시장과 어울리는 것이며, 다른 하나는 평등주의적 발전의 목적과 어울리는 것이다. '민주주의'의 첫번째 의미는 힘은 강하나 작은 집단에 매력이 있고, 두번째 의미는 훨씬 더 광범위하지만 정치적으로 힘이 약한 집단에게 매력이 있다. 토고(Togo), 나이지리아, 자이르 같은 선도적인 아프리카의 상황에서도 최근 몇년간은 민주화를 성취하려는 노력이 크게 고무되지 않았다. 하지만, 어쩌면 진정한 민주주의는 진정한 발전과 더불어 실현할 수 있을 뿐이며 만일 발전이라는 것이 현 세계체제 안에서 하나의 망상에 불과하다면, 민주화는 그리 더 나은 것이 되지 못할 것이다.

그렇다면 나는 지금 절망의 이론을 설파하고 있는 것인가? 전혀 아니다! 하지만 유용한 희망을 품기 전에 먼저 명료한 분석이 필요하다. 세계체제는 지금 혼란 속에 있다. 아프리카는 혼란한 상황이지만, 세계체제의 다른 모든 지역보다 정말로 더 그런 것은 아니다. 아프리카는 어쩌면 과장된 낙관의 시대에서 비관적인 분위기로 빠져들었다. 그런데 그밖의 세계도 마찬가지였다. 1945년부터 60년대 말까지는 어디서나 만사가 점점 더 좋아지고 있는 것으로 보였다. 1960년대 말부터 80년대 말까지는 거의 모든 곳과 여러 방면에서 형편이 좋지 않게 돌아가기 시작했고, 사람들은 적어도 자신들의 안이한 낙관을 고쳐 생각하기 시작했다. 오늘날 우리는 두렵고, 널리 분노에 차 있고, 우리의 진실들에 대해 확신이 없고, 또한 '혼란'에 빠져 있다. 이는 우리가 처해 있는 세계체제의 심각한 위기에 대한 집단의식의 반영일 뿐이다. 현 세계체제에서 전형적인 주기적 하강운동을 해결하는 전통적 메커니즘들이 이제는 제대로 작동하지 않으며, 그것의 장기적 추세들은 그 체제를 '평형상태로부터 멀리' 이끌어왔다. 그리하여 우리는 (최신 과학의 술어로 표현하면) 어떤 '분기점'(bifurcation)에 가까이 다가가고 있는데, 그 결과는 본래 확정되어 있지 않아서 서로 확연히 다른 여러 방향으로 우리를 떠밀 수 있다.

만일 아프리카의 딜레마들을 직시하고자 한다면, 무엇보다도 염두에 둬야 할 것은 그것들이 아프리카에 특유한 딜레마가 아니라는 사실이다. 아프리카와 관련하여 자주 논의되는 네가지 딜레마를 추려서 하나하나 좀더 넓은 맥락 속에서 살펴보자.

첫번째는 민족해방운동의 붕괴다. 식민지 시대에 거의 모든 나라에서, 아프리카인들은 그들 자신의 운명을 자주적으로 지배하겠다는 요구를 내걸고 이 목표를 위해 정치적 투쟁을 이끈 운동을 시작했다. 이런 운동들은 더 나은 삶과 더 평등한 세상을 명분으로 주민들을 동원하면서 민족적으로 통합하는 힘이 되었다. 그것들은 국가 내의 분열적인 지역주의에 반대하고, 세계체제 내의 민족적이고 아프리카적인 문화에 대한 권리 주장을 옹호했다. 그것들은 근대화와 민주화를 지향하는 운동으로서 희망을 공급했다.

지난날, 이들 운동은 그들의 일차적 목표인 민족독립을 성취했다. 오늘날, 그 운동들 가운데 어느 것도 온전히 살아남지 못했고, 대부분은 아예 소멸하고 말았다. 실재하는 유일한 예외는 남아프리카의 아프리카민족회의인데, 이기구가 1994년에야 그것의 일차적 목표를 달성했기 때문이다. 독립 이후 시기에 이들 운동이 좌초한 곳에서는 어디서든 어떤 다른 정치세력도 그 공백을 채우지도, 비슷한 방식으로 민족의식을 동원할 수 없었고, 이렇게 할 수 있는 어떤 세력들도 나타나지 않았다.

이런 일은 당혹스러울 수 있겠지만, 그렇다고 아프리카에 특유한 것인가? 남아시아와 동남아시아, 아랍 세계, 라틴아메리카와 카리브해 지역에서 민족해방운동의 형편은 더 나았는가? 확실히 엘베강에서부터 얄루강(Yalu, 압록강의 만주어 표기)에 이르는 지리적 범위에서 권력을 잡은 공산주의운동의 경우는 조금도 나을 것이 없었던 것으로 보인다. 서유럽과 백인이 거주하는 비유럽 세계를 들여다보면 실제로 상황이 다른가? 아프리카의 민족해방운동에 견줄 만한 이 지역의 운동은 (넓은 의미의) 사회민주주의운동이다. 이 운동들 역시 근대화 및 민주화를 지향하는 데 대중여론을 동원했고 또한 대개 수십년의 투쟁 끝에 집권에 성공했다. 하지만 이 운동들 역시 오래된 슬로건을 포기하고, 자신들이 옹호하는 것을 확신하지 못하며, 그들의 힘이었던 대중의 정서적 지지를 얻지 못하는 등 지금 '혼란'에 빠져 있지 않은가? 개인적으로 나는 그리 큰 차이가 있다고 생각하지 않는다.

우리가 논의하는 두번째 문제는 부분적으로 이 운동들

의 붕괴에서 비롯된다. 운동들의 붕괴라는 표현은 대중적 지지의 철회를 의미한다. 그것들은 더이상 어느 누구도 동원할 수가 없다. 하지만 동원하는 주체, 이 운동들의 간부진, 운동의 성공을 통해 상향 이동을 성취할 수 있었던 계층들 — 정치가, 관료, 지식인 — 은 어떤가? 민족적 기획을 선전한 것은 바로 그들이었고, 여러 방면에서 그로부터 가장 큰 이득을 본 것도 바로 그들이었다.

운동들이 무너지기 시작하고 그것들이 싸워 이루고자 한 목표들이 수평선 너머로 멀어져가자 이들 간부진은 개인적인 구원을 찾아 앞 다투어 해변을 기어오르는 듯 보였다. 이데올로기적 충성은 배경 속으로 희미하게 사라지고, 민족주의 투쟁 시기의 헌신은 더이상 찾기 힘들며, 많은 이들이 합법과 비합법의 경계를 구별하기 어려워진 기어오르기 경쟁에 뛰어들었다.

1990년대의 아프리카도 아마 마찬가지일 것이다. 그런데 냉소적인 엘리트들의 부정부패가 아프리카에 특유한 문제인가? 나는 그리 생각하지 않는다. 우리는 라틴아메리카와 아시아에서도 같은 현상이 나타나고 있음을 알고 있다. 그것은 이전의 공산주의 세계에서도 생생하게 나타났다. 게다가 신문의 머리기사 제목만 봐도 이딸리아, 일본, 프랑스, 미국에서 매일같이 들추어지는 부패 앞에서는 아프리카에서의 부패가 시들해 보일 정도라는 것을 깨닫기에 충분하다. 이것은 물론 새삼스러운 일이 아니다.

혼란을 빚어낸 것은 고위층의 부패가 아니라 1945~70년 기간에 '중간계층'의 세계적인 팽창으로부터 혜택을 본 모든 사람들 중 아주 많은 비율이 1970년 이후의 하강 국면에 대관람차에서 떨어져버렸다는 사실이다. 사회적으로, 경제적으로 상승했다가 아래로 떨어진(그렇지 않은 사람들도 있는 반면에) 사람들은 정치적으로 대단히 불안정을 조장하는 세력이다. 그들은 깊은 원한을 품고 있으며, 온갖 종류의 반국가적인 도덕주의 및 도덕교화 운동에 가담하여 자신들의 개인적 안전을 도모하고 공격성을 표출한다. 하지만 이 점에서도 아프리카가 특별한 것은 아니다. 오히려 이 문제는 아프리카에서보다는 유럽과 북아메리카에서 한층 더 심각하다.

아프리카가 직면해 있는 세번째 문제는 국가구조의 해체다. 확실히 라이베리아나 소말리아는 이러한 현상의 극단적 예를 보여준다. 하지만 다시 한번 이 문제를 살펴보기 위해서는 너무 두드러진 예 뒤에 가려진 다른 사례들에도 눈길을 줄 필요가 있다. 민족해방운동의 붕괴에 따른 국가 정당성의 위축은 문제의 첫번째 부분이다. 사회적 지위의 하락에 직면한 종전 간부진 사이의 새로운 반국가 성향은 문제의 또다른 일부다. 그러나 가장 근본적인 문제는 민주화에 대한 요구는 끊임없이 커가고 있는데 평등주의적 발전을 추진할 구조적인 능력이 없다는 것이다. 우리는 앞에서 세계경제의 침체에 말미암은 국가 재원상의 압박에 대해 논의했다. 국가들은 그들이 이전에 제공했던 것과 같은 불충분한 수준의 서비스조차도 제공하기가 점점 어려워졌다. 이로부터 하나의 순환 과정이 시작된다. 국가는 세입을 늘리기가 더 어려워졌다. 질서를 보장하는 그들의 능력은 쇠퇴했다. 질서를 보장하는 능력이 쇠퇴함에 따라 사람들은 안전과 복지를 제공할 다른 구조에 의지하고, 다시 이것이 국가를 더욱 더 약화시켰다.

하지만 여기서도 역시 아프리카의 문제가 그토록 눈에 띄는 유일한 이유는 이 같은 국가 기능(stateness)의 쇠퇴가 그 국가들 자체가 수립된 직후 너무 빨리 시작되었기 때문이다. 이 문제를 세계적인 차원에서 보면, 국가구조가 강화되는 장기적 경향이 500여년에 걸쳐 지속되어 1960년대 말에 그 절정에 다다른 것으로 보이며, 이후 도처에서 반대 방향으로 움직이기 시작했음을 알 수 있다. 북반부에서 그것은 국가들의 재정위기, 도시 범죄의 증가와 자기방어 조직의 창출, 사람들의 유입을 억제할 수 없는 국가들의 처지, 복지국가 구조의 해체에 대한 압력 등 다양한 제목 아래 논의되었다.

끝으로, 아프리카에 대해 많은 사람들이 물적 사회기반 시설의 붕괴와 역학(疫學)상의 위험한 경향을 지적한다.

이것은 물론 사실이다. 고속도로 체계, 교육 제도, 병원의 상태가 열악하고 더 나빠지고 있으며, 상황을 개선할 돈도 없는 것 같다. 에이즈(AIDS)의 만연은 잘 알려져 있다. 설령 그것의 전염이 억제될 수 있다고 해도, 약물내성 박테리아나 바이러스의 출현에 따른 새로운 질병 확산의 위험이 불안하게 다가오고 있다.

여기서도 역시 문제는 아프리카에서 극적인 모습으로 나타나지만, 아무래도 거기에만 국한되지는 않는다. 국가 구조의 강화 경향이 약 25년 전쯤에 정점을 찍은 것으로 보이는 것과 마찬가지로, 지난 2세기에 걸친 감염병 및 전염병의 전세계적인 공격이 어쩌면 정점을 찍은 것인지도 모른다. 극적인 해결책들을 자신만만하게 이용해온 것 때문에 생태계의 보호 메커니즘들이 무력화되어 이제까지 알려지지 않은 무시무시한 신종 전염병들이 출현되었을지도 모른다. 물적 사회기반시설의 와해는 이 문제에 관하여 도움이 되지 못한다. 여하튼 새로운 변종 결핵들이 미국 대도시들에서 출현하고 있는 때에, 이것을 아프리카의 문제로 치부하는 것은 그리 적절치 않은 것 같다.

그러나 문제가 아프리카만이 아니라 세계체제 전체의 문제라면, 아프리카는 단순히 세계 위기의 무고한 피해자로 운명 지어져 있어서 그런 운명을 감수할 뿐 그에 대해 아무것도 할 수 없다는 것인가? 내 생각은 그와 정반대다.

세계체제의 위기는 세계체제 전반의 기회이며, 어쩌면 특히 아프리카 경우에 그러하다. 현 세계체제의 진행 과정 자체가 위기를 악화시키며 해소하지 못할 것이라고 이론적으로 예상할 수 있는 한, 우리가 보기에 이것은 어떤 혼란, 다시 말해 25~30년에 걸친 세계적 대혼란을 수반하며 그로부터 어떤 새로운 종류의 질서가 나올 것이다.

우리가 살고 있는 이 이행의 시대에 우리 모두가 하는 행위는 이 과정 끝에 등장하게 될 역사적 체제가(또는 체제들이) 우리 자신이 그 소멸 과정을 겪고 있는 근대 세계체제에 비해 실제로 더 나은 것이 될지 아니면 더 나쁜 것이 될지를 결정할 것이다. 이런 시대에 지역 차원에서의 행동을 위한 여지는 그저 존재하는 것으로 그치지 않는다. 지역 차원에서의 행동은 그 위기로부터 우리에게 어떤 결과가 나타날지를 좌우할 결정적 변수이기도 한 것이다.

어떤 간단한 공식 같은 것은 없다. 우리에게 유효하며 유효한 것이 될 수 있는 진정한 역사적 대안들을 알고자 한다면 현재의 세계 상황을 더 명료하게 분석해야 하며, 우리의 사고를 차단해온 범주와 개념을 벗어버려야 한다. 안으로가 아니라 밖으로 향하는 지역적 연대를 조직하고 그것들에 활력을 불어넣어야 한다. 특히 실제로는 다른 어떤 집단을 희생하여 우리 집단을 보호하는 것이 자멸적인 짓임을 또렷이 인식해야 한다.

무엇보다도 공에서 한시도 눈을 떼서는 안 될 것이다. 재화와 서비스, 권력의 좀더 공평한 분배는 우리가 새로운 세계체제(들)을 창조하는 데 토대가 되어야만 한다. 우리의 시간 지평은 자연적·인적 자원의 이용이라는 관점에서의 시간 지평보다 더 길어야만 한다. 이러한 종류의 재구성에서 아프리카는 주도적 역할을 하기에 좋은 위치에 있다. 아프리카는 우리의 근대 세계체제에서 하나의 배제 지역이었으며, 향후 25~50년에 걸쳐 계속 진행하는, 세계체제의 정치적·경제적·문화적 메커니즘들은 아프리카와 아프리카인들을 한층 더 배제하는 식으로 작동할 것이다.

만일 아프리카인들이 현재 정의된 대로의 세계체제 안으로 편입하겠다는 요구의 수렁에 빠진 채로 머문다면, 그들은 풍차를 상대로 싸우는 꼴이 될 것이다. 만일 아프리카인들이 단기적인 지역적 개선을 중기적인 가치 및 구조의 변형과 결합하는 길을 보여준다면, 그들은 아프리카를 도울 뿐만 아니라 그밖의 우리 모두를 돕게 될 것이다. 나에게나 다른 비아프리카인들에게나 구체적인 어젠다를 제시하라고 요구하지 말라. 우리는 그런 일을 할 수 없다. 공은 바로 아프리카의 구장에 있다.

끝으로 한가지 보탤 말이 있다. 나는 아프리카가 노력하면 반드시 성공할 것이라고 말할 생각이 없다. 아프리카는 그리고 우리 모두는, 이 이행으로부터 더 나은 어떤 체제가 등장할 가능성을 기껏해야 50 대 50 정도로 갖고 있다. 역사가 반드시 우리 편에 있는 것은 아니며, 만일 우리가 그렇다고 생각하면 그러한 믿음이 우리를 거슬러서 작동할 것이다. 그러나 우리는 모두 이 과정의 지극히 중요하고 필수불가결한 일부다. 그리고 만일 우리가 올바른 방식으로 그 과정에 관여한다면 우리는 정말로 우리가 원하는 그런 종류의 세계체제를 성취할 수 있을 것이다. 우리가 우리의 집단적 노력을 조직할 때, 그 중심에는 길은 험하고 결과는 불확실하나 그 투쟁은 할 만한 가치가 있다는 바로 그러한 깨달음이 있어야만 한다.

〔1995〕

정체성
정치의
등장

2부

: 세계체제를 통해서 본 아프리카의 딜레마들

5장 /

민족성의 구성
: 인종주의, 민족주의, 종족성[1]

민족이 누구인가 또는 무엇인가 하는 것보다 더 분명한 것은 없는 것처럼 보인다. 민족마다 이름이, 그것도 친숙한 이름이 있다. 그들은 장구한 역사를 가진 것으로 보인다. 하지만 여론조사 요원이라면 누구나, 같은 '민족'에 속한다고 믿는 개인들에게 '당신은 누구입니까?'라는 정해진 답이 없는 질문을 던졌을 때 특히 그 문제가 그 시점에 정치적 관심사가 아닐 경우 놀라울 정도로 다양한 대답이 나온다는 것을 알고 있다. 또한 정치 상황을 공부하는 학생이라면 아주 뜨거운 정치적 논쟁들이 바로 이 이름들을 둘러싸고 펼쳐진다는 것을 알고 있다. 팔레스타인인은 있는가? 유대인은 누구인가? 마케도니아인은 불가리아인인가? 베르베르인은 아랍인인가? 니그로(Negro), 아프리카계 미국인(Afro-American), 흑인(대문자로 시작하는 Black, 아프리카 출신의 흑인 민족을 뜻함), 흑인(소문자로 시작하는 black, 단순히 피부색을 가지고 부르는 흑인을 뜻함), 이 가운데 올바른 명칭은 무엇인가? 사람들은 명칭 문제를 가지고 매일 서로 총질을 한다. 그럼에도 불구하고 그렇게 하는 사람들 자신은 그 문제가 복잡하거나 헷갈리거나 실로 결코 자명하지 않다는 것을 부인하는 경향이 있다.

어느 특정한 민족에 대한 최근의 논쟁에서부터 이야기를 풀어나갔으면 한다. 그것은 자신들이 공통의 정치적 목표들을 공유한다고 주장하는 사람들 사이에서 벌어진 비교적 선의의 논쟁이라는 보기 드문 장점을 지니고 있다. 그것은 동지들 사이에서 쟁점을 평화적으로 해결하겠다는 공공연한 기대 속에 공표된 논쟁이다.

그 무대는 남아프리카다. 남아프리카 정부는 각각 유럽인(European), 인도인(Indian), 유색인(Coloured), 반투인(Bantu)이라는 명칭을 가진 네 부류의 '민족들'의 존재를 법으로 명시했다. 이 법적 범주들 각각은 복잡하며 그 안에 다양한 하위집단을 포함할 수 있다. 하나의 법적 명칭 아래 묶인 하위집단들은 외부인의 관점에서는 이상하게 보일 때도 있다. 그럼에도 불구하고 이 명칭들은 법적 효력을 지니고 있으며 개개인에게 매우 구체적으로 영향을 미친다. 남아프리카의 각 거주자는 행정상 이 네가지 범주

가운데 하나로 분류되며, 그에 따라 서로 다른 정치적·사회적 권리를 갖게 된다. 예컨대, 그/그녀는 국가에 의해서 그가 속한 범주 또는 어떤 경우에는 하위범주에 배정된 특정한 거주 구역에 살게끔 되어 있다.

남아프리카에는 아파르트헤이트로 알려진 이 같은 법적 분류 제도에 반대하는 다수의 사람들이 있다. 하지만 이 반대운동의 역사는 법적 명칭들과 관련하여 적어도 한 가지 중요한 전술상의 변화를 보여준다. 원래 아파르트헤이트에 반대하는 사람들은 각 범주의 틀 안에서 조직을 이루었다. 그러고 나서 이 조직들이 정치적 동맹(회의동맹 Congress Alliance)을 결성하여 힘을 합쳤다. 예컨대, 꽤 유명한 민족회의*는 네 집단이 공동으로 발기하여 결성되었는데, 이 네 집단은 제각기 정부가 분류한 네 민족 범주 가운데 어느 하나에 속하는 사람들로 구성되었다. 이 민족회의는 다른 무엇보다도 아파르트헤이트의 종식을 요구하는 자유헌장(Freedom Charter)을 발표했다.

네개의 반대운동 조직 가운데 최대의 조직은 아프리카 민족회의로, 정부가 반투인으로 부른 민족, 즉 국가 관할 아래 있는 전체 인구의 약 80퍼센트에 이르는 민족을 대

---

* Congress of the People. 1955년 6월에 아프리카민족회의의 집행부인 국민행동협의회에 의해 구성된 다인종 조직.

표했다. 1960년대의 어느 시기 또는 아마 70년대에 ― 언제부터인지는 분명치 않지만 ― 아프리카민족회의는 '유럽인'이 아닌 모든 사람들에 대해 '아프리카인'이라는 용어를 쓰기 시작했고, 이렇게 해서 정부가 반투인, 유색인, 인도인으로 부른 범주들을 하나의 명칭으로 뭉뚱그렸다. 일부 다른 사람들 ― 누구인지는 분명치 않지만 ― 은 비슷한 결정을 내렸지만 이 집단을 '백인'에 반대되는 말로서 '비백인'(non-White)으로 지칭했다. 여하튼 그 결과는 4분법을 2분법으로 축소하는 것이었다.

만일 방금 말한 대로라고 해도, 그 결정이 모호하지 않은 것은 아니었다. 예컨대, 아프리카민족회의의 연합조직이며 인도인들로 구성된 남아프리카인도인회의(SAIC, South African Indian Congress)는 그 의장을 비롯한 여러 인사가 SAIC와 아프리카민족회의에 동시에 가담하고 있긴 했지만 계속 존속했다.

'유색인' 범주는 확실히 넷 중에 가장 골치가 아프다. 이 '집단'은 역사적으로 아프리카인과 유럽인 사이의 다양한 결합에서 나온 후손들로부터 구성되었다. 또한 수세기 전에 동인도 지역에서 유입된 사람들, 즉 케이프 말레이인(Cape Malay)으로 불리게 된 사람들도 여기에 포함된다. 대개 다른 지역들에서 '유색인'은 '물라토'(mulatto)로 불려왔고, 미국에서는 지금은 사라졌지만 과거 인종분리에

관한 법에서는 항상 '니그로 인종'(Negro race)에 속한다고
간주된 사람들이었다.

1984년 6월 정부의 분류에 따른 유색인으로 아프리카민
족회의의 멤버인 알렉스 라구마[*]는 아프리카민족회의 기
관지인 『세차바』(Sechaba, 소토어로 '민족'을 뜻함)의 편집인에
게 편지를 보냈다. 여기서 그는 다음과 같은 문제를 제기
했다.

나는 『세차바』에 실린 연설문, 기사, 인터뷰 등에서
내가 '소위 유색인'(so-called Coloured)(때론 소문자 c
로 시작하는 유색인)으로 불리고 있다는 것을 알게 되
었습니다. 아프리카민족회의가 언제 나를 이렇게 부
르기로 결정했는지요? 남아프리카에서 나는 회의동맹
(Congress Alliance)에서 활동하고 있으며, 유색인민족회
의(Coloured People's Congress)의 멤버이지 '소위 유색
인민족회의'(so-called Coloured People's Congress)의 멤
버가 아닙니다. 우리가 민족회의를 위해 또 '우리 유색

• Alex La Guma, 1924~85. 남아프리카공화국의 소설가로 인종 문제
  에 관한 날카로운 필치의 작품으로 1969년 로터스 문학상을 수상했
  다. 남아프리카 유색인협회(SACPO, South African Coloured People's
  Organization)의 지도자로 활동하던 중 당국의 탄압으로 1966년 영국으
  로 망명했고 1985년 꾸바에서 사망했다.

인 민족은 존재하기 위하여 싸워야 한다'라고 제창한 자유헌장을 위해 일했을 때, 내 기억에 따르면 그 당시 소위 통합운동〔아프리카민족회의에 대한 경쟁조직〕 측의 어떤 사람들이 소위 유색인 민족을 언급했지만 우리의 회의를 가리키지는 않았습니다. 예전에 발간된『세차바』지면을 봐도 언제부터 또는 왜 이렇게 바꾸기로 결정했는지 나타나지 않습니다. 아마도 정부와 행정기관들, 수세기에 걸친 정치적·사회적 관행들을 통해 내가 유색인이라고 불리게 되었을 것입니다. 하지만 똑똑한 사람들, 민족학자와 인류학 교수 등등은 정말로 내가 누군지에 대해 굳이 신경을 쓰지 않았습니다.

편집인 동지, 나는 헷갈립니다. 나는 분명한 해명을 원합니다. 그 표현은 내가 '소위' 인간 같은, 휴머노이드 (humanoid) 같은, 다시 말해 인간의 모든 특징을 가지고는 있지만 실제로는 인공적인 그런 존재들 같은 느낌을 들게 합니다. 다른 소수민족은 '소위'라고 불리지 않습니다. 그런데 왜 나는 그렇게 불립니까? 그것은 '함 (Ham)의 저주'임에 틀림이 없습니다.

이 편지에 대해 세가지 응답이 나왔다. 첫번째는 역시 6월의 어느 지면에 실린 편집인의 응답이었다.

내가 기억하는 한 우리 운동에서 '유색인'을 '소위 유색인'으로 바꾸겠다고 어떤 결정을 내린 적은 없습니다. 내가 아는 전부는 국내에서 사람들 ─ UDF〔연합민주전선United Democratic Front이라는 아파르트헤이트 반대운동 조직〕가 출범할 당시의 앨런 보이작*〔보이작은 정부가 유색인으로 분류하는 사람이다〕 같은 ─ 이 점점 더 '소위 유색인'이라는 용어를 사용하게 되었다는 것입니다. 당신이 알아차리게 된 것은 이 같은 전개 과정의 반영이 아닐까 생각됩니다.

얼마 전 『세차바』는 『흑인을 기술하기』(Writing Black)라는 리처드 리브(Richard Rive)의 책에 대한 서평을 실었고, 그 서평에서 우리는 이렇게 말했습니다.

우리가 통합을 위해 분투한다고 해서, 우리가 분투하여 이루고자 하는 바로 그 통합에 대하여, 만일 무시한다면 문제를 일으킬 수 있을 차이들을 외면해서는 안 된다. 소위 유색인이라고 말하는 것으로 또는 유색인이라는 단어에 따옴표를 붙이는 것으로는 충분치 않다. 이 문제에 대해 어떤 적극적인 접근법이 마련되어야 한다. 왜냐

---

* Allan Boesak, 1946~. 남아프리카 네덜란드 개혁교회 목사, 반아파르트헤이트 운동가, 정치가.

하면 우리는 일일이 확인할 수 있고 식별할 수 있는 사람들의 집단을 다루고 있기 때문이다.

다시 말해서, 우리가 이 서평에서 말하고 있는 것은 이 문제에 대한 논의가 필수적이며, 내 생각에는 당신의 편지가 다행히도 이 같은 논의의 출발점이 될 수 있다는 것입니다. 이 문제에 대한 어떠한 논평도 환영합니다.

1984년 8월 발간된 『세차바』 지면에는 P. G.라고 서명된 어느 편지가 실렸다. 편지 내용으로 미루어보건대, P. G. 역시 정부에 의해 유색인으로 분류되는 사람으로 보인다. 알렉스 라구마와 달리 그는 그 용어를 단호하게 거부한다.

웨스턴 케이프(Western Cape)에서 우리가 동지운동 (Comrades Movement)에 참여한 집단으로서 만났을 때, 유색인이라는 용어에 대해 나누곤 했던 토론이 기억난다. 이들은 1976년의 봉기를 통해 공동으로 행동하고 연구하기 위해 뭉친 느슨하게 조직된 청년 집단들로 대체로 아프리카민족회의를 지지하는 입장이었다. '소위 유색인'이라는 용어는 아파르트헤이트의 용어법을 거부하는 대중적 표현으로 청년들 사이에서 흔히 쓰였다.

나는 리처드 리브의 『흑인을 기술하기』에 대한 『세차

바』의 서평에서 논의된 것에 전적으로 동의하지만, 당신 말처럼 "'소위 유색인'이라고 말하는 것으로 또는 유색인이라는 단어에 따옴표를 붙이는 것으로는 충분치 않"은 동시에 '유색인'이라는 용어를 받아들이는 것도 똑같이 옳지 못하다는 것을 덧붙이고 싶다. 나는 특히 '유색인'이라는 말을 대부분의 사람들이 거부하고 있다는 사실에 비추어 이렇게 말하는 것이다. 아프리카민족회의와 UDF의 인사들, 시민 그룹, 교회 그룹, 노동조합의 인사들, 대중에게 인기 있는 지도자들이 '소위 유색인' 운운할 때, 그들이나 그들이 호소하는 대중은 휴머노이드 같은 느낌을 갖지 않는다. 실은 '유색인'이라는 용어를 쓰는 것이 사람들을 인공적인 존재로 느끼게 한다고 한다. 유색인이라는 말은 정체성의 결핍을 외치는 용어다.

'유색인'이라는 용어는 어떤 특수한 집단으로부터 이끌어낸 것이 아니라 1950년의 주민등록법(Population Registration Act)에 따라 '외견상 명백히 백인이나 인도인이 아니며 원주민 종족 또는 아프리카 부족에 속하지 않는' 것으로 정의된 사람에게 붙여진 명칭이었다. 배제에 기초를 둔 정의 ─ 즉 무엇 무엇이 아닌 민족이라는 것. (…) '유색인'이라는 용어는 인종주의자들이 주변 민족으로 간주한 대상을 가리킨다. '유색인'이라는 용어는 순수한 백인 아프리카너*에 관한 인종주의적 신화에 핵심적인 것이다. '유색인'이라는 용어를 받아들이는 것은 그 신화가 계속 굴러가도록 허용하는 것이다. (…)

오늘날 사람들은 '우리는 인종주의자들의 시각 틀을 거부하며 그들의 용어법을 거부한다'라고 말하면서 바로 적의 편에 있는 그 낡은 용어에 맞서 **새로운 것**(NEW)을 건설하고 있다. '유색인'(Coloured-Kleurling)이라는 용어는 '혼혈'(half-caste) '갈색 아프리카너'(Bruine Afrikaner) '남아프리카의 의붓자식들'과 마찬가지로 인종주의자들에 의해서 대물림된 것이다. 이 같은 용법에 대한 아주 편협한 해석을 차용함으로써 우리 가운데 일부가 열 받거나 충격을 받는 대신 우리는 '소위'라는 앞말을 수년간 하나의 골칫거리였던 어떤 사태의 해결을 향한 첫걸음으로 보아야 한다.

우리는 '소위 유색인'이라는 용어로부터 긍정적인 방향으로 나아가야 한다. 사람들은 지금 우리가 어떻게 불릴지에 대한 선택권을 갖고 있으며, 대부분은 형성 중인 국민의 정서에 맞게 '남아프리카인'(South African)이라는 명칭을 선호한다고 말한다. 논쟁은 매우 다양한 형태

---

* Afrikaner. 주로 보어인, 즉 네덜란드 정착민의 후손인 남아프리카의 백인으로 아프리칸스어를 쓴다.

를 취할 수 있지만, 백인 우월주의(Baasskap) 용어를 받아들이는 것으로 되돌아가는 형태를 취할 수는 없다. 만일 남아프리카인이라는 정체성에 대한 어떤 하위 정체성(sub-identity)이 정말로 필요하다면, 아마도 대중적 토론을 통해 문제를 해결할 수 있을 것이다.

1984년 9월에 발간된 『세차바』에서 아널드 셀비(Arnold Selby)라는, 정부에 의해 유럽인으로 분류된 어떤 사람이 '민족'과 '소수민족'(national minority)을 구별하는 일련의 범주를 거론하며 논쟁에 끼어들었다.

몇가지 일반적으로 인정되는 기정사실들을 검토하는 것으로 이야기를 시작해보자.

(1) 아직 남아프리카 민족 같은 것은 없다.
(2) 아프리카인의 대다수는 억압받는 민족으로, 유색인 민족과 인도 민족은 별개의 확인 가능한 억압받는 소수민족들이며 백인 인구는 소수의 억압하는 민족으로 이루어져 있다.
(3) 유색인, 인도인, 백인 소수민족들은 동질적이지 않으며, 다른 민족 또는 종족 집단을 포함하고 있다. 예컨대, 레바논인 사회는 대체로 백인으로 분류되고 스스

로도 그렇게 간주하고, 말레이인 및 그리쿠아인*은 그들 자신을 유색인 민족의 일부로 간주하며, 중국인 소수민족 중에서 일부는 백인으로 분류되고, 일부는 아시아인으로, 일부는 유색인으로 분류된다.

(4) 남아프리카의 미래와 민족 문제의 해결을 위한 열쇠는 아프리카 민족의 민족해방에 있다. 아프리카 민족의 민족해방을 가져다준 아프리카민족회의의 선도 아래 이루어진 우리의 민족민주혁명의 승리는 남아프리카 민족의 탄생을 향한 과정의 시발점이 될 것이다.

앞의 (2)항에서 언급한 대로 유색인 민족은 별개의 확인 가능한 억압받는 소수민족으로 구성되어 있다. 그러나 '유색인'이라는 정의, 그로부터 비롯된 용어법과 일상적 관행에서의 용법은 자연스러운 사회적 원인들로부터 생겨난 것이 아니며 유색인 민족이 선택한 것도 아니다. 그것들은 교역 및 제국주의 단계에서 그리고 1910년 침략자들(영국인)의 남아프리카 국가 수립 이후 유럽의 부르주아 민족들에 의한 잇따른 침략, 침투 및 정착의 물결에 뒤이어 등장한 일련의 체제들에 의해서

---

* Griqua. 초기의 백인 정착민인 네덜란드인 남자와 유목민인 코이코이인 (Khoikhoi) 여자 사이의 혼혈인 후손.

유색인 민족에게 일방적으로 부과된 것이다. (…)

이제 우리 가운데 일부 사람들이 '소위' 유색인 민족에 대해 운운하는 경향에 대해 논의하겠다. 내가 보기에 이것은 우리가 직면해 있는 두가지 실질적 요인들로부터 비롯된다.

첫째는 해외에 우리의 노력을 알릴 때 생기는 문제다. 다른 나라들과 민족들은 '유색인 민족'이라는 용어에 대해 다른 관념들을 갖고 있는데, 그것들은 우리나라에서 민족적으로 억압받는 유색인 소수민족의 현실과는 동떨어져 있다. 우리가 우리나라와 우리의 투쟁에 대해 또 이 투쟁에서 유색인 민족의 역할과 위상에 대해 이야기할 때 우리는 유색인 민족이 누구인지 설명해야만 하고, 이런 까닭에 침략자들이 그 용어를 부과했다는 사실을 강조하기 위해 '소위'(인용부호에 유의할 것)라는 단어를 우리 자신이 종종 쓰게 된다. 지금 미합중국이 된 땅의 원래 거주민들을 가리킬 때 우리가 '소위' 인디언들이라고 말할 수 있는 것처럼 말이다. 이것은 우리의 해방투쟁에 대해 자세히 알고 싶어하는 외국에 있는 사람들에게 좀더 뚜렷한 인상을 심어줄 수 있다.

둘째로, 나는 국내에서 일부 사람들이 '소위'라는 단어를 쓰는 경향이 '유색인 민족'이라는 일반적으로 통용되는 용어에 대한 거부를 의미한다고 생각하지 않는다. 내 사고방식으로 그 단어는 억압받는 유색인 및 인도 소수민족들과 억압받는 아프리카인 다수민족의 통합이 늘어나고 있음을 강조하기 위해 쓰이는 것 같다. 내가 보기에 이 단어의 용법은 유색인과 흑인 간의 구별보다는 오히려 흑인과의 동일시를 나타낸다. 그와 동시에 이 용법은 유색인 민족을 억압자 백인 소수민족으로부터 멀리 떼어놓는다. 비록 성공하지는 못했지만, 억압자 백인 소수민족은 유색인 민족이 백인 민족의 열등한 갈래이며 그들이 백인 민족에 태생적으로 결탁되어 있다는 관념을 받아들이게 하려고 수없이 애써왔다. '소위'라는 말의 용법은 과학적 언설로 포장된 이 같은 인종주의 이데올로기를 받아들이게 하려는 침략자의 노력에 대한 거부를 의미한다.

우리가 '소위'라는 말을 쓰든 안 쓰든 간에, 우리나라에 억압받는 유색인 소수민족이 있다는 것은 현실이다. 내 생각에, 오늘날의 상황에서, 그 단어가 적절한 맥락에서 진정한 의미를 전달하기 위해 쓰인다면 그리고 따옴표와 함께 쓰이기만 한다면 '소위'라는 단어를 사용하는 것이 잘못은 아니다. 어떠한 상황에서도 억압받는 소수민족으로서 유색인 민족이 존재하는 현실이 부인될 수는 없다.

셸비의 입장이 P. G.의 입장과 실제로 딴판이라는 것을 주목하자. 둘 다 '유색인' 앞에 '소위'라고 쓰는 것을 받아들이고 있지만, P. G.가 그렇게 하는 이유는 유색인들 같은 것은 없기 때문이라는 것이다. 한편 셸비는 유색인들이 하나의 민족으로서, 즉 그가 '소수민족'이라고 부르는 다양한 민족들 가운데 하나의 민족으로서 존재한다고 생각하지만, '소위'라는 말의 사용을 정치적 의사소통상의 하나의 전술로서 옹호한다.

끝으로, 1984년 11월호에서 라구마는 스스럼없이 이렇게 응답한다.

〔P. G.는〕 '소위 유색인'이 '아파르트헤이트 용어법'을 거부하는 대중적 표현으로 쓰였다고 말합니다. 그런데 나중에 그는 "대부분은 형성 중인 국민의 정서에 맞게 '남아프리카인'(South African)이라는 명칭을 선호한다"라고 말합니다. 하지만 편집인 동지, 그는 누가 우리나라에 남아프리카라는 공식 명칭을 부여했는지, 무슨 또는 누구의 권위로 부여했는지 우리에게 말하지 않습니다. 이 같은 용어법을 거부하면서 이 나라를 '아자니아'*라고 부르는(이 또한 누구의 권위로?) 사람들이 있

● Azania. 고대 그리스-로마 시대로부터 남부 아프리카의 여러 지역에 막

으며, 아마도 이들은 그밖의 다른 주민 전체를 '소위 남아프리카인들'(so-called South Africans)로 부르려고 할 것입니다. 보어인(Boer, 남아프리카의 네덜란드인 정착민)의 찬가가 쉬드-아프리카(Suid-Afrika, 남아프리카)로 부른다고 해도, 사우스 아프리카(South Africa)라는 명칭이 일반적으로 인정을 받고 있습니다. 그럼에도 어느 (심지어 소위) 소수집단이 그들 자신의 고의로 꾸며낸 편의를 이유로 자신들을 남아프리카인으로 부를 권리를 내세우는 것은 비록 완전히 주제넘은 짓은 아니라 해도 내가 보기엔 다소 비민주적인 것 같습니다. 왜냐하면 그런 권리는 당연히 다수집단에 속하기 때문입니다.

유감스런 말이지만 나는 (일견 P. G.가 말하는 것처럼) '유색인'이라는 용어가 주민등록법 또는 거주구역 분리법*에서 내린 정의의 결과로 나타났다는 것을 몰랐습니다. 나는 이런 법률들보다 훨씬 전에 태어났고, 따라서 우리 민족은 그보다 좀더 오래되었음에 틀림없습니다. 그리고 P. G.가 묘사한 모든 끔찍한 경험들(갈라진 가족, 배제 등)을 우리만 겪었다고 생각해서는 안 됩니다. 세계의 여러 다른 지역들에서 혼혈 인종이나 주변

연하게 붙여진 이름.

* Group Areas Act. 인종분리정책의 일환으로 도시에서 인종별 거주구역을 지정한 법으로 1950년에 처음 제정되었다.

적 사회들이 비슷한 시련과 환난을 겪고 있습니다.

편집인 동지, 이제 P. G.는 심지어 '소위'라는 말은 그리 적절치 않으며 '유색인'이라는 용어 역시 그렇다고 말하고 있어 저는 더욱 혼란스러울 따름입니다. 그러나 '오랫동안 채찍'이었던 것은 유색인으로 불리는 것이 아니라, 마치 '아시아인'이나 '인도인'이라는 용어가 그 자체로는 채찍이 아닌 것처럼 무어라 불리든 상관없이 우리 민족이 취급받아왔고 취급받고 있는 방식입니다. (…) P. G.의 '대중 토론'의 결과를 끈기 있게 기다리고 있는 동안에도 여전히 나는 오늘 내가 누구인지 알고 싶습니다. 그러니 편집인 동지, 이렇게든 저렇게든 당신 좋을 대로 나를 부르시되, 단 제발 나를 '소위'라고 부르지는 마십시오.

내가 이 같은 설왕설래를 좀 길게 인용한 이유는 우선 가장 우호적인 토론조차도 꽤 열정적인 면이 있음을 보이려는 것이었고, 둘째로는 역사적인 근거로든 논리적인 근거로든 쟁점을 해결하기가 얼마나 어려운지를 보이려는 것이었다. 유색인 민족 또는 유색인 소수민족 또는 유색인 종족집단(ethnic group)은 있는가? 과거에는 그런 것이 있었는가? 그런 것이 있다 그리고/또는 있었다고 생각하는 사람들도 있고, 그렇지 않다고 생각하는 사람들도 있으며,

어떤 사람들은 무관심하고, 또 어떤 사람들은 그런 범주를 아예 모른다.

그래서 뭐? 만일 유색인 민족이라는 어떤 본질적 현상이 존재한다면, 우리는 그것을 규정하는 요소들에 대해 합의할 수 있을 것이다. 하지만 하나의 '민족'을 지칭하는 이 명칭에 대해 또는 실제로 어떤 민족을 지칭하는 사실상 다른 어떤 명칭에 대해 우리가 합의에 이를 수 없다면, 아마도 이는 민족성(peoplehood)이라는 것이 하나의 구성물에 불과할 뿐만 아니라 각각의 특정한 경우에 그것의 경계가 끊임없이 변화하기 때문일 것이다. 아마도 민족이란 형태상 일정치 않고 변하기 마련인 무엇인지도 모른다. 그렇다면 이 문제를 둘러싼 열정의 이유는 무엇인가? 어쩌면 이 같은 변하기 쉬운 현상을 예의주시하기로 한 사람이 아무도 없기 때문인지도 모른다. 만일 내 말이 맞다면, 그것은 정말이지 이상한 현상이 아닐 수 없다. 왜냐하면 그것의 중심적 특징은 현실이 일관성이 없는데 이 같은 현실을 부정한다는 것이기 때문이다. 아주 난해하면서도 참으로 기이하다고나 할까! 우리가 놓여 있는 예의 역사적 체제 안에 이렇듯 기이한 사회적 과정을 낳게 된 무언가가 있는 것일까? 어쩌면 어딘가에 쿼크*가 있는지도 모른다.

---

* quark. 양성자, 중성자 같은 소립자를 구성한다고 생각되는 기본 입자.

나는 이 문제를 몇가지 단계로 나누어 다루었으면 한다. 먼저 사회과학에서 민족성을 어떻게 보는지 기존의 견해들을 간단히 검토해보자. 그러고 나서 이 같은 개념을 낳았을 무엇이 이 역사적 체제의 구조와 과정 속에 있는지 살펴보기로 하자. 끝으로, 유용한 수단이 될 수 있을 어떤 개념적 재구성이 가능한지 살펴보기로 하자.

먼저, 역사적 사회과학 문헌을 보면 '민족'(people)이라는 용어가 실제로 드물게 사용되고 있다는 데 주목할 필요가 있다. 오히려 가장 흔히 눈에 띄는 용어는 '인종'(race) '국민'(nation, 경우에 따라 '민족'으로 옮김) '종족집단'(ethnic group)으로 모두 다 근대세계에 나타난 '민족'이라는 말의 다른 형태들로 짐작된다. 이 가운데 마지막 용어는 가장 최근에 등장했고 실제로 그 이전에 널리 쓰이던 '소수민족'(minority)이라는 용어를 대체했다. 물론 이 용어들마다 제각기 많은 변이형들이 있지만, 그럼에도 불구하고 나는 통계적으로나 논리적으로나 이 세가지가 기본 용어라고 생각한다.

'인종'은 눈으로 확인할 수 있는 육체적 형태를 가진 유전적인 범주로 간주된다. 지난 150여년에 걸쳐 인종들의 명칭과 특징을 둘러싸고 엄청난 학문적 논쟁이 있었다. 이 논쟁은 꽤 유명하며, 그중 상당 부분은 악명이 높다. '국민'은 한 국가의 현실적 또는 잠재적 경계에 어떤 식으로든 결부된 사회-정치적 범주로 간주된다. '종족집단'은 대대로 전수되며 으레 국가의 경계에 원칙적으로 결부되지 않는 어떤 지속적인 습성들이 나타난다고 하는 문화적 범주로 간주된다.

다른 용어들이 숱하게 사용된다는 점은 차치하더라도, 이 세가지 용어 자체도 놀라울 정도로 일관성 없게 사용된다. (앞의 논쟁에서 이미 보았듯이 어떤 사람은 다른 이들이 '종족집단'으로 불렀을 것을 '소수민족'으로 지칭한다.) 이 용어들을 사용하는 사람들은 그 연속성 때문에 현재의 행위에 강한 영향을 미칠 뿐만 아니라 현재의 정치적 주장을 펼치는 데 근거가 되는 어떤 지속적인 현상을 표현하는 데 그 세가지 용어를 모두 사용한다. 다시 말해 어떤 '민족'은 그것의 유전적 성격 또는 그것의 사회정치적 역사 또는 그것의 '전통적' 규범 및 가치관 어느 하나 때문에 지금처럼 존재하거나 행위한다는 것이다.

이 범주들의 요점은 조작할 수 있는 현재의 '합리적' 과정들에 맞서 과거에 근거를 둔 권리주장을 펼칠 수 있게 해주는 것처럼 보인다. 우리는 이런저런 상황이 왜 현재와 같이 나타나며 바뀌어서는 안 되는지 또는 상황이 왜 현재와 같이 나타나며 바뀔 수 없는지를 설명하는 데 이 범주들을 이용한다. 또는 거꾸로 왜 현재의 구조들이 더 심오하고 더 오래된, 따라서 더 합법적인 사회적 실재들의 이름으로 대체되어야만 하는지를 설명하는 데 그것들을 이용할 수 있을 것이다. 과거라는 것(pastness)의 시간적 차원은 민족성의 개념에서 중심적인 것이며 또한 그 개념에 내재하는 것이다.

사람들은 왜 과거를, '정체성'을 원하거나 필요로 하는가? 예컨대, 앞서 인용한 논쟁에서 P. G.는 '유색인'이라는 명칭을 거부하고 '남아프리카인'이라는 더 넓은 범주를 옹호하며, 이어서 "만일 남아프리카인이라는 정체성에 대한 어떤 하위 정체성이 정말로 필요하다면 (…)"이라고 말한다. 여기서 '만일'은 은연중에 왜(why)의 뜻을 내포한다.

과거라는 것은 사람들이 현재, 다른 방식이 아닌 바로 지금의 방식으로 행동하게끔 설득되는 데에 쓰이는 하나의 양식이다. 과거란 사람들이 서로서로에 맞서 이용하는 하나의 도구다. 과거란 개인들의 사회화, 집단적 연대의 유지, 사회적 정당화의 확립 또는 그에 대한 저항에서 중심이 되는 요소다. 그러므로 과거라는 것은 단연코 도덕적인 현상이고, 따라서 정치적인 현상이며, 언제나 현대적인 현상이다. 물론 이 때문에 그것이 그렇듯 변하기 쉬운 것이다. 실제 세계는 끊임없이 변화하는 까닭에 현시대의 정치에 관련이 있는 것은 끊임없이 변할 수밖에 없다. 그러므로 과거라는 것의 내용은 끊임없이 변할 수밖에 없다. 하지만 과거라는 것은 그 의미상 변함없는 과거를 단언하는 것이므로, 어떤 특정한 과거가 늘 변화해왔고 또는 어떻게든 변화할 수 있다는 것은 받아들여지지 않는다. 과거는 으레 돌에 새겨져 되돌릴 수 없는 것으로 여겨진다. 실제의 과거는 정말로 돌에 새겨진다. 반면에 사회적 과거, 즉 이 실제의 과거에 대해 우리가 이해하는 대로의 과거는 기껏해야 말랑말랑한 진흙에 새겨진다.

실상이 그러하기에, 과거라는 것을 우리가 유전적으로 연속적인 집단(인종)의 관점에서 정의하건, 역사적인 사회정치적 집단(국민)의 관점에서 정의하건, 아니면 문화적 집단(종족집단)의 관점에서 정의하건 별로 중요한 문제가 아니다. 그것들은 모두 민족성 구성물들이며, 모두 과거라는 것의 고안물들이며, 모두 현시대의 정치적 현상이다. 하지만 이게 사실이라면 우리는 또 하나의 분석적 수수께끼를 마주하게 된다. 한가지 용어로도 부족함이 없었을 텐데 무슨 이유로 세가지 다른 기본 용어들이 발달해 나왔는가? 하나의 논리적 범주가 세가지의 사회적 범주로 분리된 데에는 어떤 이유가 있음에 틀림없다. 이를 알아내려면 자본주의 세계경제의 역사적 구조를 들여다보기만 하면 된다.

세가지 기본 용어들 각각은 자본주의 세계경제의 기본적인 구조적 특징들 가운데 하나를 중심으로 매달려 있다. '인종' 개념은 세계경제의 기축을 이루는 분업, 즉 핵심부-주변부의 이율배반과 연관되어 있다. '국민' 개념은 이 역사적 체제의 정치적 상부구조, 국가 간 체제를 이루는 동시에 그로부터 비롯하는 주권국가들과 연관되어 있다. '종족집단' 개념은 자본축적 과정에서 비임금노동의 구성 분자들을 대규모로 유지하도록 해주는 가계(household)구조의 창출과 연관되어 있다. 이 세가지 용어들 중 어느 것도 계급과 직접적으로 연관되지는 않는다. 이는 '계급'과 '민족성'이 서로 다른 맥락에서 정의되었기 때문이며, 이것은 앞으로 살펴보겠지만 이 역사적 체제의 모순들 가운데 하나다.

세계경제 내의 기축적 분업은 공간적인 분업을 낳았다. 핵심부-주변부의 이율배반은 이 분업의 필수적 구성요소라고 할 수 있다. 핵심부와 주변부는 엄밀히 말해서 차별적 생산비용 구조와 관련이 있는 상대적인 개념이다. 이렇게 서로 다른 생산과정들이 공간적으로 멀리 떨어진 지역들에 위치하는 것은 이 관계의 불가피하고 항구적인 특징이 아니다. 하지만 그것은 정상적인 것으로 자리잡는 경향이 있다. 그리고 거기에는 몇가지 이유가 있다. 첫째로, 작물 재배를 위한 환경 조건이나 지질학적 광물자원과 관련이 있는 주변부 공정들이 1차 생산과 연관되어 있는 — 이러한 연관성은 비록 예전에 비해 오늘날 훨씬 덜하지만 실제 역사적으로는 진실이었는데 — 정도만큼 공정들의 지리적 재배치 가능성은 제한된다. 둘째로, 일련의 핵심부-주변부 관계들을 유지하는 데 정치적 요소들이 작용하는 한, 상품 연쇄 안의 생산품들이 정치적 경계를 가로지른다는 사실 때문에 필수적인 정치적 작용들이 촉진된다. 국경 통과에 대한 통제가 국가들이 실제로 행사하는 가장 큰 실질 권력 가운데 하나인 까닭이다. 셋째로, 주변부의 공정들이 집중되어 있는 국가들과는 상이한 국가들에 핵심부의 공정들이 집중되어 있음으로 해서 이 두 부류의 국가들 내부에 서로 다른 정치적 구조가 형성되는 경향이 있으며, 이 같은 차이는 다시 기축적 분업을 관리하고 유지시키는 불평등한 국가 간 체제의 주요한 버팀목이 된다.

간단히 말하자면 이런 이유로, 시간이 흐르면서 세계의 어떤 지역은 핵심부 생산과정의 중심지가 되고 또 어떤 지역은 주변부 생산과정의 중심지가 되는 상황에 이르게 되는 것이다. 양극화의 정도가 주기적인 변동을 보이기는 하지만, 실제로 이 격차가 점점 더 벌어지는 장기적인 추세가 나타난다. 세계적인 차원의 이 같은 공간적 차별화는 주로 유럽 중심의 자본주의 세계경제가 마침내 전 지구를 뒤덮을 때까지 팽창하는 정치적 형태를 취했다. 그리고 이는 '유럽의 팽창'(expansion of Europe)이라는 현상으로 알려지게 되었다.

지구 행성의 인류 진화에서 정착농경이 발달하기 이전

에 유전적 변종들이 곳곳에 분포하는 상황이 일어났고, 그 결과 자본주의 세계경제가 발달하기 시작할 무렵에는 어느 한 지역에 존재하는 다양한 유전형들이 오늘날보다 상당히 더 동질적으로 나타나게 되었다.

자본주의 세계경제가 주로 유럽 내의 그 최초 지점으로부터 팽창함에 따라, 핵심부 및 주변부 생산공정들의 집중이 점점 더 지리적으로 차별화됨에 따라, '인종적' 범주들은 일정한 명칭들을 중심으로 구체화되기 시작했다. 서로 다른 사람들 사이에 다른, 그것도 상당히 다른 많은 종류의 유전적 특성이 있다는 것은 분명한 사실일 것이다. 하지만 이러한 특성들이 우리가 '인종'이라고 부르는 3개, 5개 또는 15개의 구체적 집단으로 분류하는 식으로 코드화되어야 한다는 것은 전혀 분명한 사실이 아니다. 범주들의 수, 범주화라는 그 사실 자체가 실은 하나의 사회적 결정인 것이다. 이 현상을 들여다보면 양극화가 심화됨에 따라 범주들의 수는 점점 더 줄어드는 것으로 나타난다. 1900년에 W. E. B. 듀보이스*는 '20세기의 문제는 피부색 차별(color line)의 문제다'라고 말했는데, 여기서 그가 언급하는 피부색은 실제로는 흰색과 희지 않은 색(non-

---

• W. E. B. Du Bois, 1868~1963. 미국의 사회학자, 인권 및 평화운동가. 1890년 전국 유색인 지위향상 협회(NAACP)의 창설자 가운데 한 사람으로 미국의 민권운동에 큰 영향을 끼쳤다.

white)으로 결국 나뉘었다.

인종, 따라서 인종주의는 기축적 분업과 관련된 지리적 집중화의 표현이자 촉매 그리고 결과다. 사실이 이러함은 지난 20여년 동안 남아프리카를 방문한 일본인 사업가들을 아시아인이 아니라(현지의 중국인들은 이렇게 간주되지만) '명예 백인'(honorary white)으로 지칭하기로 한 남아프리카 당국의 결정에서 극명하게 나타났다. 유전적 범주들의 영속성을 법의 근거로 삼는다는 한 나라에서, 아무래도 유전학이 세계경제의 선거 결과를 따르는 꼴이다. 이렇듯 터무니없는 결정들은 남아프리카에 국한되지 않는다. 남아프리카는 이런 말도 안 되는 결정들을 종이에 적는 기표소 안에 스스로 들어갔을 뿐이다.

하지만 인종이 우리가 이용하는 사회적 정체성의 유일한 범주는 아니다. 아무래도 그것으로는 충분치가 않아서, 우리는 국민이라는 범주 역시 이용한다. 앞서 말했듯이, 국민은 세계체제의 **정치적** 구조화에서 비롯한다. 오늘날 유엔 회원국인 국가들은 모두 근대 세계체제의 창조물이다. 그들 대부분은 한두 세기 너머로 거슬러 올라가면 명칭으로나 통치 단위로나 아예 존재하지도 않았다. 대략 같은 공간에서 그 명칭과 연속적인 통치의 실체를 1450년 이전으로 거슬러 올라가 추적할 수 있는 극소수 국가들 ── 이런 나라들은 생각보다 더 적은데, 이를테면 프랑스, 러시아, 뽀르뚜갈, 덴마크, 스웨덴, 스위스, 모로코, 일본, 중국, 이란, 에티오피아가 아마도 가장 덜 애매모호한 사례다 —의 경우, 이 국가들조차 현 세계체제의 등장과 더불어 비로소 근대 주권국가로 성립했다. 하나의 지역을 가리키는 데 사용된 명칭의 불연속적인 역사를 추적할 수 있는 다른 근대국가들도 있는데, 이를테면 그리스, 인도, 이집트가 그런 예다. 터키, 독일, 이딸리아, 시리아 같은 이름들의 경우 우리는 훨씬 더 얇은 빙판 위에 서게 된다. 만일 우리가 1450년의 시점에서 그 당시 존재하던 여러 실체들 — 예컨대, 부르고뉴령 네덜란드, 신성로마제국, 무굴제국 —의 앞날을 내다본다면, 오늘날 이 각각의 경우에 하나의 국가가 아니라 어느정도 이 실체들의 정치적·문화적·공간적 후예라고 주장할 수 있을 세개 이상의 주권국가들이 자리잡고 있음을 알게 된다.

그렇다면 이렇게 세계의 국가가 존재한다는 사실이 세계의 국민이 존재한다는 것을 뜻하는가? 오늘날 벨기에 국민, 네덜란드 국민, 룩셈부르크 국민이 있는가? 대부분의 관찰자들은 그렇게 생각하는 것 같다. 만일 그렇다면, 그것은 네덜란드 국가, 벨기에 국가, 룩셈부르크 국가가 **먼저** 생겨났기 때문이 아닌가? 내가 보기에 근대세계의 역사에 대한 체계적인 시각은 거의 모든 경우에 국가성(statehood)이 국민성(nationhood)에 선행했으며, 널리 퍼진 신화에도 불구하고 그 반대는 아니었다.

확실히, 국가 간 체제가 일단 작동하고 나면 많은 지역에서 새로운 주권국가의 수립을 요구하는 민족주의운동이 일어났고, 이 운동들은 때때로 그 목표를 성취했다. 그러나 두가지 점에 유의할 필요가 있다. 먼저 이 운동들은 드물게 예외는 있으나 이미 구성된 통치의 경계 안에서 일어났다. 이런 이유로 비록 비독립국가라 할지라도 국가가 운동에 선행했다고 말할 수 있다. 둘째로, 공동체 의식으로서의 '국민'이 실제 국가의 수립 이전에 얼마나 깊이 뿌리를 내렸는지는 논란의 여지가 있다. 사흐라위* 민족의 경우를 예로 들어보자. 사흐라위 민족이라는 것이 있는가? 민족해방운동 단체인 폴리사리오**에 묻는다면, 그들은 그렇다고 대답할 것이며 그런 것이 1000여년 동안 존속해왔다고 덧붙일 것이다. 만일 모로코인에게 묻는다면, 사

---

* Sahrawi. '사막 거주민'이라는 뜻으로 모로코 남부, 서사하라, 모리타니, 알제리 남서부 등 사하라 서부 지역에 광범위하게 거주하는 아랍-베르베르인 등 다양한 종족의 사람들.

** Polisario. '사귀아 엘함라 및 리오 데오로 해방을 위한 인민전선' (Popular Front for the Liberation of Saguia el-Hamra and Rio de Oro)의 약칭. 에스빠냐령 서사하라의 독립을 목표로 1973년에 공식 결성된 후 에스빠냐에 대한 무장투쟁을 벌였으며, 1975년 에스빠냐의 철수 후에는 위임통치한 모리타니와 모로코에 맞서 싸웠다. 1979년 모리타니로부터 '사흐라위 아랍민주공화국'으로 인정을 받았으나 모로코와의 분쟁은 계속되고 있다.

흐라위 민족 같은 것은 없었으며 예전 에스빠냐령 사하라 식민지였던 땅에 사는 사람들은 언제나 모로코 민족의 일부였다고 할 것이다. 이러한 차이를 지적으로 어떻게 해결할 수 있을까? 우리로서는 해결할 수 없다는 게 답이다. 2000년 어쩌면 2020년에 가서 폴리사리오가 현재의 전쟁에서 승리한다면, 사흐라위 민족이 존재하게 될 것이다. 그리고 모로코가 이긴다면, 그런 것은 존재하지 않게 될 것이다. 2100년에 역사를 쓰는 역사가라면 그것을 해결된 문제로, 아니 보나마나 질문 같지도 않은 질문쯤으로 치부할 것이다.

국가 간 체제 내의 어느 특정한 주권국가의 수립은 왜 그에 상응하는 '국민' '민족'을 창출해야만 하는가? 이를 이해하는 것이 실상 어렵지는 않다. 그 증거는 우리 주변 어디에나 있다. 이 체제 내의 국가들은 응집성의 문제를 안고 있다. 일단 주권국으로 인정된 다음 국가는 차후로 내부의 분열과 외부의 침략에 의해 자주 위협받게 된다. '국민' 의식이 발달할수록 그 위협은 줄어든다. 집권한 정부는 국내 온갖 종류의 하위집단들과 마찬가지로 이러한 의식을 북돋는 데 관심을 둔다. 국가 외부의 또는 어떤 국내 하위 지역의 집단들에 맞서 자국의 이익을 증진하는 데 국가의 합법적 권력을 이용하려는 어떠한 집단이든, 그들은 자신들의 권리주장을 정당화하는 것으로서 민족주의

의식을 북돋는 데 관심을 둔다. 더 나아가 국가는 그들의 정책 효율성을 높여줄 행정적 통일성을 갖추는 데 관심을 둔다. 민족주의는 이러한 국가 수준의 통일성의 표현이자 촉매 그리고 결과다.

민족주의의 성장에는 훨씬 더 중요한 또 하나의 이유가 있다. 국가 간 체제는 이른바 주권국가들의 단순한 집합체가 아니다. 그것은 안정되어 있지만 또한 바뀔 수 있는 서열구조를 지닌 하나의 계서제다. 다시 말해 서열상 서서히 자리바꿈하는 것이 가능할뿐더러 그것이 역사적으로 정상이었다. 현저하며 확고하지만 변화의 여지가 없지 않은 불평등은 높은 지위를 정당화할 수 있을 뿐만 아니라 낮은 지위를 거부할 수도 있는 이데올로기들로 이어지는 바로 그런 종류의 과정이다. 이 같은 이데올로기들을 우리는 민족주의라고 부른다. 한 국가가 하나의 국민이 되지 않은 것은 그 국가가 자신의 지위 변경을 저지하거나 촉진하거나 하는 게임 밖에 있다는 것을 말한다. 그런데 그렇다면 그 국가는 국가 간 체제의 일부가 아닐 것이다. 자본주의 세계경제의 정치적 상부구조로서 국가 간 체제의 발달 외부에 그리고/또는 그것에 앞서 존재한 정치적 실체들은 꼭 '국민'이 될 필요가 없었고 실제로도 그렇게 되지 않았다. 이렇게 다른 정치적 실체들과 국가 간 체제 내에서 창출된 국가들을 가리키는 데 우리가 '국가'(state)라는 같은 단어를 혼동스럽게 사용하고 있는 까닭에, 우리는 이 후자의 '국가들'과 그들의 국민성(nationhood) 사이의 분명한 필연적인 연관성을 종종 놓치고 만다.

그렇다면, 하나의 범주 대신 두개의 범주 — 즉 인종과 국민 — 가 있음으로 해서 어떤 이점이 있는지 묻는다면, 인종의 범주화는 주로 핵심부-주변부의 이율배반을 표현하고 유지하는 방식으로 생겨난 반면, 국민의 범주화는 본래 위계질서상의 변환, 따라서 투박한 인종적 분류에 반대되는 것으로서 체제 내 세부적인 등위의 완만나 주기적인 변환 속에서 국가들 간의 경쟁을 표현하는 방식으로서 생겨났다. 아주 단순하게 표현하자면, 인종 및 인종주의는 핵심부 지역과 주변부 지역을 상대 지역과의 투쟁 속에서 지역 내부적으로 통합하는 반면, 국민 및 민족주의는 핵심부 지역과 주변부 지역을 더욱 복잡한 지역 간(inter-zonal)은 물론 지역 내부(intra-zonal)에서 벌어지는 세부적인 서열경쟁 속에서 지역 내부적으로 분열시킨다. 두 범주 모두 자본주의 세계경제에서 우위를 차지할 권리에 대한 주장이다.

이 모든 것으로도 충분치 않다면, 이전의 소수집단인 종족집단이라는 범주를 생각해낼 수 있을 것이다. 소수집단들이 존재하려면 어떤 다수집단이 있어야 한다. 소수집단이라는 것이 반드시 산술에 근거한 개념이 아니라는 것,

오히려 사회적 권력의 정도에 관련되어 있다는 것은 이미 오래전에 분석가들에 의해 알려진 바다. 수적으로는 다수라도 사회적 소수집단이 될 수 있다. 이러한 사회적 권력을 측정할 때 그 대상이 되는 공간은 물론 하나의 전체로서의 세계체제가 아니라 개별 국가다. 그래서 '종족집단'이라는 개념은 비록 이런 조건이 그 정의에 포함되는 것은 아니라 해도 '국민' 개념과 마찬가지로 실제로는 국가 경계에 결부되어 있다. 차이가 있다면 하나의 국가에는 하나의 국민과 **다수**의 종족집단이 있는 경우가 다반사라는 것뿐이다.

자본주의 체제는 항구적이고 그에 필수적인 자본-노동의 모순에 근거할 뿐만 아니라 노동 부문 내의 복잡한 계층구조에도 근거를 두고 있다. 모든 노동은 타인에게 이전되는 잉여가치를 창출하기 때문에 착취당하는 것임에도 불구하고, 그러한 계층구조 안에서 어떤 노동자들은 다른 노동자들보다 그들이 창출한 잉여가치를 더 많은 비율로 '잃게 된다'. 이런 일을 가능하게 하는 핵심적 제도는 비전업(part-lifetime) 임금노동자들의 가계다. 이런 가계의 임금노동자들은 노동의 재생산 비용에 비례하는 것보다 더 적은 양의 시급을 받아들인다. 이는 세계 노동력의 다수가 포함되어 있는 아주 광범위한 제도다. 다른 곳에서 이미 펼친 바 있는 이러한 분석에 대한 논증을 여기서 되풀이하지는 않겠다.[2] 다만 여기서는 민족성의 관점에서 그 결과들에 대해 논의하고자 한다. 더 많이 '프롤레타리아화된' 가계구조에 속한 고임금 노동자들로부터 더 많이 '반(半)프롤레타리아화된'(semi-proletarianized) 가계구조에 속한 저임금 노동자들에 이르기까지 임금노동자들이 서로 다른 종류의 가계구조에 속해 있는 곳이면 어디서든지, 이 같은 다양한 종류의 가계구조들이 '종족집단'이라 불리는 '공동체들' 내부에 자리잡는 경향이 동시에 나타난다. 즉 직업의 계층구조와 아울러 특정한 국가 경계 안에서 노동력의 '종족집단화'(ethnicization) 현상이 나타난다는 것이다. 이를 강제하는 포괄적인 법률구조 없이도 오늘날의 남아프리카나 과거의 미국에서처럼, 우리가 '직업'을 세분하지 않고 넓은 범주로 분류할 때 종족집단과 직업 사이에는 꽤 높은 상관관계가 어디서나 있어왔다.

직업 범주들의 종족집단화에는 여러 이점이 있는 것으로 보인다. 서로 다른 종류의 생산관계들은 노동력에 의한 서로 다른 종류의 규범적 행동양식을 필요로 한다고 가정할 수 있다. 이러한 행동양식은 실상 유전적으로 결정되는 것이 아니므로 그것은 학습되어야만 한다. 노동력은 상당히 구체적인 일련의 태도를 체득하도록 사회화되어야 한다. 종족집단의 '문화'는 바로 그 종족집단에 속하는 부모가 그들의 자녀가 익히게끔 사회화하도록 압력을 받는 일련의 규범이다. 국가 또는 학교 제도도 물론 이런 일을 할 수 있다. 하지만 이것들은 그러한 특수주의적 (particularistic) 기능을 홀로 또는 너무 공공연하게 수행하는 것을 으레 피하고자 하는데, 왜냐하면 그렇게 하는 것은 '국민적' 평등의 개념을 위반하는 것이기 때문이다. 그 같은 위반행위를 공공연히 인정하려고 드는 몇몇 국가들은 그런 행위를 그만두라는 끊임없는 압력을 받게 된다. 그러나 '종족집단'은 그 구성원들을 다른 집단과 서로 다르게 사회화할 수 있을 뿐만 아니라 그렇게 남다른 방식으로 사회화한다는 것이 바로 종족집단의 정의이기도 한 것이다. 이와 같이 국가가 행하기에는 불법적인 것이 사회적 '정체성'을 지키는 '자발적인' 집단 행동양식으로서 뒷문으로 들어오는 것이다.

따라서 이것은 자본주의가 공언하는 정치적 전제들 가운데 하나로 법 앞에서의 형식적 평등을 위배하지 않는 자본주의의 계서제적 현실에 대한 정당화를 제공한다. 우리가 찾고 있는 쿼크는 바로 거기에 있을지 모른다. 종족집단화 또는 민족성은 역사적 자본주의의 기본적 모순들 가운데 하나──이론상의 평등과 실질적인 불평등을 동시에 추진하는 것──를 해결해주며, 그것도 세계 노동계층들의 정신적 태도를 이용해서 그렇게 해결하는 것이다.

우리가 논의해온 민족성 범주의 바로 그 변하기 쉬운 성질은 이 같은 활동에서 더없이 중요한 것으로 드러난다. 하나의 역사적 체제로서 자본주의는 끊임없는 불평등을 필요로 하는 한편, 그것은 또한 경제적 과정들의 끊임없는 재편을 필요로 한다. 그런 까닭에 오늘 특정한 일련의 계서제적 사회관계들을 보증하는 것이 내일은 작동하지 않을 수도 있다. 노동력의 행동양식은 체제의 정당성을 침식하지 않으면서 변화하기 마련이다. 종족집단의 반복되는 탄생과 재편, 소멸은 바로 그 때문에 경제조직의 작동에서 유연성을 제공하는 더없이 귀중한 수단이 된다.

민족성은 역사적 자본주의의 주요한 제도적 구성물이다. 그것은 체제를 떠받치는 하나의 필수적인 기둥이며, 그러한 기둥으로서 그 체제가 점점 더 조밀하게 발전함에 따라 그 중요성 또한 점점 더 커져왔다. 이러한 의미에서 그것은 또 하나의 필수적인 기둥으로 역시 그 중요성이 점점 더 커져온 주권국가성과 비슷하다. 우리의 세계사적인 게젤샤프트(Gesellschaft, 이익사회) 즉 자본주의 세계경제 안에서 형성된 이 기본적인 게마인샤프트(Gemeinschaften, 공동사회)에 우리가 결부되어 있는 정도는 점점 줄어드는 것이 아니라 점점 더 커지고 있다.

맑스와 베버가 모두 잘 알았다시피 계급은 민족과는 실제로 전혀 다른 구성물이다. 계급은 '객관적' 범주, 다시 말해 분석적 범주로서 하나의 역사적 체제의 모순들에 대해 진술하는 것이지 사회 공동체에 대해 기술하는 것이 아니다. 여기서의 쟁점은 계급 공동체라는 것이 창출될 수 있는 것인지 그리고 어떠한 상황에서 그러한 것인지인데, 이것이 유명한 즉자(卽自, an sich)/대자(對自, für sich)의 구별이다. 대자적 계급*이란 규정하기가 매우 까다로운 실체였다.

논의를 마치기 전에 한마디 덧붙이자면, 아마도 그 이유는 구성된 '민족들' —— 인종, 국민, 종족집단 —— 이 '객관적 계급'과 비록 완전한 정도는 아니더라도 서로 아주 깊이 연관되어 있기 때문일 것이다. 그 때문에 근대세계에서 계급에 기반을 둔 정치행동의 아주 많은 비율이 민족에 기반을 둔 정치행동의 형태를 띠어왔다. 만일 우리가 이른바 '순수한' 노동자 조직들을 면밀히 들여다본다면, 민족과는 무관하고 순전히 계급적인 어법을 사용하면서도 암묵적으로 그리고 사실상 '민족'을 기반으로 한 조직들의 비율은 우리가 보통 생각하는 것보다 훨씬 더 크게 나타날 것이다.

100년이 넘도록 세계 좌파는 세계의 노동자들이 그들 자신을 흔히 '민족' 형태로 조직해온 딜레마를 놓고 한탄

---

* classes für sich. 맑스가 제시한 개념으로, 계급 간의 대립관계를 명료하게 인식하지 못하고 자기 주관에 머물러 있는 개인들의 집합인 즉자적 계급이 계급의식을 통해 자신이 속한 계급의 정체성과 임무를 자각하여 형성한 정치 공동체.

해왔다. 그러나 이것은 해결 가능한 딜레마가 아니다. 그것은 체제의 모순으로부터 비롯된 것이다. 민족에 기반을 둔 정치행동과 완전히 분리되는 대자적 계급행동이란 있을 수 없다. 이 점은 이른바 민족해방운동에서, 모든 신사회운동에서, 그리고 사회주의 국가들의 반(反)관료주의운동에서 볼 수가 있다.

민족성을 지금 나타나 있는 그대로 — 즉 결코 원래부터 존재해온 안정된 사회적 실재가 아니라 적대하는 세력들 사이의 투쟁 무대인 자본주의 세계경제의 복잡하고 진흙 같은 역사적 산물로 — 이해하려고 노력하는 것이 더 합당하지 않을까? 우리는 이 체제에서 민족성을 결코 폐기할 수 없고 또 단역으로 격하시킬 수도 없다. 또 한편으로 우리는 그것의 속성이라고 하는 미덕들에 넋을 잃어서는 안 된다. 그렇게 하지 않는다면 그것이 기존 체제를 정당화하는 방식들에 의해 배신을 당할 것이다. 우리가 더 면밀하게 분석해야 할 것은 민족성이 이 역사적 체제에서 점점 더 중심적인 것이 되어감에 따라, 그 체제의 분기점에서, 우리의 현 역사적 체제로부터 이를 대체할 어떤 체제 또는 체제들로의 불확실한 이행 과정에서 나타날 수 있을 다양한 대안적 결과를 향해 민족성이 우리를 어떤 가능한 방향으로 떠밀고 갈 것인가 하는 문제다.

〔1987〕

6장

발전주의와 세계화 다음은 무엇인가?[1]

1900년 빠리 만국박람회를 준비하면서 프랑스 식민부는 지리 업무 담당부서의 책임자인 까미유 기(Camille Guy)에게 『프랑스의 식민지: 우리 식민 영역의 개척』(*Les colonies françaises: la mise en valeur de notre domaine coloniale*)[2]이라는 제목의 책을 내도록 요청했다. 'mise en valeur'를 글자 그대로 옮기면 '가치 있게 만드는 것'(making into value)이다. 하지만 사전은 'mise en valeur'를 '발전'(development, 또는 개발·개척)으로 번역한다. 그 당시에는 식민지의 경제적 현상에 대해 이야기할 때, 프랑스 단어로 딱 들어맞는 'développement'보다 이런 표현이 더 선호되었다. 'mettre en valeur'('mise en valeur'의 동사형)라는 표현의 의미에 대해 좀더 알아보기 위해 『로베르 상용 사전: 어구 및 어법 도해 사전』(*Les Usuels de Robert: Dictionnaire des Expressions et Locutions figurées*, 1979)을 참고하면, 그것이 '이용하다, 이익을 끌어내다'(to exploit, draw profit from)를 뜻하는 은유로서 사용된다는 설명을 볼 수 있다.

기본적으로, 식민지 시대 유럽 밖 세계의 경제발전에 관한 범유럽 세계의 견해는 이러했다. 발전이란 비유럽 세계의 자원을 개발하고 그로부터 이익을 끌어내기 위해 유럽인에 의해 실행되는 일단의 구체적인 행위였다. 이러한 견해에는 많은 가정이 깔려 있었다. 이를테면, 비유럽인은 범유럽 세계의 적극적인 개입이 없으면 그들의 자원을 '개발'할 수 없거나 어쩌면 그럴 생각조차 없었으리라는 것, 그러나 이러한 개발은 세계에 대해 물질적이고 정신적인 이익을 의미했다는 것, 따라서 이 나라들의 자원을 개발하는 것은 범유럽인의 도덕적이고 정치적인 의무였다는 것, 결과적으로 자원을 개발한 범유럽인이 그 보상으로서 이익을 얻었다는 사실에는 어떤 잘못된 점도 없었는데 왜냐하면 그런 방식으로 개발된 자원의 소유자들에게 이차적인 이득이 돌아갔을 것이기 때문이라는 것 등이다.

이 같은 논거에는 물론 그러한 개발 지역 주민들의 생명과 육체의 희생에 대한 논의가 빠져 있다. 전통적인 계산법에 따르면, 이 같은 비용은 우리가 오늘날의 완곡어법으로 말하곤 하듯이 유럽의 '문명화 사명'(civilizing mission)

에 따른 필연적이고 불가피한 '부수적 피해'(collateral damage)였다는 것이다.

1945년 이후에 논조가 달라지기 시작했는데, 이는 주로 아시아와 아프리카에서 반식민주의 감정 및 운동이 힘을 얻고 라틴아메리카에서 집단적 자주성에 대한 새로운 각성이 일어난 결과였다. 북반부에 의해 '개발되는 것'에 반대되는 것으로서 남반부 국가들이 스스로 '개발하는 것'이 가능하다는 신념에 대한 암호로 '발전'(development)이라는 말을 쓰게 된 것은 바로 이 시점이었다. 새로운 가정은 남반부 나라들이 적절한 정책을 채택하기만 한다면, 그들은 어느 날, 미래의 언젠가에 북반부 나라들처럼 기술적으로 현대적이고 부유하게 되리라는 것이었다.

1945년 이후 시대의 어느 시점에 라틴아메리카의 저자들은 이 새로운 이데올로기를 '데사롤리스모'(desarrollismo) 즉 '발전주의'(developmentalism)라 부르기 시작했다. 발전주의 이데올로기는 매우 다양한 형태를 취했다. 소련은 그것을 '공산주의' 이전의 마지막 단계로 정의되기에 이른 '사회주의'를 제도화하는 것으로 불렀다. 미국은 그것을 '경제발전'으로 불렀다. 남반부의 이데올로그들은 이 두가지 용어를 흔히 혼용했다. 이 같은 세계적 차원의 합의가 이루어진 가운데 북반부의 모든 국가들 — 미국, 소련(그리고 동구의 위성국가들), 서유럽의 식민열강(이제는 이전의 식민열강으로 불러야 할), 북유럽 국가들과 캐나다 ― 은 모두가 옹호하는 이 발전에 관한 '원조'와 조언을 제공하기 시작했다. 라틴아메리카를 위한 경제위원회(CEPAL)*는 '핵심부-주변부' 관계에 관한 새로운 언어를 개발하여 주로 '수입대체 산업화'(import-substitution industrialization) 프로그램을 정당화하는 데 사용했다. 그리고 더 급진적인 라틴아메리카(그리고 다른 지역의) 지식인들은 '종속'(dependency)에 관한 언어를 개발했는데, 그들에 따르면 종속된 국가들이 발전할 수 있는 처지가 되기 위해서는 그러한 종속성에 맞서 싸워 극복해야만 했다.

용어법은 서로 달랐을지 모르지만, 모두가 동의하는 한 가지는, ~하기만 한다면 발전이 정말로 가능하다는 믿음이었다. 그래서 유엔이 1970년대는 '발전의 10년'이 될 것이라고 선언했을 때, 그 용어와 목표는 사실상 어떤 신앙에서 우러나온 것처럼 보였다. 그러나 잘 알다시피 1970년대는 남반부 대부분의 나라에 매우 안 좋은 10년이었다. OPEC에 의해 두차례의 유가 인상이 잇따라 단행되었고, 북반부에서는 스태그플레이션이 나타났다. 남반부 국가들의 경우 그에 따른 수입품 가격의 상승과 아울러 세계경제

---

* Economic Commission for Latin America. 정식 명칭은 '라틴아메리카 및 카리브 지역을 위한 유엔 경제위원회'(UNECLAC).

의 침체에 따른 수출품 가격의 급락으로 인해, 오로지 산유국들을 제외하고 (이른바 사회주의 블록의 국가들을 포함하여) 거의 모든 나라가 국제수지상의 곤경을 겪었다.

산유국들은 믿기 힘들 만큼 막대한 잉여를 획득했고, 그 대부분을 미국과 독일의 은행에 예치했다. 그러자 이 추가 자본에 대해 수지가 맞는 용처를 찾아야 했던 은행들은 극심한 국제수지 문제에 직면해 있던 국가들에 대한 대부에 나섰다. 은행들 자신에 의해 적극적으로 권유된 이 대부는 두가지 문제, 즉 북반부 은행들의 계정에 있는 잉여 자금에 대한 배출구를 찾는 문제와 사실상 지불 불능 상태에 빠진 남반부 국가들의 유동성 문제를 동시에 해결해주었다. 그러나 아뿔싸, 이 대부는 누적 이자를 지불해야 하는 문제를 낳았고, 이는 1980년에 이르러 이 국가들을 훨씬 더 심각한 국제수지의 곤경에 빠뜨리고 말았다. 불행하게도 대부된 자금은 상환 의무가 따르기 마련이다. 이렇게 해서 세계는 느닷없이 이른바 채무위기에 ─ 폴란드는 1980년에, 멕시코는 1982년에, 그다음에는 모든 곳에서 ─ 맞닥뜨리게 된 것이다.

악역을 찾아내기란 아주 쉬운 일이었다. 손가락은 10년 전만 해도 어디에서나 널리 칭송받던 발전주의를 가리키고 있었다. 수입대체 산업화는 이제 패퇴한 보호무역주의로 여겨진다. 국가 건설(state-building)은 비대해진 관료

체제를 먹여 살리는 것으로 해체되었다. 재정 지원은 이제
도랑은 아닐지라도 개수대에 쏟아부어진 돈으로 분석되었
다. 그리고 준(準)국영(parastatal) 구조들은 스스로의 힘으
로 성과를 내려는 고결한 노력은커녕 풍요한 사업상의 성
취를 가로막는 장벽으로 드러났다. 곤경에 처한 국가들에
대한 대부가 수익을 올리려면 이 국가들에서 교육과 보건
같은 불요불급한 항목들에 대한 소모적인 국가 지원을 삭
감해야 한다는 조건을 못 박아둘 필요가 있었다. 더 나아
가 국영기업은 거의 그 자체의 정의(定義)에 따라서 비효
율이기 때문에 가능한 한 빨리 민영화되어야 한다고 공표
되었는데, 왜냐하면 사기업은 그것에도 거의 그 자체의 정
의에 따라서 '시장'에 민감하게 반응하며 따라서 최대로
효율적이기 때문이라는 것이었다. 또는 적어도 그것이 워
싱턴 컨센서스*였다.

학계의 떠들썩한 말과 유행은 변덕스러우며 길어봐야
일이십년이 고작이다. 발전은 갑자기 한물갔다. 그것이
지나간 자리에 세계화(globalization)가 들어섰다. 대학 교
수, 재단의 경영진, 출판인 그리고 칼럼니스트 들이 너나
없이 마침내 그것을 받아들였다. 확실히, 보는 눈이, 아니

* Consensus in Washington. 1990년대에 중남미 국가와 종전의 사회주의
국가 등 경제위기를 겪고 있던 국가에 미국과 국제 금융자본이 신자유
주의적 시장경제체제를 개혁 모델로 이식하고자 한 모종의 합의.

면 더 좋은 말로 처방이 바뀌었다. 이제 나아갈 길은 수입 대체를 향하는 것이 아니라 수출 지향적 생산활동을 향하는 것이었다. 국유화된 산업은 물론이고 자본 이동의 통제 역시 물러가라. 투명하고 제한 없는 자본 이동을 촉진하라. 일당 체제 대신에 우리 모두 다 함께 거버넌스(무의미한 것은 아니더라도 굉장히 현학적이고 도무지 이해하기 어려운 새로운 단어)를 연구합시다. 무엇보다도 하루 다섯 번 메카를 향하여 알라후 아크바르(Allahu Akbar, 신은 위대하시다) TINA ─── 다른 대안은 없다(There Is No Alternative, 1979~90년 영국 수상을 지낸 마거릿 대처의 슬로건) ─── 를 읊조립시다.

새로운 도그마들은 1980년대에 발전주의 꿈들의 잠꼬대가 쇠퇴하는 가운데 뿌리를 내렸다. 그것들은 1990년대에 미국과 동아시아를 통해 세계를 경제적 영화로 이끌어 간다고 하는 '신경제'의 광채에 휩싸인 채 번성했다. 그러나 아뿔싸, 그 광채는 흐려지기 시작했다. 1997년 동아시아 및 동남아시아의 통화위기(러시아와 브라질로 파급된), 시애틀에서부터 칸쿤에 이르기까지 세계무역기구(WTO, World Trade Organization)의 지위 하락, 다보스*의 퇴색과

---

* Davos. 스위스의 다보스에서 개최되는 '세계경제포럼'. 일명 '다보스 포럼'.

뽀르뚜알레그리[*]의 급부상, 알카에다(al-Qaeda)와 9·11 사태, 그리고 뒤이은 이라크에서의 부시(George W. Bush)의 대실패, 현재 미국의 금융위기(accounts crisis) 등등, 이 모든 것은 수사로서의 세계화가 어느새 발전주의와 같은 길을 따라가고 있는 것이 아닐까 하는 의심을 불러일으킨다. 그래서 우리는 발전주의와 세계화 다음은 무엇인가 하는 질문을 던지게 되는 것이다.

한물간 이론화 시도에 대해 너무 가혹하게 굴지는 말자. 1945년부터 오늘날에 이르기까지의 전반적인 논의는 실은 세계체제가 양극화될 뿐만 아니라 양극화하고 있다는 현실 그리고 이러한 현실이 도덕적으로든 정치적으로든 견딜 수 없을 만큼 과도하다는 현실을 심각하게 받아들이고자 하는 한결같은 노력에서 나온 것이다. 밑바닥에 있는 나라들의 처지에서는 그들의 상황을, 무엇보다도 경제 부문에서 개선하는 길을 알아내는 것보다 더 시급한 일은 없어 보였다. 결국 이들 나라 국민이 해야 했던 전부는 영화를 보는 것이었고, 그렇게 해서 그들은 세계에 자신들보다 더, 아니 훨씬 더 잘사는 국민과 지역이 있음을 알게 되었다. 꼭대기에 있는 국민들로 말하자면 그들은 '자유롭게 숨쉬기를 갈망하며 몰려드는 군중'이 세계질서와 그들의

---

[*] Porto Alegre. 브라질의 뽀르뚜알레그리에서 개최되는 '세계사회포럼'.

번영에 항구적인 위협이 된다는 것, 따라서 부싯깃 통을 축축하게 적셔서 못 쓰게 만들기 위해 아무래도 무언가 해야 한다는 것을 어렴풋이나마 깨닫게 되었다.

그래서 발전과 세계화에 대한 논의를 통해 제시된 지적 분석과 그것에서 비롯된 정책 노력은 비록 이제 와서 되돌아보면 여러 면에서 완전히 그릇된 판단을 따른 것이지만 그럼에도 진지했고 그런 대로 존중할 만했다. 이제 우리가 물어야 할 첫번째 질문은, 세계의 모든 지역이 이를테면 덴마크의 생활 수준(또한 어쩌면 그와 유사한 정치·문화 제도)에 도달하는 것이 조금이라도 가능한가 하는 것이다. 두번째 질문은, 만일 그것이 가능하지 않다면 현재 한쪽으로 기울고 대단히 불평등한 세계체제가 다소간 그러한 것으로서 지속하는 것이 가능한가 하는 것이다. 그리고 세번째 질문은, 만일 그렇지 않다면 어떠한 종류의 대안적 체제들이 지금 우리 모두의 앞에 놓여 있는가 하는 것이다.

I

"세계의 모든 지역이─아득히 머지않은 어지간한 미래의 어느 날─이를테면 덴마크의 생활 수준(또한 어쩌면 그와 유사한 정치·문화 제도)에 도달하는 것이 조금이라도 가능한가?"

덴마크(그리고 대부분의 OECD 국가들) 인구의 상당한 비율이 꽤 괜찮은 생활 수준을 누리고 있다는 것에는 의문의 여지가 없다. 대부분의 OECD 국가들의 경우 국내 소득 분포에 관한 표준치인 지니 곡선은 매우 낮은 수치를 나타내며, 세계 기준으로 봐도 그들 모두가 상당히 양호한 편에 속한다.[3] 물론 이 나라들에도 빈민은 많지만 남반부의 어느 나라에 견주어보든 간에 그 수가 훨씬 적다. 그래서 이 가난한 나라들의 국민은 당연히 덴마크 국민처럼 부유해지기를 열망한다. 지난 몇년 동안 세계의 경제지 지면은 중국 — 불과 얼마 전만 해도 최빈국 가운데 하나로 여겨졌던 나라 — 의 경이로운 성장률에 대한 이야기로 가득 찼다. 또한 그와 더불어 이 같은 성장률이 앞으로 지속될 수 있을지, 또 그럼으로써 중국이 일인당 GDP 기준으로 비교적 부유한 국가로 올라설 수 있을지에 관한 추측이 무성했다.

다른 수많은 나라들이 20~30년 정도까지 놀라운 고도 성장률을 보였고, 그러고 나서 성장률이 둔화하기 시작했다는 사실은 접어두기로 하자. 예컨대, 소련이나 유고슬라비아 같은 최근의 사례들이 있다. 마찬가지로 더 먼 과거에는 현재보다 GDP 수준이 더 높았던 나라들의 긴 명단도 논외로 하자. 중국의 경제성장이 향후 20년 동안 꺾이지 않을 것이고 중국의 일인당 GDP가 이를테면 덴마크 수준은 아니더라도 최소한 뽀르뚜갈이나 이딸리아 수준까지 근접할 것이라고 잠시 가정해보자. 심지어 그 인구의 50퍼센트 정도까지 이 같은 고도성장으로부터 상당한 혜택을 받아 그들의 실질소득에 반영된다고 생각해보자.

그밖의 모든 것이 변함이 없을 것이며 적어도 그밖의 모두가 오늘날의 생활 수준에서 그대로 멈춰 있을 것이라고 가정하는 것은 설득력이 있는가? 세계의 다른 모든 인구는 적어도 오늘날과 같은 수준으로 소비를 하는데, 중국 인구의 50퍼센트가 이딸리아 인구 50퍼센트의 소비 수준으로 소비하도록 해주는 잉여가치는 어디에서 나오겠는가? 그것이 모두 소위 세계의(또는 중국의) 생산성 증대로부터 나오겠는가? 오하이오(Ohio)와 루르(Ruhr) 계곡의 숙련노동자들이 그렇게 생각하지 않는다는 것은 분명하다. 그들은 자신들이 그 대가를 치를 것이라고, 이미 자신들의 생활 수준이 상당히 줄어듦으로써 그런 대가를 치르고 있다고 생각한다. 그들의 생각이 정말로 틀린 것인가? 이런 일은 지난 10년 동안에도 일어나지 않았는가?

첫번째 증거는 자본주의 세계경제의 지난 역사 전체다. 그것이 존속해온 지난 500여년에 걸쳐 꼭대기와 밑바닥, 핵심부와 주변부 사이의 격차는 점점 더 줄어든 것이 아니라 언제나 점점 더 커져왔다. 현 상황에서 이러한 패턴이 지속되지 않을 것이라고 가정하도록 이끌 만한 것이 있는가? 물론 그 500여년에 걸쳐 세계체제 내의 부의 분배에서 자신들의 상대적인 지위를 향상시킨 나라들이 있었다는 것에는 의문의 여지가 없다. 따라서 이 나라들이 어떤 의미에서는 '발전했다'는 주장이 통할 수 있을 것이다. 하지만 다른 나라들이 상대적인 부의 서열에서 이전보다 더 낮아졌고, 그중 어떤 나라들은 특히 더 그러하다는 것 또한 사실이다. 비록 우리의 통계 자료는 지난 75~100년 기간에 한정되어 있을 뿐이고 질적 가치도 최소한에 그치지만, 우리가 해온 바와 같은 비교 연구는 세계체제 내에서 세가지 범주로 나누어진 부의 분배가 부단히 나타나며, 그런 가운데 몇몇 나라들이 이런 범주에서 다른 범주로 이동하는 현상이 나타남을 보여준다.[4]

두번째 증거는 높은 수준의 이윤, 따라서 높은 수준의 잉여가치 축적 가능성이 생산활동 독점의 상대적인 정도와 직접적인 상관관계를 가진다는 것이다.[5] 우리가 대략 지난 50년 동안 발전으로 불러왔던 것은 기본적으로 수익성이 매우 높다고 평가되는 유형의 생산적 사업을 설립하는 일부 국가들의 능력이다. 그들이 이 일에 성공하는 정도만큼 이 특정한 영역에서 그들의 생산 독점이 줄어들며, 그에 따라서 그러한 생산의 수익성이 줄게 된다. 이른바 잇따른 주도산업들(leading industries)의 역사적 패턴 —— 섬유에서 철강 및 자동차, 다시 전기, 컴퓨터 기술에 이르는—이 바로 이의 명백한 증거다. 미국의 제약산업이 바로 지금 잠재적인 수익성의 이 같은 하락에 맞서 승산 없는 싸움을 벌이고 있는 중이다. 보잉(Boeing)과 에어버스(Airbus)는 향후 20년 내지 30년 뒤 추정컨대 중국 항공기 산업의 도전에 직면하여 현재와 같은 이윤 수준을 유지할 수 있겠는가?

근본적으로 그 결과는 다음 두가지 중 어느 하나일 것이다. 하나는 떠오르는, 이른바 신흥 개발도상국들이 어떤 고도로 파괴적인 과정—전쟁, 전염병 또는 내전—에 의해 주저앉는 것이다. 이럴 경우 기존 경제적 축적의 중심들은 꼭대기에 그대로 머물 것이고, 또한 양극화는 훨씬 더 심각해질 것이다. 아니면 떠오르는, 이른바 신흥 개발도상국들이 현 중심들의 주요 생산과정의 일부를 복제할 수 있을 것이다. 이럴 경우 양극화가 단순히 (있음직하지 않은 일이지만) 거꾸로 뒤집히거나 곡선이 평평해지는 평준화 현상이 나타날 것이다. 하지만 이 후자의 경우에는 하나의 전체로서의 세계경제에서 잉여가치를 축적하는 능력이 심각하게 줄어들 것이고, 자본주의 세계경제의 존재이유(raison d'être)는 침식될 것이다. 이 시나리오 가운데 어느 것에서도 모든 나라가 덴마크처럼 되지는 않는다.

경제발전 그리고 세계화의 긍정적 혜택들에 대해 전반적으로 침울한 정서가 나타나게 되었다면, 내가 보기에 그것은 우리가 어떤 막다른 궁지에 있다는 의식이 점점 더 많은 사람들 ── 학자, 정치가, 그리고 무엇보다도 모든 평범한 노동자 ── 에게 스며들기 시작했기 때문이다. 1990년대에 잠깐 되살아났던 1950년대와 60년대의 낙관주의는 이제 더이상 우리와 함께하지 않는다.

개인적으로 나로서는 자본주의 세계경제의 틀 안에서 부의 분배가 전반적으로 균등화되는, 하물며 모두가 전형적인 덴마크 소비자 수준으로 소비할 정도의 균등화에 다가갈 수 있는 길은 찾을 수 없다고 생각한다. 정의하기 어려운 개념인 생산성의 증대는 물론이고 있을 수 있는 모든 기술적 진보를 고려한다고 해도 그렇게 생각한다.

II

"만일 그렇지 않다면〔즉 모든 나라가 우리가 사는 세계체제의 틀 안에서 덴마크 정도의 생활 수준을 성취하는 것이 가능하지 않다면〕, 한쪽으로 치우치고 대단히 불평등한 현 세계체제가 이런 상태로 얼마간 지속하는 것은 가능한가?"

내 생각은 회의적이다. 물론 우리는 여기서 신중을 기해야만 한다. 사실 극적인 구조적 변화에 대한 예측들이 지난 두 세기에 걸쳐 빈번하게 나왔지만 몇몇 결정적인 요인들이 분석에서 빠졌기 때문에 중기적으로 잘못된 것으로 밝혀졌다.

근본적인 구조적 변화가 도래할 것이라고 본 주된 이유는 착취당하고 억압당하는 사람들의 불만이었다. 상황이 악화됨에 따라, 밑바닥에 있는 사람들 또는 매우 광범위한 집단이 반란을 일으키게 될 것 — 주장된 바에 따르면 — 이었다. 으레 혁명이라고 불리는 사태가 일어난다는 것이다. 근대 세계체제의 역사를 진지하게 연구해온 사람이라면 거의 누구나 아마도 꽤 익숙하게 들었을 찬반 논쟁을 여기서 다시 요약하지는 않겠다.

20세기는 다른 무엇보다도 자신들의 혁명 의지를 선포하고 이런저런 형태로 국가권력을 장악한 일련의 민족봉기와 사회운동의 시대였다. 이 운동들의 절정은 1945~70년 기간, 즉 어떤 면에서 바로 이들 운동의 신조였던 발전주의의 전성기였다. 하지만 우리가 또한 알다시피 1970~2000년 기간에 이르러, 집권한 운동들 대부분은 몰락하거나 적어도 그들의 정책노선을 급격하게 수정해야 했다. 이 기간은 세계화의 전성기로, 이 운동들 — 여전히 집권하고 있던 운동들 또는 이제 의회에서 야당이 되려고 애쓰는 운동들 — 은 그것의 논리를 마지못해 받아들였다. 이렇게 해서 우리는 승리주의의 시대에 이어 환멸의 시대를 맞게 되었다.

이들 운동의 간부진 가운데 어떤 사람들은 새로운 현실

을 받아들여 상황에 적응했고, 어떤 사람들은 배를 떠나서 소극적으로 칩거 상태에 들어가거나 아니면 종전의 적진에 적극적으로 가담했다. 1980년대 동안 그리고 90년대 중엽까지 전세계의 반체제운동은 위중한 상태에 있었다. 하지만 1995년에 이르러 신자유주의의 일시적인 광채가 사라지고 그에 따라 전세계적으로 새로운 반체제 전략을 모색하려는 움직임이 일어났다. 치아파스(Chiapas)에서부터 시애틀, 뽀르뚜알레그리에 이르는 이야기는 곧 그 당시 종종 대안적 세계화*라고 불린 새로운 종류의 반체제운동의 등장에 관한 이야기였다. 내가 나름대로 붙인 이름은 뽀르뚜알레그리 정신인데, 그것은 향후 25~50년 동안 세계적인 정치투쟁에서 중요한 요인이 될 것으로 보인다. 이 문제는 지금 우리 앞에 놓인 진정한 대안들을 논의할 때 다시 살펴볼 것이다.

그럼에도 불구하고 나는 새로운 버전의 혁명운동이 자본주의 세계경제의 구조적 붕괴라는 사태에서 핵심 요인이 된다고 생각하지는 않는다. 체제들이 붕괴하는 것은 주로 아래로부터의 반란 때문이 아니라 지배계급의 약점들과 그들의 이익 및 특권 수준을 유지하는 것의 불가능함

---

* altermondialism. 신자유주의적 세계화에 반대하여 노동, 인권, 환경, 평화 등 여러 문제에서 지구적 협력과 연대를 추구하는 움직임.

때문이다. 아래로부터의 압박이 어떻게든 실질적인 효과를 거둘 수 있는 것은 오로지 현존 체제가 그 자체의 논리에 의해 약화될 때뿐이다.

하나의 체제로서 자본주의의 기본적 힘은 이중적이었다. 한편으로 그것은 어떠한 악조건에서도 자본의 끝없는 축적을 보장하는 능력을 과시해왔다. 다른 한편으로, 그것은 성급하고 불만에 찬 '위험한 계급들'에 의해 퇴출되지 않고 끝없는 자본축적이 가능하도록 보장해주는 정치적 구조를 자리잡게 했다. 오늘날 하나의 체제로서의 자본주의의 근본적인 약점은 (슘페터가 우리에게 가르쳐준 대로 으레 일어나는 일이지만) 바로 그 성공이 실패로 이어진다는 것이다. 그 결과 끝없는 자본축적을 보장하는 능력과 위험한 계급들을 억제해온 정치구조가 동시에 붕괴하고 있다.

끝없는 자본축적을 보장하는 면에서 자본주의가 거둔 성공은 세가지 기본적인 생산비용 —인건비, 투입비용, 조세—이 너무 가파르게 증가하지 않도록 하는 그것의 능력에 있었다. 그러나 그것이 이렇게 해온 것은 역사적 시간의 흐름에 따라 스스로 소진되어온 메커니즘들에 의해서였다. 그 체제는 이제 생산이 자본축적의 적절한 원천이 되기에는 이런 비용들이 극적으로 너무 상승하는 지점에 도달하기 시작했다. 자본가 계층은 하나의 대체 부문으로서 금융투기로 방향을 돌렸다. 하지만 금융투기는 본질적으로 일시적인 메커니즘이다. 왜냐하면 그것은 신뢰에 의존하는데, 신뢰는 바로 그 투기로 말미암아 중기적으로 침식되기 때문이다. 이 비용 문제들에 대해 하나씩 살펴보기로 하자.

첫번째로, 인건비는 계속 진행하는 끝없는 계급투쟁의 함수다. 노동자들 쪽의 유리한 점은 (효율성을 위한) 생산의 집중, 그리고 그에 따라 작업장과 정치 무대 모두에서 스스로 조직하여 자신들의 보수를 늘리도록 고용주를 압박할 수 있는 능력이 점차 커지는 것이다. 물론 고용주들은 언제나 노동자들끼리 편을 갈라 서로 싸우도록 함으로써 이에 강력하게 맞서왔다. 그러나 어느 하나의 나라 또는 하나의 지역 범위에서 이렇게 하는 데에는 한계가 있는데, 왜냐하면 노동자들에게는 자신들의 유리한 점들을 (법적으로 그리고/또는 문화적으로) 공고히 할 수 있는 정치적 수단들이 있기 때문이다.

꼰드라띠예프 A 국면에 있을 때면, 고용주들은 전투적인 노동자들의 요구에 직면하여 대개 어느정도 보수의 인상을 허용하는 편을 선호한다. 이러한 양보보다 조업 중단에 따른 당장의 손해가 더 크기 때문이다. 그러나 꼰드라띠예프 B 국면으로 들어가면, 당장에 치열한 가격 경쟁이 일어나므로 불경기에 살아남기를 원하는 고용주에게는 노동자들에 대한 대우 수준을 낮추는 것이 관건이 된다. 바로 이러한 시점에서 고용주들은 그들의 생산시설을 '역사적으로' 보수 수준이 더 낮은 지역으로 옮기는 생산의 재배치(relocation) ── 즉 '도피 공장'(runaway factory) ── 에 역사적으로 의지해온 것이다. 하지만 이렇듯 역사적으로 더 낮은 수준의 보수를 설명하는 역사적 요인이란 정확히 무엇인가? 답은 의외로 간단하다. 즉 농촌 노동력이 대규모로 존재한다는 것으로, 이들에게 도시 임금노동은 보수의 수준이 어떠하건 간에 가계 실질소득의 순증가를 의미한다. 그러므로 세계경제의 어느 한 지역에서 보수가 다소 영구적으로 상승할 때, 그것은 동일한 노동에 대해, 물론 일정한 효율성을 유지하면서 더 낮은 보수를 받아들이려는 새로운 노동자 집단의 등장에 의해 세계경제 전체의 견지에서 보면 상쇄된다.

정기적으로 반복되는 소유자/생산자 문제에 대한 이 같은 해결책의 문제점은, 25~50년 후 이 새로운 생산 지역의 노동자들이 애초에 그들이 지녔던 도시에 대한 부적응(disorientation)과 정치적 무지를 극복하고 이전에 세계의 다른 지역에서 노동자들이 했던 것과 똑같은 계급투쟁의 길로 나아갈 수 있다는 것이다. 그렇게 되면 해당 지역은 역사적으로 보수 수준이 더 낮은 지역 또는 적어도 이전과 같은 정도로 그런 지역이 더이상 아니게 된다. 조만간 고용주들은 그들 자신의 이익을 좇아 다시 그 지역을 떠나

또다른 지역으로 산업을 재배치해야 한다. 이 같은 끊임없는 산업의 지리적 이동은 지난 여러 세기 동안 아주 잘 작동해왔지만, 한가지 아킬레스건이 있다. 산업을 재배치할 새로운 지역이 점점 바닥나고 있는 것이다. 빠른 속도로 그리고 1945년 이후로 매우 가파른 속도로 진행되고 있는 탈농촌화가 바로 이를 의미한다. 1950년에서 2000년에 이르는 동안 도시에 거주하는 세계 인구의 비율은 30퍼센트에서 60퍼센트로 증가했다.[6] 아마도 자본주의 세계경제에서는 앞으로 기껏해야 25년 안에 이러한 지역이 완전히 바닥날 것이다. 이미 그런 지역이 얼마 남아 있지 않다. 게다가 현대적인 통신 수단에 힘입어 새로운 지역들이 스스로 조직하는 법에 대해 학습하는 데 걸리는 기간이 대폭 단축되고 있다. 이런 까닭에 보수 수준을 억제하는 고용주들의 능력은 급격하게 축소되어왔다.

투입 비용은 제반 투입량 가운데 몇 퍼센트를 고용주가 지불해야 하는가에 달려 있다. 그가 투입 요소를 무료로 얻을 수 있는 만큼 그의 비용은 낮아진다. 고용주들이 여러 세기에 걸쳐 투입 요소에 대한 지불을 회피할 수 있었던 주된 메커니즘은 비용을 타인에게 전가하는 것이었다. 이것이 두번째, 비용의 외부화(externalization)다. 외부화되어온 세가지 주요한 비용은 정화(detoxification), 1차 자원의 재생 그리고 사회기반시설(infrastructure)에 들어가는 비용이다.

먼저, 정화는 다루기 쉬운 문제다. 공유지나 점유되지 않은 공터에 쓰레기를 버리는 것이다. 이는 비용이 거의 없는 것이나 마찬가지다. 이 경우 비용은 대개 당장 들어가는 것이 아니라 뒤로 연기된다. 골칫거리의 최종 처리는 '공공' ─ 개인들 또는 집단으로 정부들 ─ 의 문제가 된다. 정화 작업이 시행될 때 원래 사용자에 의해 그 비용이 지불되는 일은 거의 없다. 전근대 시대에 지배자들은 오물더미를 피해서 다른 성으로 옮겨 다녔다. 자본주의 세계경제에서는 생산자들이 다소간 그와 같이 한다. 여기서의 문제는 도피 공장 및 보수 수준의 문제와 동일하다. 우리는 새로 다가오는 오물더미를 피해 달아나고 있다. 게다가 오염의 집단적 비용이 우리의 발목을 잡았거나, 그렇지 않으면 적어도 우리가 과학적 진보 덕분에 그에 대해 더 잘 알게 되었다. 이런 이유로 세계는 폐기물을 정화하려고 노력한다. 생태계에 대한 관심은 이를 두고 하는 말이다. 그러한 관심이 높아감에 따라 누가 비용을 지불할 것인가 하는 문제가 가장 중요한 쟁점이 된다. 유독성 폐기물을 배출한 자원의 사용자가 정화 비용을 지불하게 하려는 압력이 점점 커지고 있다. 이를 두고 비용의 내부화(internalization)라 한다. 정부가 이 같은 비용의 내부화를 강요할 수 있는 정도까지 총 생산 비용은 증가하며, 때론 아주 가파르게 증가한다.

1차 자원의 재생 문제 역시 기본적으로 유사하다. 숲이 벌목되면 자연적 과정을 통해, 하지만 보통 느리게 재생될 수 있다. 그런데 (세계 생산의 증대 때문에) 숲이 더 빠르게 벌목될수록, 자연적 재생 과정이 유의미한 시간 안에 이루어지기가 더 어려워진다. 그래서 여기서도 역시 생태에 대한 관심이 높아감에 따라, 정부와 사회적 행위자 모두 사용자들을 상대로 사용을 제한하거나 재생에 투자하도록 압력을 가해왔다. 그리고 정부가 이 비용의 내부화를 강요하는 정도까지 생산 비용은 증가한다.

끝으로, 사회기반시설에도 같은 논리가 적용된다. 사회기반시설은 거의 그 정의에 따라 어느 생산자 개인에게 지울 수 없을 만큼 많은 비용이 드는 활동 — 예컨대 화물 운송을 위해 공공도로를 건설하는 일 — 에 대한 지출이다. 그런데 이러한 비용이 어느 생산자 개인의 비용으로 간주될 수 없다는 사실이 곧 그것이 다수 생산자들의 비용으로 간주될 수 없다는 것을 의미하지는 않는다. 게다가 이 같은 사회기반시설의 비용은 기하급수적으로 상승해왔다. 물론 그것들은 공공재가 맞지만, 그 공공성은 어느 선까지 규정될 수 있다. 그러므로 여기서도 다시, 정부가 부분적이라도 이러한 비용의 내부화를 강요할 수 있는 정도까지 생산 비용은 증가한다.

세번째의 기본적 생산 비용은 조세다. 세계 전체 또는 세계 어느 지역의 전체 조세 수준을 한 세기 전과 비교해보면, 그 비율의 진동이 어떠하든 간에 오늘날 모두가 더 높은 수준의 세금을 내고 있다는 것이 드러난다. 이를 어떻게 설명할 것인가? 모든 정부의 지출에는 세가지 주요한 분야——즉 집단 안보 비용(군대, 경찰 등), 모든 종류의 공공복지 비용, 행정 비용(무엇보다도 세금을 징수하는 비용)——가 있다. 이러한 정부의 비용이 왜 그렇게 가파르게 상승해왔는가?

안보 비용은 간단히 말해서 기술 진보의 결과로 상승해왔다. 치안부대가 사용하는 장난감 같은 장비는 모든 면에서 나날이 더 비싸지고 있다. 결국 안보는 모든 편이 상대방보다 더 많이 가지려고 애쓰는 하나의 게임이다. 그것은 부르는 값이 계속 올라가는 끝없는 경매 같은 것이다. 혹시 전면적인 핵 재앙이 일어나서 살아남은 세계가 활과 화살의 시대로 되돌아가기라도 한다면, 이 비용은 내려갈 것이다. 그러나 이 정도에 미치지 않은 어떤 일이 일어날 때 그와 같은 감소를 기대하는 것은 내가 보기에 무망한 노릇이다.

게다가 복지 비용은 꾸준히 증가해왔고, 온갖 야단법석을 떨어도 그 증가세를 누그러뜨릴 묘수는 어디에도 없다. 그 비용이 증가하는 것은 세가지 이유 때문이다. 첫째는 자본주의 세계경제의 정치학으로 인해 지배계층들은 다음 세가지 —교육, 보건 서비스, 평생 수입의 보장— 를 요구하는 위험한 계급들에게 양보하도록 압박받아왔다. 그 요구들은 줄곧 그 수위가 높아지고 지리적으로 점점 더 광범위해졌다. 설상가상으로 사람들의 수명이 더 길어지고 (부분적으로는 바로 이러한 복지정책의 결과), 그에 따라 수혜자의 수가 늘어나 집단적 비용이 증가해왔다. 두번째 이유는 교육 및 보건 분야에서 기술상의 진보가 적절한 시스템을 제공하는 데 드는 비용을 (안보 지출의 경우와 마찬가지로) 늘려왔다. 끝으로, 이 영역들 각각의 생산자들은 파이의 큰 조각을 차지하기 위해 정부의 보조금에 의해 충족되는 공적 요구에 편승해왔다.

보수주의 측에서 투덜거리듯이, 복지는 하나의 권리가 되었다. 이 지출을 정말로 상당히 삭감하고서 어떤 정부가 과연 살아남을 수 있을지는 말하기 어렵다. 그러나 물론 누군가는 이 비용에 대해 지불을 해야 한다. 그리고 결국은 생산자들이 직접적으로 또는 바로 이런 비용을 지불하기 위해 더 높은 보수를 요구하는 그들의 고용인들을 통해서 지불한다.

이 같은 비용들의 꾸준한 증가에 대해 충분한 데이터를 갖고 있지는 않지만, 그런 비용들이 상당하다는 것은 확실하다. 그런 한편, 바로 세계 생산의 엄청난 팽창이 다양한 독점을 줄이고 세계적 경쟁을 고조시켰기 때문에, 생산 비용의 증가에 상응하는 세계 상품가격의 상승은 나타나지 않았다. 그러므로 최종 결과는 생산 비용이 생산품 판매가격보다 더 빠르게 상승해왔다는 것인데, 이는 곧 이윤 축소 압박(profit squeeze)을 의미하며 또한 이는 생산을 통한 자본축적의 어려움으로 나타난다. 이러한 압박은 대략 지난 30년 동안 전반적으로 분명히 나타났거니와, 1970년대 이후로 세계 자본가들을 사로잡았고 좀처럼 누그러질 기미를 보이지 않는 투기 열풍이 바로 그 때문으로 설명될 수 있다. 그러나 거품은 터지기 마련이고, 풍선은 무한정 부풀 수 없다.

물론 자본가들은 집단적으로 강력하게 맞서 싸운다. 신자유주의적 세계화란 요컨대 이에 관한 것 ─ 임금 비용을 과거 수준으로 되돌리며, 비용의 내부화에 대한 요구에 맞대응하며, 또한 조세 수준을 낮추기 위한 대대적인 정치적 시도 ─ 이었다. 비용 상승에 맞서는 이전의 모든 반격의 경우가 그러했듯, 그것은 부분적으로, 정말이지 부분적으로만 성공했다. 심지어 지극히 반동적인 정권들에 의한 모든 삭감 조치 이후에도 21세기 첫 10년대에 생산 비용은 1945년 당시보다 뚜렷이 더 높은 수준이었다. 내 생각에 이것은 톱니(래칫) 효과 ─ 두 걸음 전진 한 걸음 후퇴로 장기적인 상승 곡선을 나타내는 것 ─ 로 볼 수 있지 않을까 한다.

　자본주의 세계경제의 기본적인 경제구조가 점점 더 자본축적이 어려워지는 어떤 점근선에 근접하는 방향으로 움직임에 따라, 위험한 계급들을 억제해온 정치구조들 역시 곤경에 처하게 되었다.

　발전주의 시대인 1945~70년 기간은 다양한 형태로 거의 모든 곳에서 권좌에 오르게 된 역사적 반체제운동들이 승리한 시대이기도 했다. 그들의 가장 큰 약속은 발전주의의 꿈이었다. 그것이 실패했을 때 그 추종자들의 지지도 흩어지고 말았다. 그 운동들은 스스로 공산주의 또는 사회민주주의 운동을 자처하든 민족해방운동을 자처하든 간에 거의 모든 곳에서 권좌로부터 밀려났다. 세계화 시대인 1970~2000년 기간은 역사적 반체제운동들에 대한 깊은 환멸의 시대였다. 그들은 사람들의 신임을 잃었고, 다시는 주민 대중의 절실한 충성심을 얻지 못할 것 같다. 그들은 다른 녀석들보다 더 낫다고 입으로 지지는 받을 수 있어도, 더이상 그들이 대표한 황금빛 미래에 대한 믿음에 걸맞은 가치가 있다고 여겨지지는 않는다.

　이 같은 운동들 ― 이른바 구좌파 ― 의 쇠퇴는 실상 자본주의 세계경제의 원활한 작동에 보탬이 되지 않는다. 이 운동들은 그 목적으로 보면 반체제적이었지만, 실상 그 추종자들의 자발적인 급진적 충동을 통제하는 규율된 조직이었다. 그들은 일정한 행동을 위해 사람들을 동원했지만, 특히 집권하고 있었을 때 그들은 현재의 자유분방한 소란에 반대되는 것으로서 먼 미래에 누리게 될 혜택을 강조하면서 그 추종자들을 동원 해제했다. 이 운동들의 해체는 위험한 계급들에 대한 통제가 해체됨을, 또 그럼으로써 그들이 다시 위험한 세력이 됨을 뜻한다. 21세기에 번지는 무정부 상태는 이 같은 변화의 뚜렷한 반향이다.

자본주의 세계경제는 오늘날 매우 불안정한 구조가 되었다. 그것이 지금보다 더 불안정한 적은 일찍이 없었다. 그것은 돌연한 파괴적인 급류에 매우 취약하다.

III

"그게 아니라면, 지금 우리 모두에게 어떤 종류의 대안이 있는가?"

남반부 나라에 사는 누구에게든, 현 세계체제가 구조적 위기에 처해 있으며 우리가 향후 25~50년에 걸쳐 어떤 다른 세계체제로 이행할 것이라는 말은 그리 위안이 되지 않는다. 그들은 그사이에 무슨 일이 일어날지, 그리고 오히려 지금 당장 이들 나라 주민의 운명을 개선하기 위해 무엇을 할 수 있는지 또는 해야 하는지 알고 싶어할 것이다.

사람들은 실제로 당연히 그래야 하는 것처럼 현재 속에 살아가는 경향이 있다. 다른 한편으로는, 우리의 행동이 어떤 유의미한 방식으로 우리가 추구하는 목표들을 진전시킨다는 의미에서, 최대한으로 유익한 것이 되기 위해서는 현재의 제약들이 무엇인지 아는 것이 중요하다. 그래서 향후 25~50년에 걸쳐 전개될 시나리오로 생각하는 것, 그리고 그것이 당면한 현실에 대해 시사하는 바를 간단히 이야기해보겠다.

향후 25~50년에 걸친 시나리오는 이중적이다. 한편으로 현존하고 있는 역사적 체제는 방금 제시한 여러 이유들로 보건대 붕괴할 가능성이 매우 높다. 다른 한편으로 현 체제를 어떤 체제가 대체할지는 전혀 알 수 없으며, 우리 모두가 그런 불확실한 결과에 대해 개입할 수 있다고 해도 본질적으로 예측이 불가능하다. 체제의 분기점에 있을 때마다 우리가 집단적으로 어느 갈래의 길을 택하게 될지 미리 아는 것은 불가능하므로, 그것은 본질적으로 불확실하다. 이는 바로 복잡계 과학(sciences of complexity)의 교훈이기도 하다.[7]

또 한편으로 바로 이 시기는 현 체제가 모든 영역에서 급격하고 무질서한 파동들과 함께 평형상태에서 멀어지는 이행기이기 때문에, 평형상태로 복귀하려는 압력은 극히 약하다. 이는 우리가 실제로 '자유의지'의 영역에 놓여 있고, 따라서 세계가 직면한 역사적 혼돈에 대해 우리의 개인적이고 집단적인 행동이 직접적으로 큰 영향을 미칠 수 있음을 의미한다. 어떤 의미에서, 이를 우리의 관심사로 옮기자면, 여러 나라와 학자들이 약 50년 동안 추구해온 '발전'이라는 목표가 향후 25~50년 동안에 이제껏 그랬던 것보다 훨씬 더 실현 가능하다고 말할 수 있다. 하지만 그 결과는 불확실하기에 물론 장담할 수는 없다.

현재 더 넓은 범위의 지정학적 무대에서는 다음과 같은 세가지 주된 분열이 있다. 첫째는 자본주의 세계경제에서 자본축적의 제일 중요한 중심지인 미국, 서유럽, 일본/동아시아 삼자 간의 투쟁이다. 둘째는 세계 잉여의 분배를 둘러싼 북반부와 남반부 사이의 오래된 투쟁이다. 셋째로는 자본주의 세계경제의 구조적 위기를 중심으로 벌어지는 새로운 투쟁, 즉 어떤 새로운 체제로 이행하면서 세계가 가능한 두 갈래 길 중 어느 것을 택할 것인가 하는 문제를 둘러싼 투쟁이 있다.

앞의 두가지는 근대 세계체제의 틀 안에서 벌어진 전통적인 투쟁이다. 이른바 삼자는 세계체제의 생산 및 금융 시스템을 재편하려는 시도에서 거의 대등한 경쟁자다. 이런 종류의 삼자 간 투쟁이 다 그렇듯이, 삼자를 양자 구도로 바꾸려는 압력이 존재하며, 앞으로 10년 안팎으로 그런 일이 일어날 수도 있다. 가장 있음직한 양자 구도로 미국 및 일본/동아시아 대 서유럽/러시아가 될 수 있음을 다른 글에서 길게 논의한 바 있다.[8] 하지만 여기서 그 논의를 다시 되풀이하지는 않을 것인데, 왜냐하면 이러한 투쟁은 현존 체제의 양극화를 극복한다는 쟁점, 바꿔 말해 앞서 말한 세계체제 전체에 걸쳐 '발전'을 실현한다는 쟁점에 대해 부수적으로 보이기 때문이다.

두번째로 북반부와 남반부 사이의 투쟁은 물론 지난 50여년간 발전에 관한 논쟁에서 가장 중요한 초점이었다. 사실, 발전주의 시대와 세계화 시대 사이의 중요한 차이는 양측의 상대적인 힘이었다. 첫번째 시대에는 남반부가 비록 경미할지언정 그 지위를 향상하는 것으로 보였던 반면에, 두번째 시대에는 북반부가 여봐란 듯이 되밀기에 성공했다. 하지만 이러한 되밀기는 WTO의 교착상태와 워싱턴 컨센서스의 타당성에 대한 북반부 대변자들 사이의 내분과 함께 이제 끝이 났다. 이는 다른 누구보다도 조지프 스티글리츠*, 제프리 삭스**, 조지 소로스*** 같은 인사들

• Joseph Stiglitz, 1943~. 미국의 경제학자로 2001년 정보의 비대칭성에 관한 연구로 노벨경제학상을 수상했다. 1997년 세계은행 수석 부총재로 재임할 당시 한국을 비롯한 외환위기 국가들에 대한 IMF의 처사에 반발하는 등 신자유주의적 세계화와 주류 경제학자들에 대해 비판적인 입장을 보였다.

•• Jeffrey Sachs, 1954~. 미국의 경제학자. 개도국의 경제개발에 관한 연구 및 자문 활동을 펼쳤으며, 1997년 동아시아의 외환위기 당시 IMF와

의 점점 더 노골적인 반대 의견, 그리고 2000년 이후 IMF
의 강경한 태도가 확연히 완화된 것을 떠올리게 한다. 그
렇다고 향후 수십년 동안 이 경쟁에서 탈중심적 압력이 클
것이라고 예상하지는 않는다.

새로운 상황, 즉 세계체제의 구조적 위기와 그에 따른
혼돈 그리고 분기가 진행되는 상황을 반영하는 것은 세번
째 분열이다. 이는 내가 이전에 언급한 다보스 정신과 뽀
르뚜알레그리 정신 사이의 분열이다. 여기서 내가 핵심 쟁
점이라 생각하는 것에 대해 설명하고 넘어갈 필요가 있다.
이 투쟁은 우리가 하나의 세계체제로서의 자본주의를 옹
호하느냐 하지 않느냐 하는 데 대한 문제가 아니다. 그 투
쟁은 현 세계체제의 내부 붕괴를 가정할 경우 어떤 체제
가 그것을 대체할 것인가 하는 데 대한 것이다. 가능성이
있는 두가지 후속 체제는 실질적인 명칭도 세부적인 윤곽
도 없다. 문제는 근본적으로 후속 체제가 위계질서와 양극
화 문제를 안고 있는(즉 현 체제와 같은 또는 이보다 더 악
화된) 것이냐 아니면 그 대신 상대적으로 민주주의적이고

세계은행에 대한 비판으로 명성을 떨쳤다. 최근 유엔 등 여러 국제기구
와 연구소에서 지속 가능한 발전을 위해 활동하고 있다.
••• George Soros, 1930~. 미국의 펀드 매니저로 헤지펀드인 퀀텀펀드를
운영하여 세계적인 거부가 되었다. 그가 설립한 열린사회재단을 통한
기부·후원 활동으로 유명하며, 금융투기 시스템과 시장 근본주의에 대
한 비판으로도 유명하다.

평등주의적이냐 하는 것이다. 이는 기본적으로 도덕적 선택이며, 어느 편을 택하느냐에 따라 우리의 정치를 좌우할 것이다.

현실 정치 참여자들의 윤곽은 여전히 불확실하다. 다보스 정신의 진영은 철저하게 냉엄한 전략 및 제도 구축에 입각하여 미래에 대한 비전을 제시하는 사람들과 그러한 비전은 오래 지속할 수 없는 그리고 지지할 수 없는 체제를 낳을 것이라고 주장하는 사람들 사이에 분열되어 있다. 바로 지금 그것은 몹시 분열된 진영이다. 뽀르뚜알레그리 정신의 진영은 다른 문제를 안고 있다. 정치적으로 그들은 전세계에 걸쳐 다양한 종류의 운동들이 모인 느슨한 연합체 같은 것일 뿐이며 적어도 오늘날 세계사회포럼(WSF, World Social Forum)의 틀 안에서 함께 모이는 정도다. 집단적으로 그들은 아직 명확한 전략이 없다. 하지만 그들은 상당히 광범위한 풀뿌리 지지기반을 갖고 있으며, 그들이 반대하는 것이 무엇인지에 대해 분명한 입장을 갖고 있다.

문제는 뽀르뚜알레그리 정신을 지지하는 사람들이 그들이 가능하다고 주장하는 '다른 세계'*로 나아가기 위해 실제로 무엇을 해야 하느냐는 것이다. 그리고 이는 이중적

• 세계사회포럼의 모토는 '다른 세계는 가능하다'(Another World is Possible)이다.

인 문제다. 즉 적어도 어느 지점까지는 그들의 비전을 공유하는 소수의 정부들은 무엇을 해야 하는가, 그리고 다양한 운동들은 무엇을 해야 하는가 하는 문제다. 정부들은 단기적인 현안을 다루며, 운동들은 단기적·중기적 현안을 동시에 다룰 수 있다. 이 두 종류의 현안들이 더 장기적인 이행 과정에 영향을 미칠 것이다. 또한 단기적 현안은 우리의 일상생활에 곧바로 영향을 미칠 것이다. 현명한 정치적 전략은 모든 전선에서 동시에 움직여야만 한다.

최대의 단기적 현안은 열린 경계 ─ 남반부에서는 열려 있지만, 북반부에서는 실제로 열려 있지 않은 ─ 의 일방적인 팽창을 이루어내려는, 신자유주의를 신봉하는 세계화 주창자들의 지속적인 공세다. 이는 WTO의 틀 안에서 줄곧 계속되는 논의의 핵심인 동시에, 가장 먼저 미국과 또한 그다음으로 유럽연합 및 그 회원국들 ─ 북미자유무역협정(NAFTA)*, 중미자유무역협정(CAFTA)** 같은 다양한 '자유무역협정'(FTA)의 창설 ─ 에 의해 진행되고 있는 모든 양자 간 협상의 핵심이다. 기본적으로 미국이 집요하게 요구하는 것은 자신의 독점권(이른바 지적 재

---

* North American Free Trade Agreement. 1994년부터 발효된 미국·캐나다·멕시코 3국 사이의 자유무역협정. 일명 '나프타'.
** Central America Free Trade Agreement. 2004년 미국과 중미 국가들 사이에 체결된 자유무역협정.

산권)에 대한 보장 그리고 남반부 나라들에서 생산되는 농산물 및 저가 공산품에 대해 관세상 제한적으로 양보하는 대가로 자국의 금융기관들을 위해 시장접근권을 얻어내는 것이다.

　WTO 내의 공세는 칸쿤[●]에서 쌍방향으로 작동하는 자유무역이라는 단순한 요구를 내세운 남반부의 중위 국가(medium power)들 ― 브라질, 인도, 남아프리카 등 ― 의 연합에 의해 제동이 걸렸다. 실상 이들은, 만일 자신들이 국경을 개방해주기를 북반부 나라들이 원한다면 그들 역시 우리에게 국경을 개방해야 한다고 주장했다. 그러나 기본적으로 북반부는 이런 종류의 거래를 두가지 이유로 받아들일 수 없다. 그것은 북반부 나라들에서 실업의 상당한 증가와 수입의 감소를 낳을 것이며, 그래서 선거를 치러야 하는 정부들로서는 정치적으로 받아들이기가 불가능하다. 또한 그러한 협상으로부터 삼자 가운데 누가 가장 이득을 보고 누가 손해를 볼 것인지가 분명치 않으며, 그래서 그들은 주저하고 있다. 결국, 삼자는 서로 관세/보조금 문제로 씨름하며, 북반부 국가들의 관점에서 볼 때 경제적으로 훨씬 더 중요한 이 싸움에서 남반부와 협정을 맺는다면 자신들의 정치적 입지는 약화될 것이다.

● 2003년 9월 멕시코 칸쿤에서 개최된 제5차 WTO 각료회의를 가리킨다.

이로부터 우리는 두가지 결론을 끌어낼 수 있다. 이것은 결국 돌파구가 없는 정치적 싸움이다. 남반부 나라들로서는 그들 자신의 관점에서 이 같은 입장을 견지하는 것이 정치적으로 대단히 중요하다. 이는 그 나라 정부들이 자국의 생활 수준을 유지하거나 향상시킬 가능성을 높이기 위해 취할 수 있는 유일하며 가장 중요한 조치다. 신자유주의 도그마의 사이렌에 대해 이 나라들은 지금 회의적으로 반응하고 있으며, 이 같은 회의적 태도에는 정당한 이유가 있다.

물론 이들 정부는 정권을 계속 잡고 있어야 한다. 그에 대한 최대의 위협은 국내 정치에 대한 외국의 간섭이다. 비교적 큰 남반부 나라들이 지금 추구하고 있는, 다음 10년간 박차를 가할 첫번째 과업은 핵무장 클럽에 들어가는 것이다. 그렇게 해서 이루고자 하는 두번째 과업은 주로 대외적인 군사적 위협을 무력화하는 것이며, 그럼으로써 대외적인 정치적 위협을 최소화하는 것이다. 그리고 이들 정부에 대해 사람들이 요구할 수 있는 세번째 과업은 국내의 사회적 복지 재분배로, 여기에는 (우물 파기 같은) 낮은 수준의 개발 프로젝트가 당연히 포함될 수 있을 것이다. 이들 나라에 대해 기대할 수 없는 것은 그들 나름의 어떤 정책으로 향후 10-20-30년 안에 덴마크 같은 나라로 변모해가는 것이다. 그러한 정책은 나타나지 않겠거니와 근본적으로 현명한 정책에서 빗나간 것이다. 진보적 정부의 역할은 주로 그들 나라와 세계의 상황이 향후 수십년 동안 심각하게 악화되지 않도록 관리하는 것이기 때문이다.

운동들로서는 최소한의 진보정부라도 집권하게 하는 것이 필요하며, 그래서 사실상 도저히 기대할 수 없는 성과를 이뤄내지 못했다고 해서 그런 정부를 비판해서는 안 된다. 그럼에도 불구하고 정부보다 더 많은 일을 할 수 있는 것은 운동들이다. 여기서 우리는 흔히 놓치기 쉬운 중요한 진실을 유념해야 한다. 앞의 두가지 지정학적 분열, 즉 삼자 간의 갈등과 남반부-북반부 사이의 갈등은 지리적인 차원의 갈등이다. 그러나 다보스 정신과 뽀르뚜알레그리 정신 사이의 분열은 지리에 관련된 것이 아니다. 그것은 운동들과 마찬가지로 전세계를 가로지른다. 그것은 계급투쟁이며 도덕적 투쟁이지, 지리적인 투쟁이 아니다.

중기적으로 운동들이 가장 잘해낼 수 있는 일은 그들이 할 수 있는 곳이면 어디서든 그리고 할 수 있는 정도까지 탈상품화(decommodification)를 밀고나가는 것이다. 이것이 어떻게 가능할지 어느 누구도 장담할 수는 없다. 실행 가능한 방식을 찾기까지는 상당한 실험이 필요할 것이다. 이러한 실험은 현재 진행 중이다. 이 실험이, 이러한 종류의 모든 시도를 방해하려는 체제의 압력이 존재하며 그 참여자들을 별 어려움 없이 변질시킬 수 있는 근본적으로 적대적인 환경에서 진행되고 있다는 점을 유념할 필요가 있다. 그러나 탈상품화는 신자유주의를 확장하려는 공세를 저지할 뿐만 아니라 정치문화의 교체를 위한 토대를 구축할 수 있다.

탈상품화는 자본주의 이론가들에게 당연히 오랫동안 조롱거리였다. 그들은 그것이 환상에 불과하며, 인류의 선천적인 사회심리라 여겨지는 것을 거스르며, 비효율적이고, 경제성장의 결핍과 그에 따른 빈곤을 보증하는 것이라고 주장해왔다. 이 모든 주장은 거짓이다. 이를 알아차리려면 근대세계의 두가지 중요한 제도인 대학과 병원을 살펴보는 것으로 족하다. 20여년 전까지만 해도 대학과 병원이 주주라든가 차익을 노리는 투자자 없이 비영리 기관으로 운영되어야 한다는 데 의문을 제기하는 사람은 없었다. 그럼에도 바로 그런 이유 때문에, 그것들이 비효율적이며, 기술 진보에 적응하지 못하며, 유능한 운영진을 모집하거나 그것들이 생겨난 목적인 기본적 서비스를 수행할 능력이 없었다고 진지하게 주장하기란 어려운 노릇일 것이다.

우리는 이러한 원칙이 제철 같은 대규모 생산이나 장인적인 소규모 생산에 적용된다면 어떻게 작동할지 잘 알지 못한다. 그러나 이러한 가능성을 고려하지도 않고 제쳐두는 것은 꽉 막힌 생각일 뿐이다. 바로 자본주의 세계경제가 낳은 경제성장으로 말미암아 생산 사업의 수익성이 이전보다 크게 떨어지고 있는 시대에 그것은 어리석은 생각이다. 이 같은 노선을 따라 대안적 형태의 발전을 추구하는 것은 남반부의 문제들만이 아니라 북반부의 쇠퇴하는 산업지대의 문제들에 대응하는 데 하나의 실마리가 될 수 있다.

내가 강조했다시피, 관건은 우리의 세계체제가 직면한 당장의 딜레마들을 마술처럼 해결할 방안이 아니라 우리가 후속 세계체제를 창출할 토대다. 이 문제에 진지하게 접근하기 위해 우리는 무엇보다 먼저 우리의 현 체제의 역사적 발전 과정을 명확하게 이해하고, 오늘날 그것이 직면한 구조적 딜레마들을 인식해야 하며, 또한 미래의 근본적 대안들에 대해 우리의 정신을 열어놓아야만 한다. 아울러 우리는 이론적으로만이 아니라 실천적으로, 즉 현재를 살아가면서 그리고 사람들의 당장의 욕구는 물론 장기적인 변혁에 관심을 두면서 이 모든 것을 해내야 한다. 그러므로 우리는 방어적으로 그리고 동시에 공세적으로 싸워야만 한다. 그리고 비록 추측일 뿐이지만, 만일 우리가 이런 일을 잘해낸다면 이 청중 가운데 일부 젊은 세대의 생애 안에 더 나은 결과를 맞이할 수 있을 것이다.

〔2005〕

7장 /

집단 이름 붙이기
: 범주화와 정체성의 정치[1]

정치경제학이라 불리는 어떤 것이 오래전부터 존재했지만, 이제 그것을 새로운 범주들의 관점에서 다시 생각할 필요가 있다. 우리의 작업은 다시 생각할 필요가 있는 오래된 질문, 즉 정치경제학이란 무엇인가라는 질문에서부터 시작한다. 그것은 무엇보다도 애덤 스미스가 정식화한 표현을 빌리면 '국부'(wealth of nations)에 관한 것이었다. 맑스는 그런 용어를 좋아하지 않았다. 그래서 그는 '정치경제학 비판'으로 썼다. 맑스는 특히 정치경제학이라는 것에 계급 및 계급투쟁의 중심성에 대한 논의가 없다는 점을 언짢아했다. 19세기 후반 사회과학이 분과학문들로 나뉘면서 그 용어는 사라져버렸다. 정치경제학자들은 자신을 경제학자라 부르기 시작했고, 한가지 새로운 용어 —— 정치학(political science) 또는 정치체제(government) ─ 가 등장해 무대의 빈 공간을 차지했다.

1960년대에 들어서자 정치경제학이라는 용어가 부활했다. 그것은 정치의 토대로서 계급 및 계급투쟁에 대해 다루고자 하지만 맑스주의라는 용어를 쓰기를 주저하는 맑스주의자나 준(準)맑스주의자들에 의해 쓰이기 시작했다. 1970년대에 시장 근본주의 편에 선 경제학자들이 또한 그 용어를 부활시켰는데, 이들은 정치의 장이 순전히 시장 지향적 특성들의 관점에서 분석될 수 있음을 보이려는 의도에서 그 용어를 사용한 것이다. 좌파와 우파 사이에서 중도파는 정복당했고, 예의 용어는 널리 인정된 ─ 널리 인정되어 통용하지만 널리 인정된 방식으로 정의되지는 않은 ─ 용어로 복귀했다.

대략 같은 시기에 사회운동들은 인종 및 젠더의 문제를 정치 토론의 맨 앞자리에 내세웠다. 대학 내에서 인종 및 젠더 문제를 제기한 사람들이 겨냥한 주요한 지적 표적들 가운데 하나는 오래된 버전의 정치경제학과 부활한 버전의 정치경제학 모두 그 범주를 소홀히 다룬다는 것이었다. 이 같은 문제 제기의 한가지 중요한 결과로서 인종 및 젠더는 사회과학의 새로이 구성된 범주로서 도입되었다.

학계의 경우, 인종 및 젠더의 중심성에 대한 강조는 새로운 교육과정/학과, 새로운 학술지, 새로운 학회의 창설이라는 양상으로 표현되었다. 1970년대에 이 새로운 구조들은 결과적으로 조직적·지적·정치적 분리주의 정신을 조장하게 된 정체성들을 분석하고 주장하는 것에 대한 관심에 빠져들었다. 1980년대에 이르러 그때까지 창설된 이 새로운 구조들은 분리주의 때문에 누락된 것들에 대한 꽤 격렬한 내부 논쟁에 휩싸이게 되었다. 일부 여성들은 인종 중심의 범주화가 젠더 문제를 소홀히 했다고 불평하기 시작했다. 또 일부 유색인들은 젠더 중심의 범주화가 인종 문제를 소홀히 했다고 불평하기 시작했다. 그리고 이 양편의 조직 안에 계급 문제를 소홀히 하는 데 대해 불평하는 또다른 사람들이 있었다.

그래서 1990년대에 이르러 진지한 사회과학자들에 의해 모두 다루어져야 하는, 서로 뒤섞인 중심 범주들의 복합체로서 삼원적 주제—인종, 계급, 젠더—에 대해 논의하는 것이 말하자면 하나의 표준이 되기 시작했다. 물론 그 목록은 완전한 것이 아니다. 그 목록은 이를테면 섹슈얼리티, 연령, 다양한 종류의 장애 같은 다른 후보 항목들이 포함되면서 점점 더 늘어났다.

국민(nation)은 조금 다른 범주다. 초기 버전이든 최근 버전이든 정치경제학은 자신들이 다루는 것이 국가, 즉 하나의 국민으로 이뤄진 국가 내에서 일어나는 것이라고 상정했다. 그러나 국가는 엄밀하게 동질적인 것이 되지 않으려는 고약한 습성을 가지고 있었고, 그런 까닭에 사회과학자들은 때때로 종족집단(ethnic group)이라 불리는 모호한 범주에 대해 논했다. 이 용어는 오랫동안 비지배적인 집단에만 적용되었으며, 적어도 미국에서는 인종적 범주와 어떻게든 구별되었다. 하지만 이제 우리는 동질적인 국가 같은 것은 없으며, 모든 국가는 그 안에 종족집단이라 부를 수 있는 집단들이 존재하고, 또한 사회적으로 이러한 종족집단들은 국가 내의 위신과 특권의 사다리 위에 언제나 서열화되어 있다는 것을 아주 잘 알고 있다.

또한 거기에다 정체성의 토대로서 종교가 있다는 것을 유념할 필요가 있다. 21세기의 첫 10년대에, 이른바 근본주의운동의 양상을 띠고서 종교적 정체성들이 정치적 범주로 대두하는 움직임을 우리가 어찌 무시할 수 있겠는가? 종교적 정체성 인식의 중심적 역할이 다시 대두하는 것은 어디서나 그리고 모든 종교 전통에서 일어나는 다분히 지구적인 현상으로 보인다.

이렇듯 마치 풍요의 뿔처럼 풍부한 범주들이 우리에게 제안되고 있다. 게다가 이 범주들을 제안하는 사람들 가운데 다수가 그것들은 원초적이거나 본질적인 것이 전혀 아니라 사회적으로 구성된 것임을 강조한다. 그런데 만일 그것들이 사회적으로 구성된 것이라면(이의 정당성은 충분히 입증할 수 있다), 당연히 그것들은 일단의 사람들이 그러려고 노력하는 대로 얼마든지 사회적으로 재구성될 수도 있을 것이다. 더 나아가 어떠한 사회적 구성물이든 거기에는 반드시 두 편이 있기 마련이다. 즉 한편에는 자기들 자신을 하나의 범주로서 제시하는 사람들이 있고, 또 한편에는 이 범주에 속하지 않는 그밖의 다른 사람들이 있는데, 이들은 그렇게 자처하는 집단을 하나의 사회적 범주로 기꺼이 인정할 수도 있고 그렇지 않을 수도 있다.

하나의 특정한 사회적 범주에 대해 새로운 용어를 제안하는 사람들의 목소리가 큰 데에는 적어도 부분적인 상호인식에 대한 이 같은 욕구가 깔려 있음에 틀림없다. 그들은 그 범주가 타자들에 의해 인정받기를 원하는 것이다. 이는 상당 부분 우리의 문제이기도 한 현상으로 우리의 시선을 이끌어간다. 사회적 범주에 대한 명칭은 줄곧 변화한다. 타자들에 의해 현재 부여되는 것보다 더 많은 권리를 요구하는 어느 집단은 타자들이 그것을 기술하는 데 쓰는 언어가 경멸적이라고 느끼는 경우가 다반사이며, 그래서 새로운 용어를 사용함으로써 또한 타자들 역시 그 용어를 사용하도록 요구함으로써 자신들의 지위를 재구성하고자 한다. 그러나 어느새 널리 받아들여진 어떠한 새로운 용어도 역시 경멸적인 것으로 여겨지기에 이르고, 용어의 제안자들은 또다시 다른 용어를 채용하게 된다. 간단한 예를 하나 들어보자. 미국에서 노예가 된 아프리카인들의 후손은 처음에는 '깜둥이'(nigger)나 '검둥이'(darkie)로, 그 다음엔 '흑인'(black)으로, 다음엔 '유색인'(colored people)으로(전국 유색인 지위향상 협회NAACP*를 기억하라), 그 다음엔 '니그로'(negro), 이어서 '니그로'(Negro)(전국 니그로 회의**를 기억하라), 그다음엔 '아프로-아메리카인'(Afro-American), 다음엔 '흑인'(Black)(흑표범당***을 기억하라)으로, 그다음엔 '아프리카계 아메리카인'(African-American)으로 불렸으니, 내일은 무어라 불릴지 누가 알겠는가? 그것은 마치 끝없는 소용돌이 같다.

그래서 우리는 두가지 문제를 살펴볼 필요가 있다. 하나는 어떤 종류의 집단들이 분석적으로 그리고 정치적으로 중요하며, 그들의 경계는 어떠한가 하는 것이다. 또 하나는 그들을 지칭하기 위해 어떠한 용어를 사용해야 하며, 이 문제가 왜 중요한가 하는 것이다.

---

* National Association for the Advancement of Colored People. 1909년 윌리엄 듀보이스 등의 주도로 인종차별 반대와 흑인의 평등한 권리를 위해 조직된 미국의 가장 오래되고 가장 규모가 큰 흑인인권단체. 1950, 60년대 민권운동에 큰 역할을 했다.

** National Negro Congress. 공산당과 연관된 니그로 인권투쟁 동맹의 후신으로 특히 대공황 시기에 인종차별 철폐와 흑인 노동자의 권리 옹호를 위한 활동을 펼쳤다.

*** Black Panther Party. 1966년에 캘리포니아주 오클랜드에서 결성된 흑인단체로 민권법과 종전 민권운동단체들의 한계를 극복하고 흑인들의 실질적인 경제적·정치적 권리를 쟁취하기 위한 강경한 운동을 펼쳤다.

집단들과 그 경계

한 집단에 대해 제일 먼저 물어야 할 것, 좀처럼 질문으로 제기되지 않는 질문은 그것이 어디에 있는가 하는 것이다. 집단들은 놓이는 위치가 있거니와, 지리적인 위치만이 아니라 (그들의 지리를 포함하는) 역사적인 위치도 있고, 그에 못지않게 도덕적인 위치도 있다.

도덕적 위치는 명백하면서도 실제로는 거의 거론되지 않는다. 거의 모든 사람들은 자기네 집단은 최선은 아니더라도 선하다고 (그리고 그럼으로써 타 집단들은 선하지 않거나 적어도 덜 선하거나, 심지어 악할지도 모른다고 암묵적으로) 믿고 또 그렇게 말한다. 인류학자들이 오래전에 깨우쳐준 바에 따르면, 우리가 이른바 부족민들에게 붙이는 이름들은 대개 그들의 언어로 '사람들'을 가리키는 용어이며, 그밖의 다른 사람들은 사람이 아님을 은연중에 나타낸다고 한다. 중국어로 중국은 가운데 왕국, 즉 세계의 중심을 뜻한다. 미합중국이 '세상에서 가장 위대한 나라'라는 말은 그 대통령들이 으레 되뇌는 말이다.

이렇듯 도덕적 관점에서 우리들 거의 모두는 '그들'(they)이 되기보다 '우리'(we)가 되기를 더 좋아한다. 게다가 우리는 '그들' 모두 또는 거의 모두가 '우리'가 되기를 더 좋아할 거라고 생각하는 것 같다. 물론 이것은 이 나라 저 나라에서 차례로 되풀이되는 그리고 종종 지독한 이민 정책에 대한 논쟁에서 하나의 주요한 요소다. 모든 민족/ 국민/국가를 완전히 공평한 도덕성의 저울 위에 올려놓는 것은 대부분의 사람들에게 비뚤어지거나 심지어 정신 나간 일로 보인다. 하지만 어떤 대안적 위상을 지지할 만한 자료는 매우 취약하고 사실상 거의 없다. 진지한 사회과학자들이라면 누구나 우리에게 그것을 일러줄 수 있을 것이다. 한편 이 도덕적 논쟁에서 사회과학은 좀처럼 눈에 띄지 않는데, 이는 주로 그럴 경우에 열정적인 억압의 돌팔매질과 화살을 감당해야 하지 않을까 하는 두려움 때문이다. 군인과 성직자는 때로 용감한 반면에 사회과학자는 으레 객관성이라는 명분 뒤에 숨기를 더 좋아한다.

한 집단의 도덕적 자기확신은 그것의 지리적 위치에 대한 정의를 좌우하는 경우가 꽤 빈번하다. 많은 종류의 집단들이 공간에 대한 권리를 주장한다. 이때 공간적 권리에 대한 그들의 정의는 이웃들의 관점에서 보나 좀더 객관적인 관찰자의 관점에서 보나 과도한 경우가 흔히 있다. 소유권에 대한 역사적 권리 주장을 찾아내거나 심지어 아예 그냥 지어내는 것은 매우 쉬운 일이다. 그래서 마치 인공 유물 더미가 현대의 도덕적 판단의 합법적 근거라도 되는 것처럼, 정치적 논쟁이 내 편 고고학자들의 자료와 네 편

고고학자들의 자료 사이의 다툼으로 번지곤 한다. 알다시피 모든 호모 사피엔스는 수백만년 전 동아프리카 어느 지점에 살았던 작은 무리로부터 유래했으니 케냐가 (어쩌면 몇몇 이웃들과 함께) 전세계 영토에 대해 권리를 주장할 자격이 있을지도 모를 일이다.

그럼에도 불구하고 지리는 집단들의 삶에 ─ 분명히 국민, 국가, 인종, 그리고 심지어 종교에도 ─ 중심이 된다. 지리적 위치는 끊임없이 변화하고 이동하는 현상인 까닭에 우리는 지리를 역사적으로 살펴볼 필요가 있다. 이렇게 할 때, 우리는 공간적 위치가 시간의 흐름과 함께 그저 변화하는 것인지, 아니면 진정한 공간적 위치란 사람들이 역사적 자료로부터 구성할 수 있는 가장 광범위한 공간인지 혹은 현대 지정학의 관점에서 가장 적합한 공간인지를 판단해야만 한다.

젠더는 지정학적 공간을 갖지 않는 범주라는 것도 유념해야 한다. 남성과 여성은 어디서나 대략 같은 비율로 나타나며, 우리가 아는 한 언제나 그래왔고 또 앞으로도 그러할 것이다. 물론 우리는 외부의 지정학적 공간 안에 게토를 건설할 수 있다. 어느 공동체가 여성운동을 일정한 가정(household) 구역 밖으로 제한할 때, 또는 우리가 소년과 소녀를 별도의 제도적 구조에 배정할 때, 우리는 바로 이런 일을 하고 있는 것이다. 이러한 게토화가 고도로 이루어질 때, 게토의 해체를 부르짖는 평등주의적 요구가 나타날 것이다. 그러나 막상 그것들을 해체하기 시작하면, 기존의 하층 집단 사이에서 게토가 정체성을 강화하며 개인들이 더 넓은 사회적 장에서의 투쟁을 준비하도록 일조한다는 이유로 게토를 되살리려는 사람들이 나타난다.

언제 어디서나 하나의 집단이 있으면, 반대집단(counter -group)이 그 집단의 관점에서 보나 그 반대집단의 관점에서 보나 있기 마련이다. 어떤 종류이든 하나의 집단은 상대적인 개념이지 분석적인 본질이 아니다. 모든 집단은 사회적으로 창출되는 것이므로, 그것들은 어떤 목적을 위해 사회적으로 형성된다. 그 목적이란 그 집단의 권리(그리고 특권)을 증진하는 것이다. 그러므로 이런 일로 어떤 다른 집단이 불가피하게 손해를 볼 수밖에 없다. 균등화는 기득권자들의 이점을 줄이기 마련이며, 그들의 도덕적 규범이 어떠하든 간에 오로지 성인 같은 사람들만 자발적으로 그런 기득권을 내려놓을 것이다.

일단 그 집단과 반대집단이 그들의 귀속성을 적극적으로 주장하고 그 집단의 목적을 위해 기꺼이 싸우려 하는 구성원들과 함께 유의미한 실체로서 확립되면, 비로소 그것은 그 시기의 정치적 실재로서 우리 앞에 나타난다. 그것의 의미와 중요성을 이해하려면 우리는 곧장 그 집단과 반대집단에 의해 정의된 대로의 경쟁의 장 이면을 보아야 한다. 그 투쟁의 장에 대한 그들의 정의는 자기중심적이지만, 그 자체가 투쟁의 매개변수들의 중요한 일부다. 분석가와 도덕론자 모두 이 정의들을 고려하고 그것들의 의미와 배후의 숨은 의미를 이해하려고 노력해야만 한다.

그럼에도 불구하고, 이러한 분석과 도덕적 판단은 모두 그 집단과 그 반대집단의 사회정치적 만남을 세계체제라는 전체적인 사회적 맥락에 놓고 이뤄져야 한다. 경쟁의 장은 결코 그 나름대로 하나의 고립된 현상으로 취급될 수 없다. 소위 나비효과라는 것이 중요하게 보일 수 있다면 바로 이 경쟁의 장 안에서 그러하다. 어디서 무엇이 행해지든 간에 그것은 이 장 그리고 그 안에서의 투쟁에 영향을 미친다. 이 장의 지리와 투쟁의 도덕적 의미는 사실상 전체 세계체제의 상황에 좌우된다.

그렇다 하더라도, 대체로 거의 모든 관련된 행위는 기존의 장 안에 있는 그 집단과 반대집단의 손에 달린 문제다. 이른바 외부 침입자들의 역할은 대단히 과장된 것이다. 외부 침입자들은 그저 존재하는 것으로써 그리고 다른 곳에서 그들 자신의 목적을 추구함으로써 행위한다. 그럼에도 그들은 정말로 실재하며, 따라서 이들에 대한 분석과 평가를 소홀히 한다면 그는 얼치기 기술자(記述者)이며 무능한 행위자다.

역사는 우리가 논쟁의 조건들을 이해하는 데에서 빈약

한 길잡이다. 역사는 행위자들의 도구 가운데 하나이지만 좀처럼 현행의 투쟁에 대한 기본적 동기들 가운데 하나가 되지는 않는다. 역사에 대한 호소는 대부분 현대의 동맹세력을 찾기 위해 사용된다. 집단 X와 Y가 여러 세기 전에 연합했다고 하는 역사는 전연 사실이 아닐 수도 있다. 하지만 그것은 오늘날 X와 Y가 모두 여러 세기 전에 서로 연합했다고 믿는 데 도움이 된다. 주장된 역사는 현재의 동맹을 정당화한다. 그런데 이 역사는 거의 지어낸 이야기이기에 수명이 짧다. 우리는 이 모든 경쟁의 장에서 동맹이 변경되는 것에 끊임없이 경악하게 된다. 그러나 동맹들이 변경되고 있는 것은 더 넓은 세계체제 내의 이런저런 요인의 진화 — 나비효과 — 때문이다.

이리저리 바뀌는 동맹은 결과적으로 경계에 대한 정의를 바꾸기에 이른다. 우리 집단이든 상대 집단이든 어느 집단의 위치를 우리가 얼마나 국지적인 것으로, 지역적인 것으로 또는 초지역적인(transregional) 것으로 정의하고자 하느냐는 우리가 끊임없이 창출하고 재창출하는 정치적 동맹의 함수다. 이는 위선의 문제가 아니라 지정학적 전술의 문제다. 모두가 제각기 똑같은 게임에 가담하고 있으며, 위선에 관한 비난들은 진지한 도덕적 고발이 아니라 대부분 그 장 내의 투쟁에서 하나의 무기로 쓰일 뿐이다.

어떤 종류의 집단은 다른 종류의 집단보다 더 중요한

가? 집단 유형들의 위계질서 역시 끊임없이 진화하고 있다. 계급, 인종, 젠더, 이들의 조합 또는 그밖의 다른 어떤 것, 이것들 가운데 우리가 어디에 우선권을 두느냐 하는 것은 그 자체가 정치적인 쟁점이다. 우리가 왜 그래야 하는지를 이해하려면 현재를 분석해야만 한다. 어느 특정한 문제에 우선권을 두는 것이 적절한지 여부를 평가하는 것은 곧 우리의 전략을 평가하는 것이며, 우리의 목표를 달성하기 위한 그 전략의 효율성을 평가하는 것이다. 집단들이 어떠한 행위를 하는지 그리고 어떤 종류의 집단이 우선적 지위를 성취하는지를 분석하는 것은 현 사회과학의 일차적 과제다. 어떤 종류의 집단에 우선권을 두어야 하는지를 평가하는 것은 우리의 도덕적 판단에 맡겨진 일차적 과제다. 그것은 가장 주된 과제이며 또한 매우 복잡한 과제이기도 하다. 적절한 분석과 판단의 결과는 중대한 것이기에 그것을 가벼이 여겨서는 안 될 일이다. 정치는 하나의 게임일 수 있지만, 그것은 우리 가운데 어느 누구도 피할 수 없는 치명적인 게임인 것이다.

용어법과 그것의 함정들

용어는 중요하다. 자신들이 이야기하고 있는 것을 정당화하고 일반적 논의를 이끌기 위해 끊임없이 개념을 고안해내는 사회과학자들보다 이를 더 잘 아는 사람은 없을 것이다. 하지만 이 또한 잘 알다시피, 용어는 아주 미끄러운 도구다. 단어는 저작권이 없다. 그래서 우리는 어떤 단어에 우리가 원하는 어떠한 의미든지 또는 어떠한 색조든지 부여할 수가 있다. 그리고 우리 모두는 바로 이렇게 줄곧 해왔다. 이론화라고 하는 것은 대부분 실제로는 개념화이며, 그것은 지극히 주관적인 작업이다.

거트루드 스타인*은 '장미는 장미이고 장미다'(a rose is a rose is a rose)라고 말한 바 있다. 그런데 나의 선생님들 중 한 분은 언젠가 나에게 '국가는 국가가 아니고 국가가 아니다'(a State is not *un Etat* is not *ein Staat*)라고 말했다. 그럼 그것은 어느 것인가? 만일 내가 여러분에게 '여자는 여자이고 여자다'(a woman is a woman is a woman)라는 말과 '여자는 여자가 아니고 여자가 아니다'(a woman is not *une femme* is not *ein Frau*)라는 말 중에서 어느 것이 더 올바르다고 생각하는지 고르라고 한다면 어찌 하겠는가? 적어도 내가 보기에 답은, 아무리 못해도 우리는 이 진술들이 이루어진 맥락과 그 맥락에서 이것들이 하는 기능을 분석해야 한다는 것이다.

---

* Gertrude Stein, 1874~1946. 미국의 소설가·시인·극작가로 기묘한 언어상의 실험을 시도한 모더니스트 문학가로 유명하다.

집단들에 대한 용어는 언제나 방어적이며, 또한 꽤 자주 공격적이기도 하다. 타인들에 대해 우리가 사용하는 경멸적인 용어들을 생각해보자. 우리에게는 현재 통용되는 대부분의 용어들이, 적어도 우리 자신의 환경에서는 아주 익숙하다. 게다가 우리는 처음 듣는 것 같은 용어들의 경멸적 성격을 대개 알아차릴 수 있다. 상원의원인 조지 앨런[•]이 선거유세 도중 상대 후보를 위하여 그의 집회를 촬영하던 카메라맨을 우연히 마주쳤을 때, 그는 남아시아 출신이거나 그 종족집단에 속한 그 카메라맨을 공개적으로 '마카카'(macaca)라고 불렀다. 청중 가운데 실상 그 용어의 정확한 의미나 어원을 아는 사람은 아무도 없었다. 그들과 우리 모두 차후에 언론보도를 통해서 그 용어가 프랑스어권의 아프리카 식민지에서 욕설로 쓰이며 '원숭이'를 뜻한다는 것을 알게 되었다. 그러나 그렇게 알기 전에 이미 우리 모두가 그것이 틀림없이 경멸적인 말이라는 낌새를 챘던 것이다.

그 용어를 사용하여 나타나게 된 직접적인 파장은 우선은 그 용어에 대한 공개적인 분석이었고, 둘째로는 앨런 상원의원이 인종적으로 경멸적인 용어를 이전에도 쓴 적이 있다는 일제 보도였으며, 셋째로는 경멸하려는 의도로

• George Allen. 2001~07년 공화당 소속의 버지니아주 출신 상원의원.

그런 것은 아니라는 앨런 상원의원의 부인, 넷째로는 그에게 실제로 경멸하려는 의도가 있었다는 믿음 때문에 앨런 상원의원에 대한 대중적 지지가 꺾인 것이었다. 그래서 이것이 우리에게 무슨 의미가 있는가? 욕설로 통하는 용어가 공개적으로 쓰였다. 아마도 그것은 유색인에 대한 부정적인 인식에 호소하려는 의도였을 것이다. 하지만 욕설을 입에 담는 것은 그런 욕설 사용을 반대하는 공적인 규범, 미국 역사에서 정말이지 아주 최근에 등장한 공적 규범을 위반한 것이기에 위험한 정치적 전술이었다. 앨런 상원의원에 관한 사후의 정치적 분석은 다음과 같았어야 했다. 그런 표현을 써서 그는 표를 더 많이 얻었는가 아니면 잃었는가?

그런데 하나의 용어를 경멸적으로 만드는 것은 무엇인가? 그것은 사회적 인식의 문제다. 한 용어는 최소한 다음의 두가지 특징을 충족할 때 경멸적인 것으로 여겨진다. 하나는 그것이 사람들이 쓰는 아주 흔하고 사회적으로 적절한 용어와는 다르다는 것이고, 또 하나는 지칭하는 집단을 비하할 의도가 있다는 것이다. 그러나 권력을 둘러싼 상황(power contexts)은 다양하다. 지배집단은 경멸적인 언사를 거리낌 없이 내뱉는데, 피지배집단은 그에 항의했다가는 가혹한 보복을 당할 것이기에 당장은 그저 참고 견디는 것 외에 도리가 없다고 생각하는 전후 상황이 있는 것이다.

하지만 경멸적인 용어를 공공연히 쓰는 것이 평등과 관용의 규범을 위반한다고 여겨지는 다른 전후 상황도 물론 있다. 이 경우, 그런 언사는 계속될 수 있겠지만 빈도가 더 줄어들고 더 은밀하게 행해질 것이다. 그래도 사람들의 사고방식은 여전히 똑같을 수 있다. 그리고 은밀한 용어 사용(예컨대, 외국어로 '원숭이'라 부르는 행위)이 똑같은 의도와 특정한 사회정치적 동맹에 대한 똑같은 요구를 암암리에 표시할 수도 있다. 하지만 그것은 표면적으로 규범을 위반하는 것이기에 사람들은 경멸의 의도를 감춰야만 한다. 그것은 어느 선까지 지어내는 일종의 눈꺼풀 처짐 증상 같은 것이다. 하지만 앨런 상원의원이 드러냈듯이, 오로지 어느 선까지만이다.

경멸적인 용어들은 알아차리기 쉽고 평판을 떨어트릴 수 있다. 그런데 좀더 미묘하고 어쩌면 훨씬 더 중요한, 용어를 둘러싼 사회적 투쟁이 있다. 높은 지위를 가리키는데 남성형 대명사를 사용하는 것을 놓고 1970년 무렵 페미니스트들이 시작한 캠페인을 생각해보자. 대명사의 용법에 대해서는 언어에 따라 규칙이 다르므로 이것이 모든 언어에서 일어나는 문제는 아니다. 예컨대, 프랑스어에서 대명형용사*는 남성형이거나 여성형일 수 있는데 어느 것이

---

* pronominal adjective. 대명사가 명사를 수식하는 형용사 역할을 하는 단어.

오느냐는 지시 대상의 인칭에 따라 결정되는 것이 아니라 수식을 받는 명사의 성에 따라 결정된다. 그런데 영어에서는 이런 규칙이 적용되지 않으며, 그런 까닭에 대규모 캠페인이 시작되고 얼마 동안 대명사의 성에 관한 대논쟁이 벌어진 것이다.

역사적으로 영어에서는 남성형 대명사가 기본적으로 총칭하는 대명사로 쓰여왔다. 많은 경우에 '그'(he)는 '그'(he)와 '그녀'(she)를 의미했다. 이것은 또한 흔히 '-맨'(-man)으로 끝나는 많은 직업을 가리키는 용어들의 경우에도 마찬가지다. 페미니스트들이 지적하듯이, 당연히 여기서 대명사나 직업 명칭은 여성이 대체로 또는 심지어 전적으로 배제된 지위를 가리킨다는 가정이 깔려 있다. 페미니스트들은 이 같은 용법이 다양한 종류의 중대한 사회적 결과들을 낳았다고 주장했다. 그것은 여성은 어떤 지위들을 맡기에는 적합하지 않다는 것을 당연시하도록 어린이들을 사회화했다. 그것은 기업조직의 경우 여성은 이러한 지위들 내의 고위직(또는 고액 보수)까지 올라서는 안 된다는 것 또는 그들은 선천적으로 덜 유능하다는 것을 암시했다.

그래서 사회적 용법을 바꾸려는, 다시 말해 총칭적 남성형의 부당성을 모두가 의식하도록 하려는 페미니스트들의 캠페인이 이어졌다. 30년이 흐른 뒤에 우리는 적어도 세계의 여러 지역에서 이 캠페인이 대체로 성공했다고 말할 수 있다. 구어든 문어든 영어에서 오늘날 대명사의 성에 관한 의식은 상당히 진전되었다.

그러나 총칭적 대명사에 대한 대안은 무엇인가? 영어의 통사론을 고려할 때 어느 하나에 동의하기는 쉽지 않았다. 영어에서 복수 '그들'(they)은 성을 가리지 않으니, 한가지 대안은 단수 대신 복수로 쓰는 것이다. 또 하나는 직업 용어들을 대체할 말을 찾는 것 ─ 예를 들면 우체부(postman) 대신 우편 전달인(mail carrier) 같은 방식으로 ─ 이다. 세번째 안은 수동태를 쓰는 것으로, (다른 경우라면 어색한 표현일 수도 있지만) 이것은 문제를 회피하는 데 도움이 된다. 네번째 안은 무성(無性)의 특수한(하지만 이제껏 널리 쓰인 적이 없는) 대명사들을 새로 고안하는 것이다.

다른 방식으로 제기된 비슷한 쟁점은 대문자 사용에 관한 것으로, 이번에도 역시 영어에서 일어나는 문제다. 독일어에서 명사는 모두 첫 철자를 대문자로 쓴다. 프랑스에서는 지명은 첫 철자를 대문자로 쓰지만, 집단의 명칭은 그렇지 않으며, 지명일 경우에도 형용사로 사용될 때는 대문자를 쓰지 않는다. 영어는 그 중간이다. 즉 영어에서는 보통명사와 고유명사를 구별하여, 후자는 첫 철자를 대문자로 쓴다. 또 상응하는 형용사도 이와 같은 구별을 따른다.

미국에서 종교, 종족집단 또는 국적에 근거를 둔 사회집단 ─ 예컨대 가톨릭교도, 라틴계, 헝가리인 ─ 의 명칭은 모두 첫 철자를 대문자로 쓴다. 이 문제로 논란이 되었던 유일한 집단은 인종집단이었다. '유색인'(colored people)은 결코 대문자로 쓰지 않은 것이다. '니그로'(negro)라는 용어 역시 오랫동안 대문자로 쓰지 않았다.『뉴욕타임즈』는 대문자 표기가 타당하다고 결정하는 데 대략 60~70년이 걸렸다. '니그로'(Negro)를 버리고 '흑인'(black)이라는 용어를 쓰기로 했을 때,『뉴욕타임즈』와 그밖의 거의 모든 언론이 이 용어를 대문자로 표기하려고 하지 않았다. 이의 대문자 표기는 여전히 쟁점으로 남아 있다. 이렇게 해서 언론매체에서건 학술 저작에서건 글쓴이들이 일련의 집단들을 한 문장에 죽 열거할 때 '흑인'(blacks)을 제외하고 모든 용어를 대문자로 쓰는 것이 예사롭게 되었다.

영어에서 남성형 총칭 용어에 반대하는 캠페인과 '흑인'(Black)을 대문자로 쓰자는 캠페인은 모두 상당한 사회적 파급을 지닌 의미있는 캠페인이다. 하지만 용어에 관련한 캠페인은 중요하기는 해도 일시적인 것이기 쉽다. 니그로들(Negroes)이 흑인들(Blacks)로 불리기를 더 원했을 때, 그들은 곧장 대문자 표기를 잃어버렸고, 그래서 처음부터 다시 그 싸움을 시작해야만 했다. 집단들은 적이 있으며, 그들의 적들은 좀처럼 가만히 있지 않는다.

우리는 여기서 어디로 가는가?

조앤 스미스(Joan Smith)가 '우리 아일랜드계 여성들: 젠더, 역사 그리고 세계경제'라는 제목의, 놀랍지만 거의 알려지지 않은 논설에서 쓴 대목을 출발점으로 삼을 수 있지 않을까 생각한다.

여성들의 역사적 경험은 남성들의 그것으로 변환되지 않는다. 이에 관해서는 의문의 여지가 없다. 이 뻔한 말은 바로 역사적 주체로서 여성들 없이 정확한 역사적 설명은 이루어질 수 없다는 주장을 지지한다. 하지만 이는 여성사가 역사적 순간을 구성하는 제도적·구조적 변화들과 관념적으로 그리고 경험적으로 무관하게 다루어질 수 있음을 의미하는 것이 결코 아니다. 역사가 없으면 여성들이 없다. 그러나 여성들이 없으면 역사가 없다.[2]

우리가 상호적으로 서로를 구성한다는 것을 일깨우는 바로 이 조언에 비추어서, 나는 일련의 전제들 위에 우리가 종사하는 학문을 구축해야 한다고 생각한다.

첫번째 전제는 우리가 집단을 범주화하고 정체성에 대해 주장할 때 대단히 조심해야 한다는 것이다. 이런 관념

적인 활동은 엉성한 도구이며, 엄밀한 정치적 분석과 활동
을 펼치고자 한다면 거의 도움이 되지 않는다. 일례로, 우
리가 제시하는 어떤 논거도 거의 언제나 거꾸로 우리를 향
해서 반대로 이용될 수 있다.

두번째 전제는 우리가 우선권을 주장할 때, 특히 힘 있
는 자들의 희생자라는 이유로 우선권을 주장할 때 대단히
조심해야 한다는 것이다. 만일(또는 특히 만일이라고 해야
하지 않을까 싶은데) 어느 약자 집단이 더 약한 다른 집단
을 억압하는 것으로 보일지라도, 약자들은 서로에게 공감
하는 것이 으레 더 현명하다.

세번째 전제는 진지한 분석의 첫 걸음은 공에서 눈을 떼
지 않는 것, 다시 말해 누가 현재의 어떤 지정학적·지문화
적 환경에서 실제로 유력한지, 그리고 정체성을 범주화하
고 주장하는 우리의 과정들로부터 그들이 어떻게 이득을
끌어내는지를(또는 끌어내지 못하고 있는지를) 예의주시
하는 것이다.

"역사가 없으면〔계급도, 인종도, 젠더도, 민족도〕없다."[3]
실제로 이는 무엇을 의미하는가? 첫째로, 그것은 이 범주들
이 모두 상대적인 것이며 본질적인 것은 아니라는 것이다.
E. P. 톰슨*은 영국 노동계급이 '만들어진' 것이라고 말했

---

* E. P. Thompson, 1924~93. 영국의 역사가, 사회주의자, 평화운동가.

다. 그렇다. 게다가 그것은 어떤 시점에, 특정한 역사적 과정의 결과로, 그리고 세계체제 전체 및 그 당시 특정한 국가 안에서의 특정한 권력 지형에 대응하여 만들어졌다.

개인과 가계는 당연히 다양한 정체성을 갖고 있다. 그러므로 그들은 자신들의 정체성들 가운데 우선순위를 끊임없이 그리고 정말로 빈번하게 바꾼다. 거짓된 정체성은 없다. 정체성의 거짓된 부인이 있을 뿐이다. 타자들에 의해 우리에게 부여된 정체성은 불가피한 것이며 지우기가 불가능하다. 하지만 우리에게 일방적으로 부과된 우선순위에 대해서는 다양한 방식으로 — 이를테면 그것을 받아들이거나, 거부한다거나, 그 사이의 다양하고 미묘하게 차이 나는 입장들을 취하는 방식으로 — 반발할 수 있다. 이렇게 정체성을 부과하는 것과 그에 반발하는 것은 그 맥락 속에서 분석되어야 하고, 우리의 도덕적 가치관에 따라 평가되어야 하며, 유용한 정치 전략으로서 비판을 거쳐야 할 정치적 행위들이다.

"그러나 〔계급, 인종, 젠더, 민족〕 없이는 역사가 없다."[4] 이들 범주는 그것들이 역사적으로 일어난 것, 일어나고 있으며 아마도 계속(적어도 상당 기간 동안) 일어날 것을 설

18~19세기 영국의 사회사, 노동운동 등에 관한 여러 저술을 발표했으며, 대표작으로 『영국 노동계급의 형성』이 있다.

명해주는 한에서만 유용하다. 개인적으로 우리는 이런저런 정체성에 대한 이런저런 주장에 몹시 짜증이 날 수도 있는데, 그 이유는 이런 주장들이 과장되었다고 생각하기 때문이거나, 특정한 상황에서 우리에게 더 적절한 것으로 보이는 다른 범주들을 사람들이 무시하기 때문이거나, 사람들이 자신들은 적용받아야 한다고 주장하는 무죄추정의 원칙을 타자들에게는 적용하지 않기 때문이다. 사회적 약자 우대정책(affirmative action)에 관한 엄청난 논쟁은 바로 이런 다양한 태도에 관한 것이다.

그러나 가장 중요한 점은 언제나 차별과 학대, 억압의 공공연하고 공식적인 양식들은 말할 것도 없고 그것의 구조적인 양식들이 존재한다는 것이다. 그리고 어떤 특정한 집단이 자신의 분노, 자신의 자의식, 그리고 모든 면에서의 평등에 대한 권리를 주장하는 것은 이 같은 억압을 줄이는 데 언제나 필수적인 요소다. 과장은 억압보다는 덜 중요한 문제다.

우리는 지금의 세계체제 즉 자본주의 세계경제로부터, 새로운 세계질서가 마침내 수립되었을 때 지금보다 더 나을 수도 그렇지 않을 수도 있을 다른 어떤 체제로 옮아가는 긴 역사적 이행기에 살고 있다. 이 이행기는 우리의 미래, 지극히 불확실한 미래에 관한 세계적인 차원의 근본적인 투쟁의 시기다. 이를 두고 나는 앞의 글에서 다보스 정신 대 뽀르뚜알레그리 정신 사이의 투쟁이라고 불렀다. 다보스는 1970년대부터 세계 엘리트들 — 사업가, 정치가, 언론인, 기득권층 지식인 — 의 연례적인 만남의 장으로 존속해온 세계경제포럼을 가리킨다. 이들은 매년 회합하여 근본적으로 어떤 전략을 도출해내려 한다. 그 전략이란 현 체제를 보존하려는 것이 아니라, 그것의 기본 특징들 즉 특권의 위계질서와 보수의 불평등에 입각한 체제의 특징들을 유지하는 어떤 체제에 의해서 그것이 대체되도록 보장하려는 것이다.

뽀르뚜알레그리는 2001년 이 브라질의 도시에서 처음 개최되어 다보스에 대립하는 모임으로 자리잡은 세계사회포럼(WSF)을 가리킨다. 그것은 '다른 세계는 가능하다'고 믿으며 세계화의 신자유주의 버전과 모든 형태의 제국주의에 최소한 반대 입장을 표명하는 전세계 모든 운동을 위한 공개포럼으로 정의된다. 그것의 목표는 상대적인 평등과 상대적인 민주주의에 입각한 양극화되지 않은 세계질서를 창출하는 것이다.

세계사회포럼에서는 범주화 과정의 모든 모순들과 정체성에 관한 주장들이 분출된다. 세계사회포럼 참가자들은 이제 10만명이 넘는다. 이들은 누구인가? 이들은 상상할 수 있는 온갖 종류의 반체제운동에 몸담고 있는 사람들이다. 이들 운동은 지리적 범위 면에서 다양하여 어떤 것들은 국제적이고, 어떤 것들은 지역적이며, 어떤 것들은 전국적이고, 또 어떤 것들은 국지적이다. 또한 그것들은 주요한 (또는 당면한) 목표 면에서도 다양하다. 어떤 것들은 노동자의 권리를 옹호하고자 하며, 어떤 것들은 주로 환경 문제에 관심을 두고, 어떤 것들은 농민 또는 농촌 운동이며, 어떤 것들은 그 나라에서 완전한 권리를 누리지 못하는 원주민 조직이고, 또 어떤 것들은 보건 문제나 물 문제에 관심을 둔다.

보다시피 이것은 사실 바벨탑 같은 것일 수도 있다. 세계사회포럼의 구조는 간부들도 없고 정책 발표도 하지 않으며 심지어 대변인도 없기에, 이 같은 세계회의의 초점을 또렷이 잡아주는 어떤 하향식(top-down) 체계 같은 것이 있을 수 없다. 지금 그것은 그와 반대로 집단들이 아래로부터 스스로 패널을 조직하고 거기서 논의할 주제를 제안하도록 하는 구조로 운영된다. 아마도 40~60개 정도의 이런 패널들이 특정한 시간대에 동시에 회의를 진행한다.

하지만 이러한 활동의 목적은 삼중적이다. 즉 모든 가능한 종류의 그리고 모든 지리적 위치의 활동가들 사이에 상호 교육적인 교류의 장을 마련하는 것, 이 운동들 사이에 공감을 바탕으로 한 존중심을 불어넣는 것, 그리고 세계적 투쟁에 상당한 실질적 영향을 미칠 긴급한 정치행동을 권장하는 것이다. 그래서 잘되가는가? 바로 이것이 2007년

1월 나이로비에서 개최될 제6차 세계회의에서 세계사회 포럼이 토론하게 될 주제다. 실은, 세계사회포럼의 커다란 기여는 여러 실패한 국제조직들과 달리 계층적 구조가 아닌 수평적 구조를 창출해냈다는 것이라고 평하는 사람들이 있다. 또 정반대로, 즉 너무 과도한 수평주의가 알맹이 없는 수사를 낳고 유효한 행동을 가로막았다고 주장하는 사람들도 있다.

이 같은 논쟁의 바탕에는 수평적인 방식을 고집하는 사람들의 의식, 즉 그 방식이 세계 전역에 걸친 모든 억압받는 집단들을 포괄하는 유일한 길이라는 의식이 깔려 있다. 또한 이러한 방식을 비판하는 사람들의 불편한 심사에는 이 집단들 가운데 일부를 엄정하게 배제하는 수직적 구조를 되살리는 것만이 결국 정치적으로 유효할 수 있다는 의식이 깔려 있다. 후자는 대개 노동자의 투쟁에 우선권을 두는 사람들이다. 전자는 대개 다양한 투쟁들 사이에 우선권이 존재하지 않는다고 주장하는 사람들이다.

조직에 관한 논쟁에서 가장 중요한 질문들 가운데 하나는 동유럽의 노동조합운동, 캐나다의 생태계 보호운동, 어느 아프리카 국가의 농민여성운동, 인도 내의 원주민 권리를 위한 운동, 라틴아메리카의 무정부주의 청년운동을 실제로 하나로 묶을 수 있는 방안은 무엇인가 하는 것이다. 이 같은 운동들의 결속에서 기존 정당들이 할 수 있을 역할은 여기서 논외로 하겠다.

정치경제학을 재고하는 것에 관한 논의는 단순히 추상적인 지적 관심사에 불과한 것이 아니다. 그것은 우리 시대의 가장 중요한 정치적 투쟁들에 매우 실제적으로 적용된다. 게다가 이 투쟁들은 단지 세계적 차원에서만 존재하는 것이 아니다. 사실 근대 세계체제의 구조가 붕괴함에 따른 결과들 가운데 하나, 그리고 우리가 향후 20~40년 동안 계속될 이행기에 살아간다는 사실의 결과들 가운데 하나는 세계체제가 근본적으로 혼돈상태에 놓이고 그와 더불어 세계경제가 폭이 넓고 급격한 파동을 보이며 현재 계속되는 폭력의 수준 또한 상당히 높아진다는 점이다.

마치 일련의 조직들(지금에 와서는 거의 신화적인 알카에다 같은 조직들)이 있다는 게 문제라는 양 우리는 이를 언제나 '테러리즘'이라는 어정쩡한 이름으로 논의한다. 하지만 진짜 문제는 여러 민족국가 내의 사회질서가 무너지고, 그래서 점점 더 많은 사람들이 실제로 자신들이 통제할 수 없는 심각한 불안의 시대를 살아가고 있다고 느끼는 것이다.

이러한 불안에서 비롯된 두려움에 대한 정치적 반응은 세계의 점점 더 많은 지역에서 사회적 갈등, 심지어 내전의 양상으로 나타나고 있다. 이러한 사회적 갈등은 점점 확산된다. 그것은 우리가 '실패한 국가'라는 어리석은 명칭을 갖다 붙이는 몇몇 장소에 국한된 것이 아니다. 그것은 서유럽, 북아메리카 같은 세계체제의 지배적인 핵심 지역들의 심장부까지도 미치기 시작한 현상이다. 그리고 사회적 갈등의 조직적인 핵심 관념 가운데 하나는 이민 문제라는 이름을 얻게 된 정체성 정치(identity politics)의 한 형태다. 이는 미국, 프랑스, 덴마크, 그리고 심지어 일본, 남아프리카와 멕시코의 정치적 논쟁에서 어김없이 나타난다.

보호주의에는 많은 경제적 미덕이 있을지 모른다. 그러나 그것이 사회 문제에, 정체성 문제에 적용되면 미덕이 거의 없다. 우리가 관여된 것은 하나의 세계적인 투쟁이지 일련의 민족적 투쟁들이 아니므로, 우리는 이 같은 세계적인 투쟁의 관점에서 우리의 전략을 세우든지 아니면 거기에서 패하든지 어느 하나일 것이다. 민족적 정체성이 줄곧 강렬하게 존속하는 현실 ─ 미국에서만이 아니라 세계 도처에서 ─ 을 고려할 때, 우리는 좀더 평등주의적인 세계체제를 추구하는 데 계급, 인종, 젠더에 대한 관심이 특별히 중요함을 서로서로에게 상기시켜야 하는 힘겨운 과제를 안고 있다.

조앤 스미스의 같은 논설에서 다시 하나의 대목을 인용하는 것으로 이 논의를 매듭지었으면 한다.

젠더화된 관계들(gendered relationships)은 마치 공간적·시간적으로 공존하여 서로에게 영향을 끼칠 수 있는 제각기 독립된 역사적 배우인 것처럼 역사적 무대 위에서 세계 자본주의와 만나는 것이 아니다. 아일랜드의 역사를 숙고해보면 알 수 있듯이, 그 지역이 세계경제로 편입된 것과 맞물려 일어난 발전은 젠더화된 것이며, 이는 젠더 관계들이 그러한 발전에 선행했기 때문이 아니라 그 발전이 젠더의 (재)창출을 구성했기 때문이다. (…) 젠더는 가부장제의 영원함 때문이 아니라 그것이 세계사의 본질적인 부분이기에 세계사적 성격을 가진다. (…) 젠더는 그 자체 안에 세계의 역사를 포함하고 있는 동시에 그것의 모든 특수한 형태로 발전하면서 그러한 역사의 한 표현이 된다.[5]

지금 우리는 새로운 세계체제를 창출하는 과정에 있다. 그 새로운 세계체제가 계급, 인종, 젠더를 어떻게 구성할지에 대해서는 결코 어떤 필연적인 결론이 나 있지 않다. 새로운 세계질서는 우리들 각자에게 제시될 역사적 선택안들 가운데 우리 모두가 어떤 선택을 하느냐로부터 출현할 것이다. 그 투쟁은 힘이 들 것이다. 종잡을 수가 없을 때도 흔히 있을 것이다. 하지만 그것은 지극히 실제적인 것이다. 그리고 우리를 더 강하게 만드는 데 필요한 것은 명료한 분석, 용기 있는 도덕적 판단, 지혜로운 정치적 전략이다. 이것은 어려운 주문이지만, 우리가 피해갈 수 없는 주문이다.

〔2007〕

8장

근대 세계체제에서 이슬람의 정치적 구성[1]

오늘 (적어도) 미국과 유럽 또는 중동에서 발행된 거의 어떤 신문을 펼치기만 하면, 여러분은 이슬람이나 이슬람주의자들 또는 이런 명칭의 다른 변형어에 관한 이야기를 보게 될 것이다. 만일 1950년대였다면 사정이 이와 반대되었으리라는 것을 여러분에게 상기시키고 싶다. 신문 지상에는, 심지어 중동의 신문에서도 이슬람에 관한 이야기는 극히 드물었다. 무엇이 변한 것일까? 현재의 상황을 이해하려면 우리는 장기 16세기 이래로 근대 세계체제에서 종교적 귀속의 정치적 중요성에 관한 전체 역사를 훑어보아야만 한다.

1500년부터 1970년까지의 근대 세계체제

애초에 종교적 귀속은 정치적으로 대단히 중요했다. 이 때는 종교개혁과 반종교개혁*의 시대였다. 여러 갈등을 가톨릭교도와 그밖의 사람들(프로테스탄트, 영국 국교도, 인문주의자, 에스빠냐의 유대인과 무슬림) 사이의 갈등으로 정의하는 것이 정치 담론의 중심이었다. 그 정치적 결과는 추방과 내전, 박해 등으로 나타났다. 프로테스탄트와 가톨릭 사이의 분열이 어찌나 넓고 깊게 퍼졌는지 '그의 신앙이 그 지배영역의 신앙'(*cuius regio eius religio*)이라는 구호에 따른 유럽의 정치적인 분할에 의해서 그러한 분열이 어느정도 진정될 수 있었을 뿐이다. 통치자의 종교를 그 국가의 종교로 정의함을 의미하는 이 구호는 1555년 아우크스부르크 종교회의(Peace of Augsburg)에서 만들어졌고, 유럽의 독일 지배영역이었던 신성로마제국에 주로 적용되었다.

그 당시 유럽인들은 이슬람을 유럽을 포위하고 있는 하나의 유럽 외부세력으로 정의했다. 8세기에 서유럽에서 최초의 정복에 나선 무슬림은 프랑스의 뚜르(Tours)까지 이

---

* Counter Reformation. 프로테스탄트 측의 종교개혁에 대응하여 16세기 중엽에서 17세기 중엽까지 진행된 가톨릭 측의 종교개혁.

른 적이 있으며, 무슬림 통치자들은 몇세기 동안 오늘날 에스빠냐라 불리는 땅의 거의 전역을 지배했다. 그리고 결국은 1492년 기독교 세력의 재정복운동(*Reconquista*)으로 완전히 쫓겨났다. 그러나 바로 이때 무슬림 제국인 오스만 제국이 남동부 유럽으로 팽창했고, 1685년 빈을 포위할 정도로 그 세력이 절정에 달했다. 그리고 잘 알다시피 오스만튀르크인들은 1차대전이 끝날 때까지 줄곧 남동부 유럽 대부분의 지역에 남아 있었다.

18~19세기 유럽의 문화사는 기독교 국가들의 상당한 세속화(secularization)를 포함했다. 많은 나라에서 내부의 종교 갈등은 이제 기독교인 대 자유사상가들의 갈등으로 비쳐졌는데, 후자는 국가 제도를 기독교 교회와의 공식적·비공식적 관계로부터 떼어내고자 한 사람들이었다. 이 당시 이슬람은 유럽인들에게 거의 주목을 끌지 못했다. 확실히 그것은 정치적 논쟁이나 심지어 담론의 중심이 아니었다.

20세기에 이르기까지 유럽 국가들은 차례로 기독교 교회를 위한 모든 정치적 역할을 그만두었거나 그만두려고 노력하고 있었다. 종종 거친 설전이 오가기도 했지만, 전반적으로 말해서 지금 교회와 국가의 분리라고 불리는 것은 상당한 진전을 이루었다. 물론 비유럽 세계의 대부분은 이 당시 정치적으로는 유럽 열강에 의해서 그리고 문화적으로는 유럽의 가치관에 의해서 직접적·간접적으로 지배되고 있었다. 아시아와 중동의 곳곳에서는 이들 지역의 문화적 '근대화'를 외치는 강력한 세력들이 등장했다. 어떤 세력들에게 문화적 근대화는 실제적으로 유럽 지역에서의 '자유주의적 프로테스탄티즘'이라는 지배적인 신학에 상응하는 방향으로 종교적 가치관을 재정의하는 것을 의미했다. 반면에 사회주의 및 공산주의 운동들 같은 비유럽 지역의 또다른 세력들에게 이는 정치적 활동을 위한 비종교적, 심지어 반종교적인 틀을 의미했다.

이렇게 정치영역 밖 어떤 것으로 종교가 강등된 것은 세계 전역에서 1945~70년에 절정에 달했다. 이는 다음과 같은 이 시기의 세가지 주요한 현상을 통해 뚜렷이 나타난다. 첫째, 지정학상의 중심 문제가 이른바 자유 세계 대 공산주의 세계의 대립으로 정의되었다. 공산주의 세계는 공식적으로 무신론을 내세웠고 '자유 세계'는 공산주의 체제들이 종교기관을 억압한다고 공격했다는 점에서 비록 그러한 대립에 종교적 요소들이 있었다 하더라도, 주로 그 논쟁은 서로 경쟁하는 정치 철학의 관점에서 공식적으로 표현된 것이지 서로 경쟁하는 종교 신앙의 관점에서 그런 것이 아니었다.

두번째 현상은 냉전체제에 '줄서지 않은' 비동맹국가를 자처한 나라들이 대부분 민족해방운동에 의해 정치적으로 지배되고 있었다는 것이다. 이 운동들은 종교적 귀속을 그들 담론 또는 조직의 주요한 범주로 삼지 않았다. 그것들은 세속적인 조직이었으며, 지역 상황에 따라 다소 차이가 있지만 오히려 대개 반(反)교권주의적이었다. 전반적으로, 종교적으로 정의된 정치 집단들은 민족해방운동에 의해 수립된 정부에 적대적이거나, 그렇지 않으면 적어도 자신들을 대안세력으로 규정하는 경향이 있었다. 그럼에도 불구하고 이처럼 종교적으로 정의된 운동들이 이들 나라에서 주민 대다수의 지지를 받지는 못했다.

세번째 현상은 국가의 세속화 과정에 대하여 가장 강력한 반대세력인 로마 가톨릭 교회 측의 저항이 꺾인 것이다. 이것이 곧 교황 요한 23세*의 '현대화'(aggiorna-mento)가 지닌 정치적 의미의 핵심으로, 이 선언에서 교회는 국가가 종교기관과의 공식적 유대를 끊고 종교적 다원주의라는 환경 속에서 기능하는 것이 합당하다는 관념을 받아들였다. 로마 가톨릭 교회는 이제 어떤 독점적 지위를 요구하려고 들기는커녕 공적 영역에서 응분의 자리를 내어달라고 호소할 정도로 위축되었다.

---

* John XXIII, 1881~1963. 이딸리아 출신으로 교황에 선출된 이듬해인 1959년 제2차 바띠깐 공의회를 개최하여 시대에 뒤떨어진 로마 가톨릭 교회의 과감한 개혁과 쇄신을 추진하고 더 나아가 현대세계의 주요 현안들에 대한 교회의 적극적인 관심을 표명하는 등 가톨릭 교회사에 새로운 전기를 마련했다.

이와 같은 역사적 개관의 요점을 말하자면 1500년부터 1970년 무렵에 이르기까지 근대 세계체제에서 종교적 범주의 중심성이 꾸준히 쇠퇴하는 경향이 있었다는 것이다. 물론 이를 과장해서는 안 된다. 종교는 여전히 어떤 역할을 했다. 하지만 흔히 계급적 소속의 표지나 다름없는 역할을 했다. 그레이트브리튼의 국교회(Established Church), 즉 영국교회에 대한 유명한 정의는 '기도하는 토리당'(Tory party at prayer)이다. 게다가 이른바 비국교 교회들●의 신자들이 토리당 후보에 반대하여 — 처음에는 자유당 후보에게, 나중에는 노동당 후보에게 — 투표하는 성향이 훨씬 더 강하다는 것은 영국의 학자들과 정치가들에게 모두 잘 알려진 사실이었다. 그리고 우리는 계급 범주를 나타내는 것으로서의 교회 귀속에 관한 이 현상을 세계의 대부분 지역에서 확인할 수 있을 것이다.

그럼에도 불구하고 1970년 무렵부터 세계 전역에서 나타난 이른바 근본주의의 대두는 상당히 중요한 정치적 변동을 매우 분명하게 의미했다. 그것은 5세기 동안의 추세를 반대 방향으로 역전시켰다. 우리는 이런 일이 왜 일어났고 그것의 정치적 결과는 무엇인지 물어야 한다.

● Dissenting Churches. 영국 정부의 국교 정책 및 교회에 대한 간섭에 반대하여 이탈한 청교도, 퀘이커교도, 재세례파 등의 프로테스탄트 교파들.

1970년 이후의 세계체제

1970년대부터 세계의 상황에서 세가지 근본적 변화가 일어났다. 냉전의 종식, 구좌파가 이끈 반체제운동들의 붕괴, 금융투기로부터 수익성 창출을 조장한 세계경제의 침체와 그에 따른 양극화의 급격한 증대가 그것이다. 이 변화들에 대해 하나씩 자세히 살펴보도록 하자.

냉전의 종식은 모두가 아는 또는 안다고 생각하는 극적인 사태 전개였다. 제도적으로 그것은 중동부 유럽에서만이 아니라 소련 자체에서까지 공산주의 정권들의 종말을 의미했다. 그것은 또한 세 연방 구조 — 소비에뜨, 유고슬라비아, 체코슬로바키아 연방 — 가 (많건 적건 간에) 그 구성단위들로 해체됨을 의미했다. 그것은 바르샤바 조약●의 해소를 의미했고, 또한 중동부 유럽 국가 대부분의 나토 및 유럽연합 가입을 의미했다.

냉전의 종식은 일반적으로 미국과 서유럽에서 공산주의에 대한 민주주의의 정치적 승리로 환영받았고, 프랜시스 후쿠야마(Francis Fukuyama)는 '역사의 종언'에 관한 책

● Warsaw Pact. 미국을 맹주로 한 북대서양조약기구(NATO)에 대응하기 위해 1955년 소련을 비롯한 동구권 사회주의 국가들이 체결한 군사동맹 조약기구.

(『역사의 종언과 최후의 인간』 *The End of History and the Last Man*, 1992)으로 유명해졌다. 나는 처음부터 이른바 미국과 그 동맹국들의 승리는 전혀 승리가 아니며 오히려 그들의 지정학적 지위와 그들의 지배적 가치 모두에 대해 상당한 차질을 빚을 것이라고 주장해왔다.[2]

냉전의 종식은 다음과 같은 두가지 주된 이유로 인해 미국의 지정학적 이해관계에 제대로 부응하지 못했다. 이론상의 이데올로기적 투쟁에도 불구하고 또는 어쩌면 바로 그것 때문에, 미국과 소련은 오로지 상호파괴에 대한 공포로 연계된 채 냉전시대 내내 암묵적인 공모관계에 있었다. 그 덕분에 소련은 남반부의 여러 나라들이 동서 간의 기본적인 지정학적 균형 상태를 교란하여 핵전쟁으로 번지는 사태를 막기 위해 이들 나라를 억제하는 데 자신의 정치적 영향력을 사용할 수 있었고 실제로 사용했다. 소련의 붕괴는 이런 종류의 억제 메커니즘의 붕괴를 의미했고, 이는 제1차 걸프 전쟁*에 직접적인 영향을 끼쳤다.

미국의 입장에서 냉전의 종식이 그리 바람직하지 않은 두번째 이유는 미국이 서유럽은 물론 일본, 남한과 맺은 긴밀한 동맹을 뒷받침한 논리적 근거를 그것이 완전히 없

---

* Gulf war. 1990년 8월 이라크의 쿠웨이트 침공에 대한 제재로 미국을 비롯한 34개국의 다국적군이 1991년 1~2월에 이라크를 상대로 벌인 전쟁.

애버렸다는 것이다. 이들 동맹은 냉전에서 소련에 맞서 결속한다는 공동의 책무에 토대를 두고 있었다. 그러한 존재 이유가 사라졌기 때문에 그 동맹들은 자칫 느슨해질 위험이 있었다. 그리고 물론 우리는 제2차 걸프 전쟁(또는 '이라크 전쟁')*에서 그것들이 실제로 얼마나 느슨해졌는지를 보았다.

다음으로, 구좌파운동들의 실패는 제일 먼저 1968년의 세계 혁명에서 정치적으로 큰 파급을 끼쳤다. 1945년 이후 구좌파운동은 지구 도처에서—공산주의운동들은 이른바 사회주의 블록에서, 사회민주주의운동들은 범유럽 세계에서, 민족해방운동들은 아시아와 아프리카, 카리브해 연안 대부분의 지역에서, 그리고 포퓰리즘운동들은 라틴아메리카의 여러 지역에서—집권하는 데 성공했다.

그들은 권력을 쥐었지만 세상을 뚜렷이 바꾸지는 못했고, 그것이 이 운동들에 대한 신뢰를 철회한 1968년의 혁명가들이 제기했던 비판의 핵심이었다. 그들은 구좌파운동에 미래를 위한 더 나은 세상을 보증할 능력이 있다고 더이상 믿지 않았다. 그와 정반대였다. 그들은 이 운동들

• 이라크의 대량살상무기를 제거한다는 구실로 미국, 영국 등의 연합군이 2003년부터 미 전투병력이 철수한 2011년까지 이라크를 상대로 벌인 전쟁. 실제로 대량살상무기는 발견되지 않았으나 이 전쟁으로 사담 후세인 정권이 붕괴하고 이라크는 극심한 내전과 혼란에 휩싸이게 되었다.

이 실제로는 기존 체제를 떠받치고 있다고 주장했다. 이렇듯 반전된 태도는 한편으로는 그 뒤로 사반세기 동안 이 운동들이 권좌에 앉힌 많은 체제들의 몰락을 낳았고, 또다른 한편으로는 구좌파운동들을 그와 다른 전략——덜 국가 지향적인 전략 그리고 실제로 더 유효하게 작동할 전략——을 좇는 운동들로 대체할 수 있다고 주장하는 온갖 새로운 운동의 등장으로 이어졌다.

끝으로, 1970년 무렵 이후 자본주의 세계경제는 하나의 긴 콘드라띠예프 B 국면에 있었다. 이러한 B 국면은 다음과 같은 몇가지 표준적인 특징들을 나타냈다. 세계적인 실업률 증가, 종전처럼 더이상 수익성이 나지 않는 주요 산업들의 반주변부 국가로의 이동(이 국가들은 이를 두고 자신들이 '개발 도상'developing에 있다고 주장한다), 투자를 통한 이윤 추구로부터 금융 부문에서의 이윤 추구로의 자본 이동, (환경을 보호하기 위하여) 비용을 내부화하려는 정부의 압력을 공격함으로써 그리고 복지국가의 보호 장치를 축소하여 세금을 인하하려고 노력함으로써 비용을 줄이려는 시도 등이 그런 특징들이다. 물론 이 모든 것들은 1970년대부터 일어났고 지금도 여전히 진행 중이다.

이 같은 정치적 노력을 두둔하는 취지의 담론을 우리는 '신자유주의'(neo-liberalism)라고 불러왔다.

소수의 엘리트 계층이 이 같은 세계경제의 중점 이동으

로부터 막대한 부의 증대를 누리고, 그 아래로 이보다 조금 더 폭이 넓은 엘리트 계층이 순수입 면에서 그런대로 괜찮은 형편인 반면에, 세계 인구 대다수에게 전반적인 상황은 경제적으로 더 나빠지지는 않았다고 해도 적어도 헤쳐나가기가 빡빡하다. 이의 주된 정치적 결과는 경제 전망에 대한 일반화된 공포감이며, 그런 까닭에 보호와 어떤 안전망의 복원을 추구하는 경향이 광범위하게 나타났다.

우리가 이 세가지 요인들 ── 냉전의 종식, 구좌파 반체제운동에 대한 환멸, 그리고 세계경제의 침체 ── 을 한데 합쳐놓고 생각해보면, 왜 정치적 이슬람주의가 담론의 적절한 초점이 되었는지를 곧바로 이해할 수 있다. 미국에, 그것은 위험한 정치세력으로서 '공산주의'가 사라진 가운데 총체적인 동맹체제를 복원시켜줄 수 있을, 다시 말해 통합을 촉진하는 적의 이미지를 제공했다. 민족해방운동이 더 나은 미래를(그리고 실제로는 살기에 괜찮은 현재를) 보장하는 데 실패한 것에 실망한 사람들에게, 정치적 이슬람주의는 (특히 주민 대다수가 무슬림인 나라들에서) 통합을 촉진하는 대안으로, 다시 말해 훨씬 더 효과적으로 민족해방운동들의 당연시되는 목표들을 성취할 수 있다고 주장하는 대안으로 자처했다. 그리고 경제적 공포가 점점 더 커지는 가운데 살아가는 모든 사람들에게, 그것은 희생양이 되거나 아니면 어떤 희망의 상징이 되었지만, 어느 경우이든 구체적이고 색다른 무언가를 제공했다.

'근본주의'란 무엇인가, 그리고 어디에?

지난 30여년간 우리는 도처에서 ─ 무슬림들 사이에서만이 아니라 기독교인, 유대인, 힌두교인, 불교도 들 사이에서도 ─ 이른바 근본주의가 대두하는 것을 보아왔다. 의심할 바 없이 서로 다른 종교들은 서로 다른 지리 권역을 터전으로 삼아왔고, 제각기 그 나름의 역사적 뿌리와 국지적 변형들을 갖고 있다. 그러나 그것들이 지난 30~35년 동안 부화시킨 운동들은 몇몇 아주 뚜렷한 유사성을 띤다.

첫번째는 국가구조에 대한 그들의 복잡한 관계다. 한편으로, 이 모든 운동들은 자신들의 정당성이 국가보다 더 중요한 심급으로부터 나온다고 주장한다. 그들은 종교적 권위와 경전의 도덕적 명령이 국가가 제정하거나 명하는 어떤 것보다도 더 우선권을 갖는다고 말한다. 요컨대, (이 운동들이 해석하는 대로의) 신의 법이 그저 인간의 법일 뿐인 국가의 채찍을 파기한다는 것이다.

하지만 이 운동들은 이렇듯 반세속적이고 반국가적인 교의를 주장하면서(그리고 실제로 아주 노골적으로 그런 교의에 따라 행동하면서) 바로 그와 동시에 생각할 수 있는 모든 수단을 동원하여 국가권력을 손에 넣고자 노력했다. 그들은 이것이 국가가 신법을 제정하고 어느정도만큼은 모든 불신자에게 그 법을 국가의 강제력으로 강요할 수 있게 하려는 것이라고 말한다. 그리고 아닌 게 아니라 이 집단들은 이슬람 세계에서만이 아니라 다른 여러 지역에서 최근에 국가권력을 실제로 장악했다. 그래서 우리는 국가에 대한 이 모순된 관점의 결과가 무엇인지를 볼 수 있게 되었다.

이 운동들은 국가에 대하여 또다른 방식으로 어떤 모호한 역할을 한다. 그들은 국가가 주민 대중에게 기본적인 사회적 서비스를 제공해야 하는 의무를 이행하지 못했다고 주장하는 경향이 있다. 많은 경우 이 같은 주장은 대체로 옳다. 부패한 국가권력 당국을 상대로 종교운동들이 생각하는 대로의 그러한 의무를 이행하지 못한 것에 대해 시정을 요구하는 것은 부질없는 짓이라고 생각하면서, 이 다양한 운동들은 그 대체 수단으로 준국가적 기관들을 스스로 설립하는 경향을 보여왔다. 그들은 학교와 진료소를 세운다. 그들은 개인과 가족이 물질적인 것이든 사회적인 것이든 또는 심리적인 것이든 모든 일상적 문제를 해결할 수 있게 돕는 사회복지사 같은 일꾼을 자체적으로 두고 있다. 많은 경우 그들은 형사적인 것이든 민사적인 것이든 간에 도덕 계율을 위반한 사건을 처리하는 준사법 기관을 보유하고 있다. 요컨대, 그들이 보기에 국가가 그 의무를 적절히 수행하지 못해왔기 때문에 그들은 아직 법률상의(*de jure*) 국가는 아니라 해도 사실상의(*de facto*) 국가가 되고자 한다.

이렇게 준국가적 역할을 떠맡는 것은 공식 국가기구에 실망하거나 더욱이 그로부터 무시당해온 사람들 사이에서 엄청난 대중적 지지를 끌어내는 이중의 효과를 낸다. 그리고 물론 이러한 기능을 수행함으로써 그들은 국가구조를 한층 더 약화시키고 실제로 비합법화한다.

이 같은 이른바 근본주의운동들은 반(反)근대적이라고 흔히들 이야기된다. 그러나 이는 전혀 사실이 아니다. 분명, 그들의 이데올로기는 진정으로 전통적인 것으로 주장되고 초창기에 시행되었다고 하는 도덕 계율들을 되살리려는 관점에서 구축되었다. 하지만 실제로 이는 대개 부분적으로만 사실이어서, 이른바 전통적 규범 가운데 어떤 것들은 최근에 고안된 것이다. 또 어떤 것들은 초창기에 그랬던 것보다 더 엄격한 방식으로 강요되었지만, 그 계율들이 현대의 가치관에 비추어 케케묵은 것으로 보일 때(특히 젠더에 관한 계율들의 경우)조차도 실제로 그것들은 현재의 현실에 대응하는 하나의 방식으로 제시되거나 세속적 목적들(이를테면 민족주의의 강화)을 이루고자 하는 의도에 따른 것이다.

우리가 알아차릴 수 있는 것 중 하나는 이 운동들 대부분이 초현대적 기술의 이용에 더없이 능숙하다는 것으로, 이 운동들은 이를 지극히 정당한 일로 여기며 그렇게 함으로써 그들의 중심 근거지에서 이공계 학생들의 지지를 끌어낸다. 이 운동들은 이를테면 (아미쉬* 교파처럼) 여전히 고립된 집단으로 살아가는 18세기 기독교 복음주의운동들과 달리 전근대적 생활방식으로 돌아가려는 낭만적인 태도를 좀처럼 지지하지 않는다. 그들은 현대주의적일 뿐만 아니라 공격적인 선교활동을 펼친다. 그들은 대개 근대성(modernism)에 대한 그들만의 견해를 전세계에, 그리고 특히 그들이 활동하는 국가 안에 사는 모든 사람들에게 강요하려고 한다.

왜 유독 이슬람인가?

이러한 운동들이 세계의 거의 모든 지역에 존재하고 또 그들의 어젠다가 매우 비슷비슷한데, 이슬람에 유독 많은 관심이 쏠리는 것은 왜일까? 정치화된 근본주의 종교운동들 가운데 복음주의 기독교 교회에 기반을 둔 이른바 기독교 우파(Christian Right)를 제외하고 이 정도로 주목받은

• Amish. 16세기 네덜란드의 종교개혁가 메노 시몬스가 세운 재세례파교회에서 갈라져 나온 교파로 주로 북미로 이주한 신도들이 현대문명을 거부하며 외부세계와 단절된 단순 소박한 삶을 지향한다.

운동은 아마 없을 것이다. 이 두 종교운동 집단은 하나의 짝을 이룬다. 예컨대, 스리랑카의 타밀(Tamil) 운동은 세속적이지만 그 추종자들은 주로 힌두교도다. 그들은 불교도에 권력 기반을 둔 정부를 상대로 싸우고 있다. 타밀 타이거(Tamil Tiger)들은 다소간 자살 폭탄테러 전술을 고안한 장본인들이고 여전히 그것을 광범위하게 사용하고 있다. 그러나 거의 모든 사람들은 자살 폭탄테러를 이슬람 및 이슬람주의자들과 결부시키지 세속 힌두교도와 결부시키지는 않는다.

한가지 이유는 명백하다. 정치적 이슬람주의자들은 미국을 세계의 악의 중심세력으로 규정하고 미국을 공개적으로 그리고 직접 공격하는 데 열을 올렸다. 물론 그들은 무슬림도 공격해왔고, 특히 그들이 보기에 이단적이고 미국과 결탁하고 있는 무슬림 정권들과 지배자들을 공격해왔다. 심지어 이런 현상을 에둘러 가리키는 약칭까지 있으니 그것은 바로 9/11이다.

'이슬람주의 테러리스트'로 지칭되는 사람들의 중대하고 지속적인 위협이라는 이미지에 부시(George W. Bush) 정권의 정치적 이해관계도 한몫 거들었다는 것 또한 명백하다. 이것은 그러한 관념을 대중 의식 속에 뿌리내리도록 그 정권이 온갖 노력을 다했던 이유가 무엇인지를 설명해 준다. '테러리즘'은 본래 모호한 개념이며, 그래서 사람들의 바람과 기대를 넘어서 느슨하게 적용되는 경우가 많다. 혼란스러운 지정학 무대에서 이같이 모호하지만 강력한 개념들은 다루기가 쉽지 않고 뿌리를 뽑기는 더더욱 힘들며 억제하기도 대단히 어렵다.

무슬림은 이제 전세계에 어느정도 널리 퍼져 있기에, 그리고 많은 지역에서 무슬림이 억압받는 소수집단에 속하기에, 이슬람 극단주의는 여러 지역의 권력구조들이 차례로 자신들의 억압 정책을 정당화하고 거기에다 미국과 그밖의 범유럽 열강으로부터 정치적 지지를 얻는 데 유용하게 쓸 수 있는 하나의 테마가 되었다. 이렇게 해서 구르는 돌에 꽤 많은 이끼가 끼기 시작한다.

그렇게 되면 오랫동안 묻혀 있던 역사적 갈등의 기억, 즉 십자군과 12세기 기독교도의 팔레스타인 점령에 대한 길고도 성공적인 저항의 기억을 불러내는 일이 일어날 수 있다. 말 그대로 십자군을 부활시키기를 원하는 사람이 아주 많다는 것이 아니라 그러한 기억의 참조가 현재의 감정에 대한 어두운 정당화로 구실한다는 것이다.

실상 여기서 이스라엘이 논의에 끼어든다. 이스라엘인과 유대인의 태도와 동기가 무엇이건 간에, 이스라엘의 존재와 정책이 (아무리 명목적이라 해도) 무슬림인 수많은 사람들과 (아무리 명목적이라 해도) 기독교인인 수많은 사람들 사이에 일어나는 분쟁의 골자라는 것은 분명하다.

역사적으로 기독교인들의 반유대인 감정으로 말미암은 끔찍한 결과들이 아주 최근의 일임을 고려해보면, 정치적인 관점에서 기독교인과 유대인이 드러내놓고 서로 결탁하게 되었다는 것은 이편에서 보든 저편에서 보든 참으로 놀라운 일이다. 그러나 정치는 늘 그렇듯이 묘한 정분을 빚어낸다.

이슬람적 특성을 민족 정체성 형성 및 강화의 한 양식으로 강조하는 것은 무슬림 인구가 주류인 국가들에서 큰 효용이 있다. 운동들 가운데 가장 세속적인 운동의 경우에도 그것은 피하기 힘든 일로 나타난다. 두가지 사례를 들어보겠다. 1955년 프랑스에 있는 알제리 출신 학생들은 알제리 무슬림 학생 총연맹(UGEMA, Union Générale des Etudiants Musulmans Algériens)을 결성했다. 알제리 무슬림 학생 총연맹이 지극히 세속적인 운동인 민족해방전선(FLN, Front de Libération Nationale)에 의해 결성되었다는 사실에도 불구하고, 그리고 프랑스에 있는 알제리 출신 학생들의 압도적인 다수가 세속적이기 짝이 없는데도, 왜 그들은 자신들의 단체 이름에 무슬림이라는 단어를 넣었을까? 답은 아주 간단하다. 그것은 그 이전에 존재했던 알제리 학생 총연맹(UGEA, Union Générale des Etudiants Algériens)과 자신들을 구별하기 위해서인데, 이 단체는 무슬림, 기독교도, 유대교도를 포함했으며, 무엇보다도 알제리의 독립 구상에 반대했다. 이슬람을 들먹임으로써 알제리 무슬림 학생 총연맹은 자신들의 민족주의를 선언하고 있었던 것이다.

두번째 사례를 보기로 하자. 바트(Ba'ath)당은 그 기원상 그리고 실제로 지극히 세속적이며 급진적인 범아랍 운동단체였다. 그 창립자는 실상 기독교인이다. 마침내 그것은 시리아와 이라크에서 권력을 잡게 되었고, 잘 알다시피 사담 후세인(Saddam Hussein)이 바트 당원이었다. 그의 정권은 세속적이었을 뿐만 아니라 이슬람주의 단체들에 대해 지극히 비우호적이었다. 하지만 제1차 걸프 전쟁 이후 사담 후세인은 비록 좀 경미하기는 했지만 얼마간 이슬람적인 색깔을 띠기 시작했다. 그에게 그것은 이라크 민족주의를 강화하고 그의 정책에 대한 국내의 반대를 무마하기 위한 한 방법이었다.

그래서 오늘날과 같은 현실이 존재한다. 물화된 이슬람주의와 (자체의 기독교적 특성을 거의 숨김없이 드러내는) 물화된 범유럽주의 사이에 구성된 문화적 대립의 이름으로 다양한 폭력이 저질러지는 이러한 얼룩진 세계에 우리는 살고 있다. 정치적 갈등이 지속하는 한, 이 같은 관념들은 스스로를 강화하고 스스로 영속한다. 합리적 분석은 대중의 상상력에 대한 그것들의 지배력에 거의 영향을 미치지 못한다. 우리가 물어야 할 것은, 간단히 말해 그것들이 대부분 지푸라기 위에 지어져 있으니 얼마나 오래갈 수 있을 것인가이다. 오늘날 세계에서 진행되고 있는 것은 종교적 가치와 제도에 관한 논쟁을 훨씬 뛰어넘는 것이다.

좌파와 정치적 이슬람주의

세계 좌파는 종교적 '근본주의'의 대두를 어떻게 다뤄야 할지 알지 못했다. 특히 그들은 일부에서 내비치듯이 그것의 등장을 반체제운동의 새로운 변종으로 환영해야 할지, 아니면 그와 정반대로 그것이 좌파운동 및 가치의 주된 적이며 파시즘 비슷한 운동의 새로운 변종으로 간주해야 할지 전혀 확신이 없었다. 대개 여러 좌파운동들은 그에 관한 언급을 피하고 그런 운동들이 대두하는 것의 정치적 결과를 그저 지켜보는 것으로 일관했다.

이렇듯 애매모호한 태도에는 그럴 만한 이유가 있다. 한편으로 세계 좌파는 다소간 맑스처럼 종교는 대중의 아편이라고 생각하는 운동을 계승하고 있다. 물론 종교적 가치를 신봉하는 좌파는 언제나 있었지만, 세계 좌파 진영 안에서 소수파의 처지였고 기껏해야 그밖의 운동들에 의해 용인되는 정도였다. 그래서 종교에 기초를 둔 '근본주의적' 정치운동들을 이 시대의 정치적 좌파 진영이 노골적인 적대는 아니더라도 다소간 의심의 눈초리로 바라보는 것은 당연하다.

다른 한편으로 세계 좌파는 그런 운동들이 자신이 싸우는 것과 똑같은 적들을 상대로 싸우고 있다는 것을 흔히 깨닫게 된다. 세계 좌파와 대부분의 '근본주의'운동들(하지만 특히 이슬람주의운동들)은 미국(일반적으로 그리고 특히 부시 체제의 미국)을 현 세계체제를 지탱하는 주된 구조로, 따라서 대항해야 할 주된 세력으로 간주한다. 오래된 정치적 금언은 나의 적의 적은 나의 친구라는 것이다.

오늘날 세계 좌파의 주요한 만남의 장인 세계사회포럼(WSF)을 들여다보면 몇가지 사항들이 곧바로 눈에 띈다. 종교에 기초한 일부 운동들(예컨대, 브라질의 좌파 기독교운동)이 이 포럼에 참가하고 중요한 역할을 하기도 하지만, 어떤 종류이든 종교적 신념을 지닌 '근본주의'운동은 거기에서 찾아볼 수 없다. 두번째로 주목할 만한 것은 '근본주의' 전반의 문제든 특별히 정치적 이슬람주의의 문제든 토론 의제로 전혀 오르지 않는다는 것이다. 사실상 모든 문제를 논의하는 포럼에서 이에 관한 토론이 없다는 것은 꽤 놀라운 일이다. 심지어 그 포럼의 주요 모임이 무슬림 국가에서 개최된 경우 ─ 2006년 3월 카라치(Karachi) 회의 ─ 에도 이 주제는 토론 의제로 다루어진 바가 없는 것으로 보인다.

물론 세계 좌파에게 종교적 '근본주의'가 유일하게 껄끄러운 쟁점은 아니다. '종족주의'(ethnicist) 또는 '토착주의'(indigenist) 운동들이 지적으로 그리고 정치적으로 떠 맡게 될 역할에 관한 쟁점도 있다. 하지만 '근본주의'운동 들과 달리 '종족주의' 또는 '토착주의' 운동들은 세계사회 포럼에 활발하게 참여할 뿐만 아니라 많은 활동가들이 한 층 더 적극적인 참여를 위해 노력해왔다.

이들에 대해 어떠한 태도를 취할 것인가 하는 논쟁은 확 실히 존재한다. 전통적인 구좌파 등에서는 '종족주의' 또 는 '토착주의' 운동들은 좌파의 분열을 조장하며, 계급 문 제의 중심성을 인정하지 않기 때문에 장기적으로 신뢰할 수 없다고 주장해왔다. 하지만 이 문제는 적어도 토론 주 제가 되었고, 그것도 떠들썩하게 열정적으로 토론이 되었 으며, 그러면서도 20세기 세계에서 기본적인 좌파 전략의 문제로서 이성적으로 토론이 되었다.

사람들은 세계사회포럼에서도 '근본주의'운동들에 대 해 그만한 토론이 있었으리라고 생각했을 것이다. 확실히 그런 운동들은 대부분 정치적으로 우파 쪽에 서 있다. 기 독교, 유대교, 힌두교, 불교에 관련된 주요 운동들의 경우 이는 틀림없는 사실이다. 우파 쪽에 분명하게 서 있지 않 은 그런 운동들의 유일하게 두드러진 예는 바로 이슬람주 의운동이다. 그렇다 해도 이들이 분명하게 좌파 쪽에 서 있는 것은 물론 아니다.

혹시 이 문제를 논의하는 것이 너무 시기상조가 아닐까?

이 이슬람주의운동들이 점점 더 많은 나라에서 국가권력을 맡기 시작했기 때문에, 그들이 세속적인 좌파운동들과 더 직접적인 갈등관계에 놓이게 되지는 않을까? 이런 일은 실제로 이란에서, 그리고 어느정도 수단과 예멘에서 일어났다. 사담 후세인 이후의 이라크에서도 일어나고 있는지 모른다. 알제리에서는 좌파운동이 이슬람주의운동에 대한 비좌파 정부의 강경한 탄압에 대체로 동조하는 경향이 있었다. 어디에서나 세속적 좌파는 대개 무슬림 국가에서 그런 것처럼 한편으론 집권 정부에 대한 불만, 그리고 다른 한편으로 이슬람주의운동이 권력을 잡을 경우 ─ 그들에게 ─ 일어날 일에 대한 두려움 사이에 끼여 있다. 그 결과 그들은 정치적으로 마비 상태다.

앞으로 수십년

종교적 '근본주의'운동들이 그 전성기를 지났으며 자기 나라에서 중심적인 정치세력으로서도 쇠퇴하기 시작했다고 말하기에는 확실히 너무 이르다. 하지만 내가 보기에는 그런 시점이 올 것이고, 어쩌면 우리가 생각하는 것보다 더 일찍 올 가능성도 있다. 예컨대, 미국의 일부 복음주의 기독교인들이 공화당 정치에 대한 자신들의 적극적인 참여를 재고하기 시작하고 정치 무대로부터 거리를 두는 그들의 전통적인 태도로 되돌아갈지를 고려하고 있다는 몇몇 징후가 나타나고 있다. 인도에서 인도인민당(BJP)*이 집권하게 되었을 때 그들은 힌두 '근본주의' 정치에 대한 집념이 그들의 권력 유지에 방해가 된다는 것을 깨닫고 기존의 노선을 뚜렷하게 완화했다.

이란의 대중들은 지난 25년에 걸쳐 정부가 원활히 통제할 수 있도록 풍속의 점진적인 자유화를 허용하게끔 압박해온 듯 보인다. 게다가 이란 정부가 강조하는 주요 현안은 이슬람주의 문제가 아니라 완전한 핵에너지 개발에 대한 이란의 권리 문제다. 이 같은 입장은 이란에서 대단히 인기가 있었으며 확실히 정부의 권력 유지를 강화해왔다. 그런데 핵에너지는 세속적이고 민족주의적인 주제이지 이슬람주의적인 주제가 아니다. 이것은 이데올로기상의 조용한 이동을 뜻하는 것인가? 그리고 이것이 이란 내부에 장기적으로 어떤 영향을 끼칠 것인가?

확실히 우리는 종교에 기반을 둔 운동들이 국가권력을 장악하는 데 성공함에 따라 그들의 '근본주의적' 성격이 약화될 것이라고 예상할 수 있다. 핵에너지 또는 그에 상

---

* Bharatiya Janata Party. 힌두 우파 민족주의를 바탕으로 1980년에 결성된 정당으로 인도국민회의와 함께 인도의 양대 정당을 이루며 1998년부터 2004년까지 집권한 바 있다.

응하는 무엇인가가 샤리아*나 낙태 반대 또는 그에 상응하는 어떤 것들보다 우위를 차지할 것이다. 우리는 구좌파 반체제운동들의 경우 국가권력이라는 목표의 성취가 그들의 전통적 이데올로기 및 정치적 약속에 대한 열정을 어떻게 송두리째 앗아갔는지 살펴보았다. '근본주의'운동들 또한 집권하게 되었을 때 어찌 이와 같은 사태를 피할 수 있겠는가?

진정한 문제는 향후 수십년 동안 이들 운동에서 그 성공의 결과로 어떤 일이 일어날 것인가 하는 것이 아니다. 진정한 문제는 향후 수십년간 세계 좌파에게 그리고 현재 그것의 주요한 화신인 세계사회포럼에 어떤 일이 일어날 것인가 하는 것이다. 세계사회포럼은 단 몇년 만에 꾸준히 성장하여 어느정도 정치적인 성공을 거두고 난 지금 전환점을 맞고 있다.

포럼에 참여한 그룹들이 크게 두 부류로 나뉘어 이들 사이에 오래전부터 긴장이 감돌았고, 그런 긴장은 지금 점점 더 팽팽해지고 있다. 한편으로는 '열린 공간'으로서, 즉 여러 역사적 인터내셔널들의 계층적 구조에 반대되는 '수평적인' 공간으로서 세계사회포럼의 역할을 강조하는 부류가 있다. 또 한편으로는 세계사회포럼이 세계적 차원에서

---

* sharia. 쿠란과 무함마드의 가르침에 주로 근거를 둔 이슬람 율법.

일치된 정치행동의 중심이 되어야 한다고 생각하는 부류가 있다.

이 두 부류 각각의 논리는 명확하다. 수평적으로 열린 공간을 강조하는 것은 매우 다양한 종류의 그리고 매우 다양한 프로젝트를 지닌 그룹들의 광범위한 연합을 선택하는 것이다. 이 그룹들을 하나로 통합하는 유일한 필요조건은 모든 참여자가 한결같이 모든 형태의 신자유주의와 제국주의에 반대한다는 공약이었다. 폭넓은 연합을 도모하기 위하여 세계사회포럼은 어떠한 임원도 두지 않으며 어떠한 결의안도 통과시키지 않는다. 그것은 다양한 활동가 그룹들이 의견을 교환하고 세계사회포럼의 틀 바깥에서 그들의 실천적 협력을 증진할 수 있는 하나의 포럼일 따름이다.

그밖의 다른 사람들에게 세계사회포럼의 수평적 구조는 그것을 지루하고 결국 정치적으로 무의미한 하나의 '대화방' 같은 것으로 축소시키는 요인이다. 그들은 세계사회포럼이 범세계적인 정치적 행동을 조직해야 한다고 말한다. 앞서 말한 부류는 이 같은 방침이 다른 견해를 가진 사람들을 급속히 배제시킬 것이며, 그 결과 세계사회포럼은 이전의 인터내셔널들이 경험한 실패를 답습하게 될 것이라고 답한다.

공개포럼 방식의 장점은 뚜렷하다. 그것은 좌파 성향

의 사람들로 구성된 모든 운동의 매우 광범위한 연합을 이루어내게 할 수 있고, 어쨌든 '중앙에서 왼편에' 있는 입장 — 가장 온건한 입장에서부터 가장 급진적인 입장에 이르기까지 — 을 취한다. 실제로 이러한 관념에 대해 제기할 수 있을 단 하나의 질문은 세계사회포럼이 견지하는 몇 가지 배제 — 정당에 대한 배제, 군사행동에 가담하는 운동에 대한 배제, 그리고 암묵적으로 '근본주의' 종교운동에 대한 배제 — 에 관한 것이다. 나로서는, 세계사회포럼의 최소한의 이데올로기적 시멘트인, 신자유주의 및 모든 형태의 제국주의에 반대하는 입장을 충실히 견지하기만 한다면 이 모든 운동들에도 문호를 개방했으면 한다. 공개포럼 방식은 표결도 임원도 합의된 결의안도 허용하지 않으므로, 이런 그룹들이 포럼에 참여한다고 해도 그들에 의해 어떤 식으로든 '장악'되거나 그럼으로써 세계사회포럼의 성격이 변질될 위험은 거의 없다.

다른 한편으로, 우리가 살고 있는 이 체제적 변혁기에 세계 정치활동은 세계를 변혁하는 필수적인 요인이다. 그런데 세계사회포럼은 공개포럼으로서 이 같은 전투적인 활동에 직접 참여할 목적으로 건설된 것이 아니다. 그래서 나로서는 구체적인 정치적 캠페인에 적극 참여했던 그룹들로 이루어진 다양한 특별 연합체의 창설을 지지하며, 이러한 연합체들은 세계사회포럼의 열린 공간으로부터 성장해나온 자연스러운 결과라고 생각한다. 그것들은 참여한 그룹들 전체에 의해 그 자체로서 지지를 받는 것이 아니라 특정한 정치적 캠페인에 대한 지지를 표명한 운동과 개인들을 대변할 뿐일 것이다.

오로지 열린 공간에서 지적이고 정치적인 토론을 아무런 제한 없이 주고받음으로써 그리고 특별한 목적으로 조직된 다양한 정치활동을 통해서만이, 우리는 '가능한 다른 세계'의 실현 가능성을 세계 좌파에게 가져다줄 연합전선과 유의미한 정치활동의 결합을 이루어내리라 기대할 수 있을 것이다.

그리고 명료함과 정치적 유효성에 이르는 이러한 길을 통해서만이 우리는 종교적 신조들과 열정을 공적인 정치 영역에서 그에 합당한 자리로 되돌려놓을 수 있을 것이며, 더 광범위한 민주주의적 참여와 동시에 더 평등한 세계 정치·경제·사회 구조에 이르는 길로 다시 한번 들어설 수 있을 것이다. 만일 이런 일이 일어난다면, 2050년에 가서 우리는 1970년에서 어쩌면 길어야 2020년에 이르는 기간을 결코 미래의 모습이 아닌 하나의 흥미로운 막간으로 되돌아보게 될 것이다.

〔2008〕

3부

아프리카
사상가들의
시각

9장 /

아프리카는 무엇인가?
: 인식론에 대한 논평

태초에 말씀이 있었고, 그 말씀은 신들과 함께 있었으니 이 말씀이 곧 신들이었다. 많은 족속들이 있었고 제각기 그들의 신들이 있었다. 이는 여전히 사실이다. 예외가 있다면 '서구의' 종교 전통이 이 주제에 관한 중요한 변주곡을 발전시켰다는 것이다. 먼저, 신들의 다양성이 이 전통에서는 단 하나의 신으로 대체되었고, 그와 더불어 그 신은 온 세상의 신이 되어야만 했다. 일신교로 넘어가는 이 첫 국면으로부터 여전히 현존하는 유일한 버전이 바로 유대교다. 유대교는 만인을 위한 유일신이라는 관념을 '선민' 사상과 용케 결합시켰다. 이 결합은 유대 일신교의 보편주의를 제약했으며, 또한 그것의 침투성을 제약했다.

유대인의 일신교는 다른 두가지 버전, 즉 '선민' 사상을 제거한 기독교와 이슬람에 의해 계승되었다. 하지만 이러한 제거의 논리적 근거는 더이상 보편주의적 요구들에 대한 어떠한 제약도 없다는 것이었다. 이는 필연적으로 이 종교들이 선교하는 종교가 되어야 함을 의미했다. 두 종교 모두 선교사업에서 상당한 성공을 거두었지만, 물론 완전한 성공을 거둔 것은 결코 아니었다. 20세기에 아프리카 대륙의 종교적 패턴은 이렇듯 상대적인, 하지만 완전하지는 않은 성공의 좋은 증거다. 알다시피, 자본주의 세계경제의 등장은 본래 세계의 어느 기독교 지역에서 이루어졌고, '세속화' 과정을 수반했다. 이 과정에서 기독교의 보편적 신을 위한 선교는 과학적 진리 및 기술적 진보라는 개념들 속에 구체화한 좀더 세속적인 형태의 보편주의에 의해 어느정도 대체되고, 어느정도는 덮어씌워졌다. 맑스주의는 이 후자의 전통으로부터 나온 것으로, 보편적 진리의 실재에 대한 이 같은 주장의 한가지 주요한 변종이었다.

이렇듯 아프리카 대륙은 본래 그곳에서 숭배되던 신들의 가치를 부정할 뿐만 아니라 기독교, 과학, 민주주의, 맑스주의 등 다양한 외피를 띠었기에 널리 퍼지기도 한 침투적인 이데올로기에 의해서 자본주의 세계경제 안으로 편입되는 과정에 놓이게 되었다. 이러한 경험은 물론 아프리카 대륙만의 것이 아니었으며, 아프리카의 반응 역시 그것만의 유다른 것은 아니었다. 침투적이고 집요하며 새로이 부상한 이 지배적인 이데올로기에 대한 문화적 저항은 어디서나 모호한 형태를 띠었다. 한편으로, 많은 아프리카인들은 이 새로운 보편주의를 받아들였고, 받아들이는 것으로 보였다. 그들은 그것의 비밀을 알고자 했고, 이 신을 길들이려 했으며, 그것의 호의를 얻고자 했다. 다른 한편으로, (흔히 같은 사람들인데) 많은 아프리카인들은 그것에 반발했다. 이는 조금도 놀라운 일이 아니다. 이렇게 모호한 반응을 보이는 것은 오랫동안 아주 흔한 일이었다. 그것은 압력과 억압을 제거할 수 있을 어떠한 반응도 나타낼 수 없는 상황, 말하자면 이럴 수도 저럴 수도 없는 상황이라고 할 수 있다.

지난 100년 동안 아프리카라는 개념이 등장했다. 그것은 유럽의 어휘였으며, 처음으로 정의를 내린 사람도 유럽인들이었다. 그러나 그렇게 정의된 사람들은 정의하는 과정, 즉 본래 연속적인 동시에 언제나 상호적인(즉 결코 일방적이지 않은) 이 과정을 장악하기 위해 또는 더 많은 장악력을 갖기 위해 최근의 여러 해 동안 투쟁해왔다. 예컨대 1958년 가나의 수도 아크라(Accra)에서 열린 제1차 아프리카 독립국가 회의(Conference of Independent African States)의 정치적 결의는 아프리카의 정의에서 '사하라 이북'이 중대하고 그만큼 지속적인 영향을 미쳐왔다는 것을 표명하고 있다.

그럼에도 불구하고, 단일하고 위계적인 세계체제 즉 자본주의 세계경제에 사는 한, 일단의 관념 또는 어떤 사고방식이 보편적인(유럽적인) 것인지 아니면 아프리카적인 것인지 하는 질문을 던지는 것은 우리를 그 체제 자체가 빚어낸 딜레마로 되돌아가게 할 따름이다. 만일 이 딜레마에서 빠져나오려고 한다면, 우리는 체제의 한계를 넘어서는 그 체제 자체의 모순들을 이용해야만 한다.

우리는 장 주네*가 『니그로』(*Les nègres*, 1960)에서 던진 고전적 질문에서부터 시작해야 한다. "그런데 검다는 것은 도대체 무엇인가? 그리고 먼저 그것은 무슨 색깔인가?" 여기서 주네가 우리에게 일깨우려고 한 바는 보편적인 것에 대한 정의가 하나의 특수한 체제 — 근대 세계체제 — 의 특수한 정의라는 것, 그리고 그 체제 내에서 특수한 것에 대한 정의는 특수한 성격을 띠는 것이 아니라 그 체제의 보편적 특질이라는 것이다. 그 체제가 꽤 온전하게 작동하는 한, 보편성과 특수성의 관계에 대한 논쟁은 공허하고 해결 불가능할 뿐만 아니라 그 논쟁 과정 자체가 그 체제에 내재하는 문화적 계층구조 및 억압구조를 강화하는 경향이 있다.

• Jean Genet, 1910~86. 프랑스의 소설가·극작가·시인. 방랑과 절도 등 젊은 시절의 경험을 소재로 한 자전적 소설 『도둑 일기』 등의 작품이 있다.

관념체계의 차원에서 그리고 사회운동 차원에서 우리가 진정한 선택안들을 갖게 되고 그래서 진정한 논쟁의 가능성이 열리는 것은 그 체제 자체가 체제적 위기로 들어갈 때뿐이다. 그런데 우리는 지금 그러한 체제적 위기 속에 있다. 또한 그러한 논쟁 속에 있다. 하지만 그 논쟁이 무엇에 관한 것인지 분명히 하는 것이 좋겠다. 그것은 아프리카 연구에서나 그밖의 다른 어떤 것에 대한 연구에서 서구적 관념 또는 개념 체계나 세계관을 대체하고 보완하거나 논박할 수 있을 '특별히 아프리카적인' 관념 또는 개념 체계나 세계관이 있는가, 있어왔거나 아니면 있을 수 있는가 하는 문제에 관한 논쟁이 아니다. 그런 식으로 문제를 던지는 것은 우리를 다시 딜레마로 몰고 가서 지금 위기에 놓인 억압적 체제의 규칙에 따라서 게임을 하도록 만들 뿐이다.

오히려 논쟁은 다음과 같은 두가지 문제에 관한 것이다. 과학이란 무엇인가, 그리고 과학적 지식이란 무엇인가? 아프리카에서가 아니라 모든 곳에서. 그것은 아프리카에 적용되는 만큼 북아메리카나 서유럽에도 적용되는 질문이다. 두번째 질문은 우리가 어떠한 체제적 선택안들을 갖고 있는가 하는 것이다. 근대 세계체제가 위기에 처해 있다면 우리에게 어떠한 대안들이 있는가? '진보'가 필연적인 것이라면, 이런 질문은 의미가 없을 것이다. 하지만 그와 달리 체제적 이행이 여러 방향으로 나아갈 수 있음을 우리가 인정한다면, 그때 그리고 오로지 그럴 때에만 다음과 같은 인식론상의 질문이 세기될 수 있을 것이다. 즉 우리는 어떻게 선택안들의 범위를 알 수 있는가? 또한 어떠한 종류의 과학적 노력이 이런 또는 저런 선택안을 더 촉진시킬 것인가?

아프리카인들의 기여(아프리카의 기여라고 해도 괜찮을지는 잘 모르겠다)는 그들이 기존 관념체계의 압박과 제약을 유럽인들보다 덜 받고 있다는 것이며, 그러므로 거기에서 등장하는 운동들 — 더 넓은 정치적 장에서 그리고 학문의 장에서 등장하는 운동들 — 은 바라건대 이러한 상황을 반영할 것이라는 점이다. 그 결과 선택안들에 대한 좀더 논리정연한 통찰들이 거기에서 나타날 수도 있을 것이다. 하지만 그런 통찰들은 그들이 보편주의(universalism) 대 특수주의(particularism)라는 오래된 궁지에 놓이지 않을 때에만 비로소 나타날 것이다.

〔1988〕

10장 /

아프리카 연구
: 아프리카 학자들의 진화하는 역할

　이 글은 본래 아프리카의 변화를 다루는 주요 패러다임들에 관한 패널을 위해 준비한 것이다. 하지만 나는 이른바 패러다임의 진화보다는 아프리카의 변화에 관한 전문 연구자 역할의 진화에 대해 논의했으면 한다. 이 두 주제는 서로 떼어놓을 수 없는 것이며, 나 역시 그럴 생각이 없다. 그러나 이론화에 대한 논의에서 이론가들을 등한히 하는 일은 다반사이며, 그런 탓에 현재 일어나고 있는 일 그리고 과거에 일어나고 있었던 일에 대해 오해에 빠지기 십상이다.

　주지하다시피, 1950년 무렵 이전에 아프리카 연구는 거의 대부분 인류학(anthropology)의 영역에 국한되었다. 사실 일부 예외들도 있다. 남아프리카의 경우, 다수의 백인

인구가 존재하고 세계경제에 상대적으로 비중 있게 참여한다는 점으로 말미암아 그 나라는 일부 경제학자들에게도 연구 대상이 되었다. 그리고 북아프리카의 경우에는 '이슬람학'(Islamics)으로 부를 수 있을 것이 또한 일정한 역할을 했다.

그럼에도 불구하고 인류학이 무대를 지배했다. 아프리카 연구가 이렇게 제한되었다는 사실은 19세기 말에 이루어진 지적 노력의 분할에서 영향받은 것으로, 그것의 한가지 특징은 세계를 세개의 지리적 영역으로 분할하는 것이었다. 먼저 근대 유럽 및 유럽인 정착 국가들은 경제학자, 역사학자, 정치학자, 사회학자의 연구 대상이었고, 오래된 문자 문화와 더 나아가 소위 '세계 종교'를 지닌 비서구 지역들은 이른바 오리엔탈리스트(Orientalists, 동양학 학자)의 연구 대상이 되었으며, 뒤떨어진 민족들은 인류학자의 연구 대상이 되었다.

게다가 지금 우리가 말하고 있는 인류학은 양차 세계대전 사이에 진지한 연구 분야로 등장한 것으로 그 성향 면에서 대단히 반(反)역사적인 학문이었다. 그것은 두가지 개념을 중심으로 했다. 하나는 으레 하나의 '부족'(tribe)으로 지칭되는 어떤 실체의 사회적 행위에 일정한 원초적인 패턴이 존재한다는 것으로, 이러한 부족은 내적으로 불변하다고 간주되며 변화를 초래한 (외부 문명세계와의) '접촉 이후'(post-contact) 상황에서 그것의 전개 과정은 세밀한 현장 연구를 통해 포착되어야만 했다. 일단 포착되면 그러한 과정은 유명한 '민족지학적 현재'(ethnographic present)로 기술되었다. 두번째 개념은 바로 '문화적 접촉' 또는 '문화접변'(acculturation)이다. 어느 시점에서 변화가 없던 전통적 실체는 어떤 외부세력과 '접촉'하게 되었으며, 그 결과 '문화'에서 변화가 일어나게 되었다는 것이다. 이 변화들 또한 동시대의 관찰을 통해 연구될 수 있었다. 이는 '사라지는 문화'를 포착하는 것보다 더 '응용된' 연구로 간주되었다.

이 두가지 개념 뒤에는 꽤 강력한 이데올로기적 편견 하나가 터를 잡고 있었으니, 그것은 이 '부족들'의 '문화'는 **비록 그것들이 서구 문화가 아님에도 불구하고** 정당한 연구 대상이 된다는 것이었다. 이 견해에 대해서는 서로 다른 두가지 설명이 있다. 하나는 진화라는 전제에 근거를 둔다. 모든 민족들이 동일한 (또는 적어도 비슷한) 단계를 통과하므로, 부족 문화들도 하나의 연속선상의 어느 지점에 위치해 있을 뿐이었다. 그것들은 유럽 문화들보다 확실히 더 뒤처져 있었지만 바로 그 점 때문에 흥미를 끌었다. 또 하나 다른 설명은 문화적 상대주의에 입각한 설명이었다. 모든 문화는 인간의 기본적인 환경 적응 문제에 대한 똑같이 가치 있는 해법을 나타내는 것이므로, 이상하게 보이는 것이라도 일단 인류학자가 그 암호를 풀어서 서구의 용어로 옮기기만 하면 그렇게 이상하게 보이지 않을 것이었다.

그렇다면 이 인류학자들은 누구인가? 그들은 거의 대부분 대학 출신의 학자이거나 아니면 식민지 행정가이거나 (학구적인 취향을 지닌) 선교사였다. 대체로 그들은 모두 한결같은 기본적 방식으로 현장 연구를 수행했다. 그들은 한동안 일정한 현지에서 살았고, 다소간 그 지역 언어를 배웠으며, 원주민 도우미들을 정보원, 중개인이자 동반자로 삼았다.

이 인류학자들은 모두 유럽인이었고, 그중에도 거의 다 지배적인 식민열강 출신이었다. 사실 그들이 수행하는 연구의 전제 조건은 이 '부족들'이 식민 당국의 지배 아래 있는 지역 안에 거주한다는 것이었다. 그러나 이런 전제 조건은 또한 중대한 제약 요인이기도 했다. 인류학자들은 연구를 수행하기 위해 식민 당국의 허가를 받아야 했다. 물론 그들이 연구를 하려면 그 '부족'의 허가도 받아야 했다. 전자의 허가는 불가결하고 형식적인 것이었다. 후자의 허가는 '친밀한 관계'를 맺으려는 노력의 완성으로서 그러한 허가가 '성공적인' 연구를 위해 필요하다는 의미에서 필요할 뿐이었다.

일단 그러한 관계가 이루어지고 난 뒤, 다른 인류학자들이 같은 영역에 들어와 연구하는 것은 무단 침입으로 간주되는 것이 상례였다. 인류학자들은 제각기 자신의 '부족'을 가지게 되었고 결국 그렇게 고루 돌아갈 만큼 충분히 많은 부족들이 있었다.

일단 완료된 연구는 논문이나 보고서의 형태로 결과물이 나왔다. 그 청중이나 독자는 서구 세계의 (그러나 무엇보다도 특정한 식민 본국의) 다른 인류학자들과 식민지 행정에 관련된 모든 고위층 인사들이었다. 그런 연구는 행정가들에게 매우 실용적인 경험 지식을 전해주었고, 학자들에게는 민족지학적 변이의 증거를 추가해주었으며, 아주 가끔씩 이론적 명제들에 대한 통찰력을 제공해주었다.

정치적인 관점에서 이 시대의 인류학자들은 근본적으로 세속적인 선교사였으며, 부족과 식민성(植民省) (더하기 식민 본국의 여론) 사이의 자유주의적 매개자였다. 인류학자들은 (1) '후진적'이라는 것이 꼭 '원시적'이거나 '비합리적'임을 의미하지는 않는다는 것을 입증하는 것과 (2) '접촉'의 부정적인 사회적 결과는 최소화하고 긍정적인 결과는 최대화하는 데 관심을 두었다.

인류학자들은 그들 자신을 두 문화에 모두 낯선 '이방인'으로 생각했다. 아프리카 '부족'에게 그들은 '참여 관찰자'로 활동하는, 따라서 객관적 시선과 주관적 감정 이입을 아우르며 공감하는 '이방인'으로 다가갔다. (공교롭게도 이는 그 시대의 역사가들이 이중의 현실적 제약에 대한 선택 ─ 주관적 감정 이입을 불러일으킨다고 느끼는 특정한 시공간에 대한 연구를 평생의 전공으로 삼으면서 동시에 객관적 시각을 보장해준다고 느낄 만큼 먼 시대의 그 지역을 연구하는 그런 선택 ─ 을 정당화할 때와 다를 바 없는 태도였다). 하지만 인류학자는 또한 스스로 식민 본국의 문화에도 낯선 이방인으로 생각했다. 실제로 인류학을 직업으로 선택하는 것의 심리적 근원이 알다시피 그 자신의 문화에 대한 일말의 소외감인 경우가 흔히 있었다. 인류학자들은 자신이 '종족 중심주의'(ethnocentrism)에서 벗어나 있다는 점에서 그와 같은 식민 본국 사람들과 다르다고(이를테면 선교사들이 스스로 '물질주의'나 '세속주의'에서 벗어나 있다는 점에서 속인들과 다르다고 느끼는 것과 마찬가지로) 생각했다. 이 같은 태도에는 자기만족의 측면이 확실히 있었다.

1950년 무렵에 시작된 변화들은 아프리카 학자들의 행위에 말미암은 것이 아니었다. 그것은 정치운동의 형태를 띤 아프리카 민족주의의 등장에 따른 결과였다. 민족주의운동은 그것이 존재한다는 사실 자체로 암묵적으로 그리고 명시적으로 아프리카 학자들의 기존 연구에 깔려 있던 두가지 기본 전제에 도전했다.

첫째, 민족주의운동들은 정당성과 연구의 측면에서 사회적·정치적 행동의 일차적인 장이 '부족'이 아니라 식민

국가/추정상의 민족이며 그래야 마땅하다고 주장했다. 실제로, 그 운동들은 더 멀리 나아갔다. 그들은 '부족' 및 '부족주의'에 대한 강조가 식민 지배를 유지하려는 식민 당국의 아주 중요한 책략이라고 보았고, 그래서 '부족' 연구를 공식적으로 비판했다.

둘째, 민족주의운동들은 유럽인과 아프리카인 사이의 관계가 '문화 접촉'의 관계가 전혀 아니라 오히려 '식민지 상황'의 관계였다고 주장했다. 문화 접촉은 이로울 수도 해로울 수도 있으며, 앞에서 언급했듯이 인류학자들은 그것이 해롭기보다는 이롭다는 것을 확신시키는 데 정치적으로 전념했다. 그러나 식민지 상황은 해로울 뿐이었다. 식민지 상황에서 선을 이루기 위해 할 수 있을 단 한가지 일은 그것을 끝장내는 것이다. 문화 접촉이 해롭기보다 이로울 것임을 보증하는 주요한 세력은 '자유주의적 매개자'였다. 식민지 상황이 끝장날 것임을 보증하는 주요한 세력은 아프리카 민족주의운동이어야만 했다. 그래서 정치적으로 민족주의운동들은 '유럽의 주도' 대신 '아프리카의 주도'를 옹호했다.

양차대전 사이에 번창했던 종류의 인류학 학자들은 그들 연구 주제의 정당성을 잃고 말았다. 어떤 학자들은 과감한 결론을 끌어냈다. 인류학자로 훈련받은 조르주 발랑디에*는 '식민지 상황'(colonial situation)이라는 용어를 고안했고, 소르본 대학의 사회학 교수가 되었다.

  탈식민화하는 세계에서 아프리카 연구는 철저하게 재정의되었다. 아프리카의 탈식민 신생 독립국가들은 이제 정치학·경제학·사회학 학자들의 정상적 연구 영역으로 간주될 수 있을 정도로 서구와 충분히 유사한 정치적·경제적·사회적 과정을 나타내는 것으로 보였다. 아프리카 문화는 더이상 이국풍으로 보이지 않고 문학·미술·영화·음악 전공자들의 정상적인 연구 영역으로 보일 수 있었다. 요컨대, 갑자기 그리고 급속하게 모두가 제각기 뛰어들었다.

  이와 더불어 아프리카 연구자들의 사회적 구성에서 급격한 변화가 나타났다. 예전에는 거의 유럽 식민열강 출신의 연구자 일색이었던 한 분야가 이제 두개의 큰 집단으로 새로이 재편되었다. 미국에서 아프리카 연구자는 1945년 이전까지 사실상 한 사람 — 멜빌 허스코비츠[**] — 뿐이었지만, 이제 대륙의 구석구석까지 파고들기 시작했다. 이들 가운데는 미국 흑인(Black American) 학자들로 이루어진 중요한 연구자 집단이 있었다. 아프리카학회(ASA, African Studies Association)가 1957년 당시 35명 내외의 창립 회원

• Georges Balandier, 1920~2016. 사하라 이남 아프리카를 연구한 인류학자·사회학자.
•• Melville Herskovits, 1895~1963. 미국의 인류학자로 미국 학계에 아프리카학 및 아프리카계 아메리카 문화 연구를 확립하는 데 기여했다.

으로 시작하여 1982년의 대회로 성장한 것이 이러한 현상을 입증한다. 이 같은 현상은 우연하거나 예기치 못한 일이 아니었다. 그것은 대규모 사설 재단들과 미국 정부에 의해 권장, 육성되고 재정 지원을 받았다. 이는 2차대전 이후 세계의 새로운 헤게모니 세력으로서 미국이 취한 강력한 정치적 이해관계의 필연적인 결과였다.

아프리카 연구자로 이뤄진 또 하나의 새로운 대규모 집단은 바로 아프리카인 학자 집단이다. 1945년 이전까지 이런 학자는 사실상 단 한 사람 — 조모 케냐타* — 뿐이었고, 그 당시에는 이것이 대단히 기이하게 보였다. 이제 대학 교육을 받은 많은 아프리카인 학자들이 등장했다. 이들은 처음에는 서구 대학에서 그리고 나중에는 아프리카 자체의 대학에서 배출되었는데, 실은 아프리카를 연구하는 아프리카인 학자들의 성장과 더불어 아프리카 대학들이 성장한 것이었다. 이 아프리카 출신 연구자들의 등장은 민족주의운동과 직접 연관되어 있는데, 그 이유는 이들 학자들이 정치적인 활동가여서가 아니라 그러한 운동들의 존재 자체가 아프리카인 아프리카 학자들을 뒷받침하는 교육구조를 위한 사회적 여건을 조성했기 때문이다.

---

* Jomo Kenyatta, 1897~1978. 케냐의 국부. 독립운동과 범아프리카주의 운동을 이끌었고 1963년 초대 총리·대통령이 되었다. 런던 대학에서 인류학을 전공하여 자기 종족인 키쿠유족의 문화를 연구하기도 했다.

이 시기에 ─ 소련에서, 유럽의 비식민 국가들에서, 캐나다와 오스트레일리아, 인도와 일본, 그리고 브라질에서 ─ 아프리카 연구에 뛰어든 다른 이들도 물론 있었다. 요컨대, 모두가 제각기 연구 집단에 참여했다는 것은 아프리카 연구가 대학에서 인정된 학문의 범위만이 아니라 세계 학계의 지리적 범위에 두루 걸치게 되었음을 의미한다.

새로운 집단적 연구의 기본 전제들은 선행 학문에 대한 변증법적 응답 속에서 이전의 전제들을 뒤엎은 것이었다. 국가/민족이 이제 사회적 행동의 현장이었고, 아프리카의 주도력은 분석에 역동적 초점을 제공했다. 민족주의운동, (식민지 이전과 이후의) 국가 건설, 이른바 일차적 저항, 네그리뛰드* 같은 현상이 당분간 많은 연구의 중점이 되었다.

아프리카 연구에 종사하는 인원의 이 같은 대규모 사회적 재편에도 불구하고, 1950~70년에 그들의 기본적인 정치적 입장은 예상 밖으로 1950년 이전 인류학자들의 입장과 그리 다르지 않았다. 앞서 언급했듯이 1950년 이전 인류학자들은 '자유주의적 매개자' 및 '세속적 선교사'라고 해도 괜찮을 정도였다. 여러 면에서 1950~70년의 기간에 아프리카 학자들 역시 계속 이 같은 역할을 했다.

• Négritude. 1930년대 에메 세제르, 셍고르 등 프랑스어권 지식인들을 중심으로 흑인 정체성 또는 아프리카의 문화적 주체성을 고양하고자 한 문화운동.

1950년 이전에 아프리카 연구자들은 그들의 부족과 식민 행정가 사이를 매개했다. 1950~70년에 등장한 새로운 성향의 아프리카 학자들은 (무엇보다도 민족주의운동으로 대표되는) 현대 아프리카와 서구 세계 전반을 매개했다. 그러나 이 매개 역할은 이제 '전통적인 아프리카의 관습과 가치관'을 해석하는 형태가 아니라 '현대적인 아프리카의 행동양식'을 해석하는 형태를 띠게 되었다. 아프리카 연구자들은 그러한 행동양식을 무엇보다도 먼저 모든 수준의 서구 정책입안자들에게 설명하고자 했는데, 이는 현대 아프리카 지도자들이 취하는 입장에 대한 이들의 '공감'을 이끌어내기 위해서였다. 또한 그들은 아프리카의 행동양식을 주로 서구에 관심을 둔 대다수 학자들에게 설명하고자 했는데, 이는 아프리카 상황의 몇몇 특수성을 고려하여 그들의 일반론을 재정립하도록 하기 위해서였다.

아프리카 연구자들은 해석을 매개하는 이 같은 역할을 수행하면서 자신들이 그것을 통해 '종족 중심주의'를 극복하고 있다는 사실에 대해 일말의 자부심을 갖고 있었다. 미국의 학자들은 이 같은 '자유주의적 매개' 역할을 사실상 그들과 똑같은 역할을 했던 유럽이나 소련의 동료 학자들보다 훨씬 더 열심히, 심지어 아프리카 출신의 아프리카 학자들 못지않게 열심히 떠맡았다.

하지만 아프리카 연구자들이 줄곧 '자유주의적 매개자'

역할을 했다면, 그들은 '세속적 선교사' 역할 또한 계속하지 않았을까? 물론 그렇다. 해석자로서의 정치적 과업에 참여한 바로 같은 아프리카 연구자들은 방향을 돌려서 스스로 아프리카의 제도들에 대한 고문이자 조언자 역할을 공공연히 그리고 은밀하게, 명시적으로 그리고 암암리에, 요청을 받고 또는 자청하여 떠맡았다. 게다가 그들은 계몽사상에 의해 선포되고 과학과 학문을 통해 전수된 대로의 합리성과 진보를 전파하는 본연의 과업에 매진하면서 최선의 양심으로 이 같은 역할을 수행했다.

그래서 미국 아프리카학회의 1969년 대회는 무엇보다도 먼저 미국에서, 하지만 꼭 미국만이 아니라 다른 여러 곳에서 아프리카 연구자들에게 하나의 지진처럼 다가왔다. 이 대회는 1968년부터 세계 도처에서 일어나고 있던 학생·노동자 반란에 뒤이어 개최되었다. 미국에서 이 정치적 소요사태의 주요한 요소는 블랙파워 운동●의 표출이었다. 대회는 몬트리올에서 열렸는데, 이는 특별히 미국인이 아닌 학자들이 대거 참가했음을 뜻했다. 우선, 아프리카

● Black Power movement. 민권운동의 미온적 성과와 비폭력 투쟁에 대한 불만, 맬컴 엑스 같은 급진 사상가의 영향으로 1960, 70년대 미국에서 번진 과격한 흑인해방운동. 흑인의 인종적·문화적 자부심, 경제적·정치적 권력 등을 주장했으며, 자기방어와 해방을 위한 폭력의 사용을 정당화했다.

학회는 캐나다 자매단체와 공동으로 대회를 개최했다. 둘째로, 이러한 공동 개최가 처음이었고 또 개최지가 (미국과 마찬가지로 정치적 소요를 겪고 있던) 퀘벡 지역인 까닭에, 캐나다 사람들은 유럽과 아프리카 출신 — 영어권과 프랑스어권의 학문 네트워크 — 의 많은 학자들을 초청하기 위해 자금을 조성했다.

개회식을 위해 모였을 때 일단의 미국 흑인 아프리카 연구자들이 단상을 점거하고 몇가지 요구사항을 제시했다. 그 요구들은 난데없이 나온 것이 아니었다. 그것들은 그 직전 2년여 동안 쌓인 불만의 표시였는데, 그중에는 아프리카 문화유산 학회(AHSA, African Heritage Studies Association)로 알려진 미국 흑인의 아프리카 연구단체의 설립이 들어 있었다. 몬트리올 대회의 정치 역학은 복잡다단했지만 여기서 자세히 논의할 문제는 아니다. 중요한 것은 요구되었던 사안들의 성격을 파악하는 것이다.

불만은 크게 두가지였는데, 두가지 모두 아프리카 연구자들의 사회적 역할에 관련되어 있었다. 하나는 미국에서 아프리카학이 주요 대학들에 포진한 백인 기성학자들의 연구 분야 지배를 보호하는 제도적 인종차별주의의 토대 위에 구축되었다는 불만이었다. 예컨대, 아프리카학회의 지도부에서 활동하는 흑인이나 재정지원 기관으로부터 주요한 연구비를 받는 흑인 학자가 사실상 없었다는 불만이 있었다. 갖가지 해결책이 제안되었다. 이를테면, 아프리카 학회의 회원 자격을 아프리카에 관심이 있는 대학 외부의 개인들에게 개방한다든가, 학회의 집행위원회를 인종적으로 균등하게 구성한다든가 하는 안들이었다.

두번째 불만은 내가 '자유주의적 매개자'의 태도라고 불러온 것과 관련이 있다. 그런 태도는 어떤 경우에는 위선을 나타내고, 또 어떤 경우에는 아무런 효과도 없다고 비난받았다. 이 시기는 미국 아프리카 문화 협회(AMSAC, American Society of African Culture)나 아프리카-아메리카 연구소(AAI, African-American Institute) 같은 아프리카 연구와 관련된 단체들을 포함하여 비정부 조직들에 대한 미국 중앙정보국(CIA)의 은밀한 개입이 폭로된 때였다. 이 시기는 또한 공공연한 정치적 논쟁에 대한 학문적 불간섭이라는 관념에 대해 널리 의문이 제기되던 때였다. 많은 해결책이 제안되었다. 이를테면, CIA는 물론이고 그밖의 모든 미국 정부기관(국무부, 국제개발처AID, 미국 해외공보처USIA 등)에 아프리카 연구자들이 관여하는 것의 정당성을 공식적으로 부정한다든가, 아프리카 내의 해방운동과 진보 정권에 대해 정치적 지지를 공개 표명한다든가 하는 안들이었다.

아프리카를 연구하는 학계는 대립으로 심각하게 분열되고 감정적으로 뒤틀리게 되었다. 한가지 직접적인 결과로 상당수(아마도 대부분의) 미국 흑인 학자들이 아프리카학회(ASA)에서 탈퇴했고, 아프리카 문화유산 학회(AHSA)는 미국에 근거를 둔 아프리카 학자들의 부수적인 조직에서 경쟁적인 조직으로 탈바꿈했다.

그다음 5년 동안 조직 간의 갈등은 진정되었지만, 균열은 결코 완전히 치유되지 않았다. 마침내 아프리카학회는 몇가지 조직상의 변화, 이를테면 회원 자격 범주를 다소 민주화하고, 흑인들을 지도부에 선출하며, 아프리카 관련 정치 쟁점들에 대한 정기적인 공개 표명을 위하여 현안 위원회(Committee on Current Issues)를 창설하고, 정치적 사안들에 대한 결의안을 채택하는 등의 변화를 통하여 위기에 대응했다. 1973년 아프리카학회는 아프리카 문화유산 학회와 동등한 자격으로 아프리카 연구자 국제회의(International Congress of Africanists)에 공동 대표단을 구성하는 데 합의하고 이 국제기구 집행위원회의 미국 측 단일 후보인 존 헨리크 클라크*를 지지하는 데 동의했다.

1962년 설립된 아프리카 연구자 국제회의는 1973년에 들어서면서 상당히 중요한 상징적 변화를 꾀했다. 그 이름을 바꾼 것이다. 심사숙고 후에 구성원들은 '아프리카 연

• John Henrik Clarke, 1915~98. 아프리카계 미국인 역사가로 1968년 아프리카 문화유산 학회를 창립하는 등 아프리카학 분야의 선구자다.

구자'(Africanist)라는 명칭이 외부인이 들여다보는 것을 연상시킨다는 이유로 차후로 조직 명칭을 아프리카 연구 국제회의(International Congress of African Studies)로 바꾸기로 결정했다.

이렇게 해서 1970년대에 아프리카 연구자의 '자유주의적 매개자'로서의 사회적 역할은 약해지기 시작했고, 그에 따라서 그 분야에서 손을 떼는 학자들이 많이 나타났다. 내가 보기에는 이것이 아프리카 연구에 대한 학문적 관심이 쇠퇴하게 된, 물론 유일한 이유는 아니겠지만 그래도 하나의 이유가 아닐까 싶다.

한편, 아프리카 연구라는 분야 밖의 여러 다른 전선에서도 많은 일이 일어나고 있었다. 발전주의 이데올로기 ─ 자유주의와 맑스주의 양쪽에서 모두 나타나는 ─ 의 위기는 근대 사회과학의 인식론적·역사학적 기초를 다시 생각해보도록 이끌었다. 여기서 이 주제를 검토할 수는 없으나 그런 일이 일어났다는 사실은 우리의 논의에 매우 중요한 의미를 갖는다.

아프리카에서 하나의 정치적 장으로서 1965년부터 긴 잠에 들어간 '아프리카 해방운동의 소강 국면'은 1974년에 극적으로 반전되었다. 이때는 아프리카 민족주의운동들이 민족해방운동으로 이미 대체되어 있었고, 이는 단순한 의미론상의 이동에 불과한 것이 아니었다. 아프리카 맑스주의들(여기서 복수로 쓴 것은 의도적인 표현이다)이 처음으로 하나의 주 요인으로 무대에 ─ 정치 무대에 그리고 지적 무대에 ─ 등장했다. 이와 더불어 아프리카 연구의 중심지가 삼위일체의 미국-영국-프랑스에서 아프리카 대륙으로 이동하고 있었다.

나는 여기서 아주 큰 붓으로 그림을 그렸다. 그래도 나는 그것이 비록 완전하지는 않더라도 정확하다고 생각한다. 현재에 대해 그것은 어떠한 밀접한 관련을 갖고 있는가? 지금 우리는 이 같은 변화의 와중에 있다. 그것들이 어디까지 갈지는 결코 확실하지 않다. 1990년대 아프리카 학계의 사회적 구성, 이데올로기적 전제들, 그리고 무엇보다도 아프리카 연구자의 사회적 역할은 세계체제 전체(세계의 학계를 포함하여)의 변형들과 아프리카 대륙에서의 정치적 투쟁들의 합류에 의해 결정될 것이다.

1969년의 분열은 최신의 그리고 더 급진화한 형태 ─ 인종보다는 계급을 외피로 하는 형태 ─ 로 재등장할 수 있으며 아마도 그렇게 재등장할 것이다. 확실한 것은 우리가 이용할 수 있고 기꺼이 이용하려고 하는 분석 틀의 관점에서 그리고 우리가 지지할 수 있고 기꺼이 지지하는 가치관의 관점에서 우리가 새로운 근본적인 선택을 하도록 요구받고 있다는 것이다. 그런 의미에서 우리는 이국풍(exotica)에 대한 분석을 합리화한 아프리카 연구의 시초로부터 아주 멀리 와 있다. 아프리카 연구는 이제 여느 세부 분야(subfield)와 마찬가지로 세계 학문에서 중심적이다. 정말로, 문제는 우리가 아프리카 연구라고 부를 수 있는 세부 분야가 오늘날 어떠한 중요한 의미에서 존재하고 있는가 하는 것이다.

〔1986〕

11장

배즐 데이빗슨의 아프리카 오디세이

젊은 시절 내가 아프리카를 발견하고자 애쓰고 있었을 때, 배즐 데이빗슨[*]은 『아프리카의 잃어버린 도시들』(*The Lost Cities of Africa*)이라는 제목의 책을 썼다. 서문의 제목 은 '아프리카의 재발견'(The Rediscovery of Africa)으로 책 전체의 요점이 바로 여기에 있다. 그것은 오늘날에는 아주 진부하게 보일지 모르지만 1959년 당시에는 진부하기는커 녕 오히려 논쟁을 불러일으킨 유익하고 근본적인 요점이 었다. 그리고 그 속에 흔히 하는 말처럼 한편의 이야기가

---

[*] Basil Davidson, 1914~2010. 영국의 역사가·작가. 빠리 주재 언론사 특 파원을 거쳐 2차대전 중에는 영국 비밀정보부, 특수작전부대의 요원으 로 활약했다. 전후에 특히 뽀르뚜갈령 아프리카에 대한 연구에 몰두하여 아프리카 식민지의 상황과 민족해방운동에 관한 여러 책을 저술했다.

있다.

배즐 데이빗슨이 아프리카를 처음 발견하고 재발견하게 되었다는 것이 어떤 이야기인지 나는 아주 분명하게 밝힌 적이 없다. 2차대전 당시 그는 남동부 및 남부 유럽의 저항운동 조직, 특히 유고슬라비아와 이딸리아의 빠르띠잔들과 함께 공작하느라 여념이 없었다. 그는 영국의 연락 담당 장교로 복무했고, 나찌 타도라는 공동의 목표를 위한 자신의 임무를 추진하는 데 유용한 유일한 방법은 자신이 영국군과의 빠르띠잔 연락 장교로 역할 바꿈을 하는 것임을 곧 깨달았다. 이는 그가 아프리카로 가져간 교훈이었다.

물론 그는 지적인 동시에 열정적인 사람으로, 더 적은 게 아니라 더 많은 그리고 나중이 아니라 지금 당장의 자유와 평등을 향해 그의 심장이 왼쪽에 있다는 것을 굳이 감추려들지 않았다. 이 같은 신념의 소유자로서 전후 아프리카의 투쟁에 마음을 빼앗긴 유럽인이 그뿐만은 아니었다. 하지만 그는 대부분의 이러한 사람들과는 다른 길을 걸었다. 많은 이들이 아프리카인들의 운명에 대한 그들 자신의 통제권을 요구하는 운동에 동참하여 활동하는 조언자로서 다가갔다. 이들은 확실히 도우미 역할을 했지만, 그들이 조력하던 운동들 자체의 성격으로 말미암아 그러한 역할은 기껏해야 임시적이고 불안정할 수밖에 없었다. 그리고 실제로 그것은 임기응변식으로 존재한 것으로 나타났다.

한편 어떤 이들은 조언자로서가 아니라 작금의 발전에 대한 연구자로서 다가갔다. 이 역시 매우 중요했고 여전히 그러하지만 그 나름의 위험이 있었는데, 왜냐하면 유럽인 학자가 아프리카의 현재를 연구할 때는 유럽의 정책적 관심에 따른 미묘한 제도적 그물망에 사로잡힐 우려가 있기 때문이다. 배즐 데이빗슨은 물론 현재에 관한 글을 써왔다. 그는 우선 예전의 뽀르뚜갈령 아프리카에서의 민족해방운동에 대한 탁월한 분석가였다. 우리는 그에게 많은 빚을 졌거니와, 사실 그가 아니었다면 아프리카의 이 지역에서 해방전쟁의 결정적 시기에 일어난 일들에 대해 우리가 아는 바가 훨씬 더 적었을 것이다. 게다가 그는 확실히 방금 말한 미묘한 제도적 그물망에 걸려들지 않았다.

그럼에도 불구하고 나는 이런 책들을 그의 주요한 업적으로 치지는 않는다. 내가 보기에 그의 기여는 아프리카의 재발견에, 다시 말해 세계사에 관한 서구의 부끄러운 무지를 극복하는 그 과정에 대한 것이다. 그는 일찍이 아프리카 역사의 흐름에 대한 일관된 서사적 해석을 재창조하는 데 전념하기로 결심한 몇 안 되는 사람들 가운데 하나다. 그가 홀로 작업한 것은 아니었다. 그는 예컨대 그가 『아프리카의 잃어버린 도시들』을 헌정한 저베스 매튜(Gervase Matthew)와 토머스 호지킨(Thomas Hodgkin)에게서 격려와 자극을 받았다. 하지만 30여년에 걸친 연구를 놓고 볼 때 그의 연구 전체는 그 범위와 광범위한 영향 면에서 아마도 타의 추종을 불허할 것이다.

그러면 먼저 그가 하지 않은 것부터 분명히 말해보자. 그는 아프리카인들에게 그들의 과거를 어떻게 재해석해야 할지 가르치지 않았다. 그가 써온 글에는 놀라우리만큼 신중한 태도가 배어 있다. 오히려 그는 매우 주의 깊게 경청하는 자세로 아프리카 역사가들 — 아자이[*], 보어헨[**], 키제르보[***], 오고트[****], 셰크 앙타 디오프[*****] — 이 어떻게 재해석하고 있는지 알고자 했다. 게다가 아프리카 역사가들만이 아니라 아프리카의 사회사상가, 소설가, 그리고 길거리 지식인의 생각도 알고 싶어했다. 그러는 동안 줄곧 그는 아프리카를 여행하고 아프리카에 대해 탐독했다.

그러고 나서 그는 그것을 다채롭고 짜임새 있게 우리에게 이야기해주었다. 『자유여 오라: 근대 아프리카사』(*Let Freedom Come: Africa in Modern History*, 1978)의 겉표지에서 그런 면을 볼 수 있는데, 말하자면 『뉴욕리뷰오브북스』

---

[*] J. F. Ade Ajayi, 1919~2014. 나이지리아의 역사가.
[**] Albert Adu Boahen, 1932~2006. 가나의 역사가·정치가.
[***] Joseph Ki-Zerbo, 1922~2006. 부르키나파소의 역사가·정치가.
[****] Bethwell Allan Ogot, 1929~. 케냐의 역사가.
[*****] Cheikh Anta Diops, 1923~86. 세네갈의 역사가·인류학자·정치가.

(*New York Review of Books*)에서 인용한 어느 광고 문구의 찬사처럼 배즐 데이빗슨은 '아프리카 밖에서 아프리카 역사와 고고학을 가장 효과적으로 대중화하는 사람이며 바로 검은 아프리카에서 모름지기 가장 신뢰할 만한 학자'였다. 흔히 전문 학계에서 '대중화하는 사람'(popularizer)이라는 용어는 대단히 비하하는 말로 쓰인다. 만일 그 말이 다른 학자들보다 더 폭넓은 청중을 위해 글을 쓰는(그것도 잘 쓰고 의식적으로 쓰는) 사람을 가리킨다면, 배즐 데이빗슨은 대중화하는 사람이다. 그는 이런 규정을 훨씬 능가하는 사람이지만, 여하튼 그런 사람이다.

하지만 그가 무엇을 그리고 어디에서 대중화해왔는지를 한번 생각해보자. 그는 프랑스인들을 위해 잔 다르끄를 환기한다거나 심지어 르네상스 이딸리아를 위해 마르꼬 뽈로의 이국적인 중국(Cathay) 여행을 환기한다거나 하지 않았다. 그는 20세기의 서구 청중에게 아프리카가 복잡하고 흥미진진한 수천년의 역사 — 하나의 '장구하고 연속적인 그리고 폭넓게 정의할 수 있는 운동' — 를 갖고 있다는 것을 이야기해왔다.[1] 셍고르*의 표현을 빌리면 그는 '주

• L. S. Senghor, 1906~2001. 프랑스령 서아프리카의 독립운동을 지도하고 1960년 세네갈의 분리 독립 후 초대 대통령에 당선된 뒤 1980년까지 재임하며 아프리카 사회주의의 실현을 위해 노력했다. 또한 시인으로 활동하며 네그리뛰드 운동을 이끌었다.

고받기의 만남'(rendez-vous du donner et de recevoir)에 아프리카인들이 기여한 바가 상당히 컸음을 보여주었다. 그가 이런 것을 대중화해왔다면 이는 결코 예사로운 공적이 아니다.

실은 바로 그것이 핵심이다. 그가 글을 쓰기 시작할 당시 우리는 여전히 유럽 식민주의의 비정상적이지만 깊숙이 틀어박힌 문화적 환경에 잠겨 있었다. 지극히 점잖은 부류를 제외하면 인종차별주의는 굳이 감춰야 할 것으로 여겨지지도 않았다. 트레버-로퍼•는 글쓰기가 없으면(이마저도 사실이 아니다!) 역사가 없는 것이니 아프리카 역사 같은 것은 없다는 의견을 밝혔다. 1950년대에도 바로 그러한 주제는 서구 대학에서 자리를 잡지 못했다. ─그리고 식민 본국의 철저한 후견적 지배에서 이제 막 벗어나기 시작한 아프리카 대학들에서도 거의 자리잡지 못했다. 1959년의 시점에서『아프리카의 잃어버린 도시들』같은 책을 쓴다는 것은 정말이지 깜짝 놀랄 만한 일이었다. 그것은 확실히 나의 세계관을 바꾸었으며, 다른 많은 이들에게도 그 같은 영향을 미쳤으리라는 것을 믿어 의심치 않는다.

그렇다고 배즐 데이빗슨 혼자서 아프리카에 대한 서구

• H. R. Trevor-Roper, 1914~2003. 영국의 역사가로 영국 근대사와 2차 대전 및 나찌즘을 주로 연구했다.

인들의 일반적 태도를 멸시에서 존중으로 바꾸어놓았다는 뜻은 아니다. 한편으로 그 정도로 큰 변화였는지 지극히 의심스럽다. 또 한편으로는 아프리카 운동들의 정치 현실이 어느 누구의 저술보다도 정신적 재평가를 이끌어내는 데 더 큰 역할을 했다. 그럼에도 여러 면에서 변화가 있었다. 그리고 배즐 데이빗슨이 큰 역할을 한 지점은 우리들 또는 우리 중 많은 이들로 하여금 아프리카 역사를 진지하게 받아들이도록 한 것이다.

그렇다면 물어야 할 것은, 이것이 중요한 일인가? 그리고 누구에게 중요한 일인가 하는 것이다. 무엇보다, 당연하게도 그것은 아프리카인들에게 중요하다. 요즈음 아프리카 역사는 대단히 진지한 분야가 되었다. 실제로 수백명의 일류 학자들 — 아프리카인과 비아프리카인 — 이 연구에 여념이 없으며, 학술 연구의 현장으로서 그것의 진전에 우리는 놀라움을 금할 수 없다. 현재 진행 중인 작업으로 그간의 잠정적 성과를 근사하게 종합한 유네스코의 『아프리카의 일반 역사』(General History of Africa)가 그간 얻게 된 많은 지식을 증언하고 있다.

이러한 지식은 현대 아프리카에 큰 변화를 만들어냈다. 당연하게도 이를 입증하기란 좀 난감한 노릇인데, 왜냐하면 새로운 역사 지식의 영향으로 이루어진 실제의 많은 정책 결정을 짚어내기는 어렵기 때문이다. 그러나 이것만이 결정적인 시금석은 아니다. 지금 20대인 현세대 아프리카인들과 다음 30~50년 안에 등장할 세대들이 세쿠 투레*가 '피식민 콤플렉스'(complex of the colonized)로 부른 것을, 이를테면 1950년대의 젊은 아프리카인들이 겪은 정도로 겪고 있는가 하는 것을 보면 그것을 가려낼 수 있을 것이다. 피식민 콤플렉스는 교정해야 하는 단순한 기형이 아니지만 나로서는 상당한 진전이 이루어져왔다고 확신한다. 이 교정 과정에서 아프리카 역사의 재발견은 적지 않은 역할을 했다. 정신 상태를 원상태로 복귀시키는 것은 몹시 힘든 일이지만 그렇다고 시시포스의 노동처럼 끝없는 헛수고는 아니다.

거기에 쏟은 에너지는 헛되이 낭비되지 않는다. 아프리카인의 정신 상태를 원상태로 복귀시키는 것, 또 그럼으로써 아프리카인들이 그들 자신의 정신을 통제하여 자신들의 운명을 완전히 통제하는 데 이르는 것은 중대한 반제국주의적 목표이며, 앞서 말했듯이 실현되어가는 과정에 있는 목표다. 이러한 오디세이에서 배즐 데이빗슨은 그가 맡은 고귀한 역할을 해냈다. 그러나 그의 시대는 지나갔다. 그와 같은 과제는 이제 매우 뛰어난 아프리카인 역사가와

• Sékou Touré, 1922~84. 기니의 노동운동가·독립운동가로 1958년 초대 대통령으로 선출된 후 독재자로 장기 집권했으며, 사회주의 경제정책과 비동맹 외교정책을 폈다.

사회사상가의 손에 맡겨져 있다.

하지만 두번째 오디세이가 있다. 그것은 서구인들의 정신 상태를 원상태로 복귀시키고, 그럼으로써 서구인들이 타자를 지배하는 원숭이, 그 원숭이를 그들 자신의 등에서 떼어내 자신들의 운명을 완전히 통제하는 데 이르는 오디세이다. 내가 보기에 이는 훨씬 더 장기간의 오디세이이며 실현하기가 훨씬 더 힘겨울 것이다. 우리는 이를 에드워드 사이드(Edward Said)의 『오리엔탈리즘』(*Orientalism*)이 불러일으킨 터무니없는 논쟁들에서 볼 수 있다. 또한 우리는 이것을 제3세계에 대한 서구의 이른바 죄의식 콤플렉스를 '극복하는 것'에 관하여 지난 10여년 동안 미국과 서유럽에서 쏟아져 나온 방대한 문헌 속에서 볼 수 있다. 그런 오디세이에서 배즐 데이빗슨의 시대는 결코 다하지 않았고, 우리의 시대 또한 다한 것이 아니다.

인종차별주의의 뿌리는 지금 아주 깊으며, 서구의 좌파와 자유주의 지식인들 사이에서보다 그 뿌리가 더 깊은 곳은 그 어디에도 없다. 특히 그들이 보편 과학과 인본주의 도덕률 양자의 이름으로 자신들의 계몽적이고 진보적인 목표들을 추구할 때 더욱 그렇다. 사람들은 20세기 ── 계몽주의의 이상과 동떨어진 수많은 만행이 저질러진 세기 ── 의 역사가 주도적인 지식인들에게 경종을 울리는 효과를 냈을 것이라고 생각했을지도 모른다. 하지만 나로서는 그것이 그들로 하여금, 그저 자신들이 해오던 것을 거듭다시 시도하면서 자신들의 전제에 의문을 제기하려는 어떠한 것에 대해서도 그리고 어떠한 사람에 대해서도 극도로 방어적인 태도를 취하도록 부추겼을 뿐이 아닌가 하는 생각이 든다. 모든 신(neo)이데올로기들 ― 신보수주의, 신자유주의, 네오맑스주의 ― 은 어쩐지 알맹이는 그대로인 채 덧붙여진 장식만 내버린 재탕 같은 것으로 보인다.

이러한 이데올로기들의 알맹이가 모조리 역사의 쓰레기통으로 들어가야 한다는 것은 아니다. 내 생각은 결코 그렇지 않다. 그러나 그것들은 모름지기 아주 철저히 대수술을 받아야 한다. 무엇보다도 먼저 '주고받기의 만남'이라는 셍고르의 발상을 아주 진지하게 받아들이는 것이 좋은 출발이 될 것이다. (특히) 아프리카인들은 최근의 역사에 관한 저술뿐만 아니라 사상 및 사회행동의 형이상학적 가정 같은 면에서 서구에 가르쳐줄 많은 것들을 갖고 있다. 물론 아프리카인들이 하급자로서가 아니라 동등한 자격으로 참여할 준비가 되어 있어야 한다. 하지만 그런 일은 그 반대의 일보다 먼저 일어날 것이다.

이 근본적인 공동의 다시 생각하기(rethinking)를 좀더 확실히 실현하기 위해 서구에서 우리는 무엇을 할 수 있을까? 모름지기 시작하는 한가지 방법은 배즐 데이빗슨의 예 ― 듣고 경청하고 응답하는 것 ― 를 따라하는 것이다. 말은 쉽지만 실행하기가 쉽지 않다! 이 모든 일이 적절한 지적 사고에 달린 문제로 그치는 것이 아님은 분명하다. 그러한 재고는 사회주의 세계질서를 위한 세계 반체제운동의 정치적 투쟁의 틀 안에서만 일어날 수 있으며 또 그런 틀 안에서만 유효할 수 있다. 배즐 데이빗슨은 이를 잘 이해하고 있었다. 물론 이 같은 이해가 아프리카 역사에 대한 그의 연구와 뽀르뚜갈어권 아프리카, 에리트레아(Eritrea) 등지의 현대 민족해방운동들에 대한 그의 연구(그리고 그 운동들과의 작업)를 지적으로 연결시켜준 고리였다.

따라서 방향을 바꾸어, 세계 반체제운동 ─ 아프리카에서, 서구에서, 그리고 그밖의 세계에서 ─ 이 그들의 정신적 원천인 동시에 또한 그들의 보수적 제약 요인이기도 한 계몽주의 사상 및 사회행동의 형이상학적 가정들과 스스로 어느 정도로 결별했는가 하는 문제를 생각해볼 필요가 있다. 답은 그렇게 간단하지가 않다. 세계 반체제운동의 역사적 전략 ─ 국가권력을 손에 넣음으로써 세계를 바꾼다는 것 ─ 은 큰 성공을 거두었고 또 바로 그 때문에 그 성취한 바가 희미해졌다.

설명하자면 이렇다. 타당한 유일한 전략을 좇아 이런저런 종류의 반체제운동(또는 이런 역할을 떠맡기 위해 등장하고 이를 근거로 지지를 얻게 된 운동들)은 우리가 흔히 생각하는 것보다 많은 나라들에서 실제로 권력을 잡게 되었다. 그리고 이것이 하나의 전체로서의 세계체제와 그들이 권력을 잡게 된 특정 국가들의 정치를 실제로 변화시켰다.

그러나 그 많은 '혁명들'에 뒤이은 그 많은 환멸들에 대해 이야기할 필요는 거의 없을 것이다. 가지각색의 '수정주의들'에 말미암은 이 환멸들은 무시하기에는 너무도 많이 일어났고, 심리논법을 따라 '배신'으로 설명하기에는 너무도 체제적인 현상이다. 그것들은 사실상 구조적인 것이며, 이 모든 '혁명적' 국가들이 자본주의 세계경제의 상부구조로 기능하는 국가 간 체제의 핵심 부분으로 좋든 싫든 존속하고 있다는 사실의 결과다. 그래서 이 운동들의 집권은 그러리라고 상정되는 온갖 명백한 방식으로 세계체제를 약화시켰을 뿐만 아니라 그에 참여함으로써 또 그에 따라 몇몇 특정한 종류의 혁명적 투쟁을 촉진하는 게 아니라 오히려 더 어렵게 만듦으로써 덜 명백한(하지만 매우 실질적인) 방식으로 그 체제를 강화했을 뿐이다.

하나의 성공적인 전략에 따른 실패의 딜레마는 전세계에 걸치는데, 이는 그것이 세계체제의 현상이기 때문이다. 그것은 바로 반체제운동에 해당하는 문제다. 그에 어떻게 대처하느냐 하는 문제가 이 운동 내부에서 벌어지는 투쟁의 주제다. 앞서 말한 지적 재고는 운동에 내재적인 이러한 투쟁의 중요한 일부다. 다시 말해, 운동에 참여한 모든 사람이 계몽주의 사상과의, 그리고 서구에서 발달한 고전적 형태의 과학적 보편주의와의 결별을 옹호하는 것은 아니다. 일부의 사람들만이 그것을 옹호한다. 이것이 향후 25년 동안의 가장 중요한 논쟁이 될 것이며, 바로 이 문제는 자본주의 세계체제의 종말이 실제로 평등주의적인 사회주의적 세계질서로 나아갈 것인가 아니면 새로이 개조된 불평등주의적인 세계체제, 자본주의적이지도 않지만 또한 사회주의적인 것도 아닌 세계체제로 나아갈 것인가를 결정할 것이다.

아프리카 역사를 재발견하는 것은 이 같은 과업의 필수적인 일부다. 그것은 운동 내부의 투쟁에서 나름의 역할을 할 것이다. 따라서 그것은 부차적인 것도 아니며 선택된 소수만의 관심사도 아니다. 그것은 미래를 위한 투쟁의 현장이다. 배즐 데이빗슨은 우리가 이 길을 따라 시작하는 데 도움을 주었다. 우리는 모두 더 멀리 나아가야만 한다.

〔1985〕

12장 /

월터 로드니
: 역사적 세력들의 대변인으로서의 역사가

> 나는 역사를 쓰는 사람들에게 반드시 필요한 덕목인
> 증거의 진실성이 항상 존중받도록 하려고 애써왔다.
> 그렇지 않다면,
> 해석하는 사람은 그 자신이
> 역사적 세력들의 대변자일 따름이다.[1]

월터 로드니●는 평생 동안 (물론 많은 논문과 소책자들 외에) 세 권의 책을 썼다. 그중 두 권은 전문 역사학의 모든 표준적인 도구들, 문서고 자료, 각주, 참고문헌의 이용 등등에 관한 내용들을 담고 있다. 『북부 기니 연안의 역사, 1545~1800』(*A History of the Upper Guinea Coast, 1545 to 1800*)는 런던의 동양·아프리카 연구원(SOAS, School of Oriental and African Studies)에서 그가 취득한 박사학위 논문을 1970년 옥스퍼드 대학 출판사에서 출간한 것이다

● Walter Rodney, 1942~80. 가이아나의 역사가. 카리브해 지역 및 아프리카에 대한 연구로 명성을 얻었고 탄자니아와 자메이카 등의 여러 대학에서 가르쳤으며, 범아프리카 및 블랙파워 운동 등 정치활동에 앞장서다가 38세의 나이에 암살당했다.

(그리고 그의 사후에 먼슬리리뷰 출판사Monthly Review Press에서 재판본이 나왔다).『가이아나 노동 대중의 역사, 1881~1905』(*A History of the Guyanese Working People, 1881-1905*)(두 책 제목이 비슷한 형식에 전통적 방식으로 되어 있다)는 그가 죽기 불과 몇 개월 전에 출판사로 원고가 넘어가 1981년 그의 사후에 존스홉킨스 대학 출판사에서 출간되었다. 세번째 저서인『유럽은 아프리카를 어떻게 저개발했는가』(*How Europe Underdeveloped Africa*, 1972)는 지적인 내용 면에서는 아니더라도 기술 방식에서 매우 색다른 책이다. 이 책은 문서 사료를 토대로 한 것이 아니며 각주를 달지도 않았고, 참고문헌 대신 더 읽을거리를 소개하는 짧은 해설을 붙였다. 그것은 드러내놓고 독자를 일깨우고자 하며, 일반적으로 아프리카의 대학생들과 교육받은 사람들, 그리고 이들의 지지자나 다른 지역의 같은 부류를 독자로 뚜렷이 겨냥하고 있다. 로드니는 애초에 그의 책을 펴낸 두 출판사 ── 둘 다 '대중' 서적을 출판하는 런던의 보글 루베르튀르 출판사(Bogle L'Ouverture Publication)와 탄자니아 출판사(Tanzania Publishing House) ── 가 공동으로 "이 책을 가급적 간편하고 저렴하게 출판하는"[2] 데 힘을 모았다는 사실에 대해 각별히 기쁨을 표했다.

이 세권의 책을 잇달아 읽어보면 로드니가 얼마나 일관된 지적 관점을 견지했는지 그리고 그의 장기적인 지적 어젠다는 어떤 의미가 있었는지 아주 뚜렷이 알 수 있다. 내가 보기에 그는 자신의 저술에서 주로 다섯가지 주제, 즉 하나의 세계체제로서의 자본주의, 이른바 행위주체(agency)의 문제, 계급투쟁의 성격과 특히 비백인 '중간계급' 집단들의 역할, 노동계급의 구조, 인종과 계급의 상호관계 같은 주제들과 씨름했다. 이는 매우 거대한 어젠다이며 게다가 그의 작업이 37세의 나이에 정치적 암살에 의해 돌연 중단된 까닭에, 그가 분명히 감당할 수 있었던 이 주제들을 우리는 더이상 풍부하게 펼칠 수가 없을 것이다. 하지만 그가 서 있던 지점과 그가 주장하고 있던 것에 대해 뚜렷이 파악하는 데는 조금도 모자람이 없다. 여기서는 내가 보기에 어떤 논리적 순서를 따르는 것 같은 다섯가지 주제에 대한 로드니의 논의를 하나씩 펼쳐보기로 하겠다.

서술상으로는 아니지만 논리상으로 그의 분석은 "자본주의적 관계의 확장에 의해 하나의 단일한 체제로 변형된 (…) 세계 전체"[3]에 걸친 하나의 생산양식으로서의 자본주의를 기술하는 것에서 출발한다. 이런 틀 안에서 그는 주로 "저개발" 국가와 몇몇 "선진" 국가 사이의 관계에 관심을 기울였다. 그 관계는 그의 표현에 따르면 "저개발 국가들이 본국 자본주의 경제의 종속국"[4]인 "착취관계"[5]였다. 실제로 이 같은 종속성과 "착취의 극대화"는 "식민주의의 핵심 목적"이었다.[6] 두 권역의 상호작용은 서유럽 같은 지역에는 긍정적이고 아프리카 같은 지역에는 부정적인 "승수효과"(multiplier effects)[7]를 나타냈다. 경제 주기에 반영된 대로의 "국제 자본세력"의 규칙적 운동은 개인들이 이를 의식하든 아니든 간에 저개발 지역들에서 직접적으로 그리고 즉각적으로 감지되었다.[8]

당신은 이것이 한물간 개념이 아니냐고 말할지도 모르겠다. 오늘날에는 그렇다고 할 수도 있겠지만, 불과 15년 전만 해도 비교적 새로운 이론적 관점이었고, 월터 로드니는 영향력이 대단히 컸던 바로 그 교훈적인 책에서 이를 널리 퍼트린 최초의 저자 가운데 한 사람이었음을 상기할 필요가 있다.

하지만 그 같은 개념은 1966년에 완성된 박사학위논문에서 ─ 좀더 은근하고 더 복잡한 방식으로, 하지만 또한 그 논지를 뒷받침하고 그것의 한계를 더 면밀히 파악할 수 있게 해주는 실증적인 정보를 상당히 많이 곁들여서 ─ 이미 나타나 있었다. 그는 본격적인 유럽의 침입이 처음 시작된 시점(즉 1545년)으로부터 1800년까지 북부 기니 연안에서 나타난 경제적·정치적·사회적 관계들의 변화를 주도면밀하게 추적하는 방식으로 이 문제를 논의하고 있다. 뒤에서 보겠지만, 1800년을 종점으로 잡은 것은 그냥 우연히 그렇게 잘라낸 게 결코 아니다.

16세기에 수많은 뽀르뚜갈 무역상들이 북부 기니 연안

에 거주하기 시작했다. 이들은 란사도스(lançados, 정착민, 모험가의 뜻)라 불렸다. 이들은 사업활동을 위하여 그루메테스(grumetes)라는 소규모의 아프리카인 노예/하인/임금노동자 집단을 이용했다. 뽀르뚜갈 무역상들의 주된 사업은 노예 매매였으며, 다양한 아프리카 종족의 왕, 족장, 귀족과 거래했다. 16세기에 란사도스에 대한 이 지배자들의 관계는 이방인에 대한 영주(landlord)의 관계이기보다는 손님에 대한 주인(host)의 관계였다. 같은 세기 말에 이르러 이 지배계층이 "손님들에 대한 보호의 손길을 거두고 그 밖의 주민들이 냉랭한 태도를 취한 것"[9]으로 보아 손님들은 주인들이 생각한 것보다 오래도록 머무른 것으로 보인다. 우선, 지역 지배계층은 "선물"을 "요구되지 않은 것 그래서 받으면 놀라며 기뻐하는 어떤 것에서, 요구된 것 그래서 들어오지 않으면 불쾌한 놀라움과 함께 그 때문에 모종의 조치를 취해야 할 어떤 것으로"[10] 생각하기 시작했다. 게다가 17세기 중엽에 이르러 유럽에서 온 물건들은 일부 사람들에게 "필수품"으로 여겨지기 시작했고, 그래서 아프리카인 중개인들은 (이제는 에스빠냐인인) 구역장*에게 만일 그가 "자유무역"을 허용하지 않으면 죽이겠다고 위

---

* captain-major. 뽀르뚜갈 및 에스빠냐 식민지의 하위 행정구역인 까뻬따니아(capitania)의 책임자.

협할 정도였다.[11] 18세기 중엽에 이르러 선물 교환은 하나의 표준적인 절차가 되었을 뿐 아니라 그로부터 "아프리카인 통치자들은 빤히 이익을 기대했다."[12]

로드니에 따르면, 여기서 실제로 일어나고 있던 것은 그 교환에 수반된 기본적인 경제적 과정의 진화였다. 그는 기본적으로 등가물을 교환하는 "이익이 없는 물물교환"이라는 아프리카 모델과 금전적 이윤을 위한 유럽의 "시장 거래"를 대비시킨 폴라니*의 논의를 인용한다. "또한 폴라니의 견해에 따르면, 그것은 아프리카인들에게 조정된 유럽적인 교환체제였다. 북부 기니의 사례는 이러한 해석을 입증하는 동시에 그것을 수정하는 데 도움을 준다."[13] 여기서 수정했다는 것은, 유럽인들이 비록 일상적으로 아프리카의 관행에 많은 양보를 해야 했음에도 불구하고 서아프리카에서 그들은 이윤 축적을 추구하는 정신을 "결코 단념한 적이 없었다"는 로드니의 주장을 두고 하는 말이다.[14]

노예무역은 기본적인 경제적 과정이 진화하는 주된 현장이었다. 알다시피, 노예무역은 노예를 유럽인에게 "강제로 가져다주는" 아프리카의 중개인을 필요로 했다. 그래

• K. Polanyi, 1886~1964. 오스트리아-헝가리 태생의 경제사가·정치경제학자·사회철학자. 비시장경제에서의 경제행위 등을 분석하여 경제인류학이라는 분야를 개척했으며, 대표작으로 근대 자본주의 시장경제의 역사성을 설파한 『거대한 전환』이 있다.

서 "부족 간의 전쟁과 노예무역 사이에" 긴밀한 관계가 발달했다. 실제로 이 같은 관계가 우리가 잘 알고 있는 "집단 간 적대행위의 대부분"을 설명해준다.[15] 시간이 흐르면서 "노예사냥은 하나의 직업이 되었다."[16] 게다가 관습법이 채무자나 터부 위반자에 대한 형벌로 그들을 노예로 팔아넘기는 것을 허용하는 방향으로 점진적으로 변화되었다.

이는 마법(witchcraft) 혐의로 고발된 사람들의 공통된 운명이기도 했거니와, 로드니는 "이런 사건들에서 협잡의 가능성은 무궁무진했다"고 말한다.[17] 이렇게 해서 "관습법이라는 포장된 제도의 교묘한 속임수"는 노예무역을 수행하는 기본 방식으로 "총칼"과 결합했다.[18]

또 한편으로, 노예가 유일한 수출품은 결코 아니었으며, 그래서 로드니는 노예무역의 시대 다음에 "합법적 무역"의 시대가 이어졌다는 전통적인 시대 구분에 대해 못마땅해 한다. 그에 따르면, 요점은 노예만이 아니라 상아, 밀랍, 캠우드° 등 "유럽의 수요에 대응하기 위하여"[19] 아프리카인들이 스스로 조직화하고 있었다는 사실이다. 캠우드의 경우, 유럽의 이해관계는 생산 증대만이 아니라 지역 가공산업의 발전을 낳았다. 더 나아가 이미 1691년에 왕립 아프리카 회사(Royal African Company)는 비록 성공적이지는

° camwood. 서아프리카산 콩과 식물로 붉은색 염료로 쓰임.

않았지만 인디고 재배 및 제조를 위한 실험을 북돋았다.

그와 동시에 금속, 직물, 알콜 음료, 무기, 그밖에 잡다한 싸구려 노리개, 팔찌, 구슬 등 점점 더 많은 품목의 유럽 특산품들이 기니 연안으로 수입되었다.[20] 로드니는 "상당히 늦은 시기",[21] 즉 그가 보기에 18세기 후반 이전까지 알콜이나 무기의 비중을 과대평가해서는 안 된다고 경고한다. 일상을 위한 곡물과 직물이 더 비중이 컸으며, 하지만 여기서조차 "토산 면직물은 (…) 이 시기 유럽산 제품의 경쟁을 이겨냈다."[22]

내륙 지역을 유럽인으로부터 차단하고 독점적으로 이익을 독차지하려는 연안 지역 중개인들의 노력에도 불구하고, 배후의 내륙 지역은 서서히 세계경제 안으로 좀더 직접적으로 끌려들어갔다. 이 과정으로 인해 노예무역을 장악한 만데족*의 세력이 팽창했고 서아프리카 종족들의 "만데화"(Mandinguization)[23]가 이뤄졌다. 중대한 종족적 재정의는 새로운 경제적 과정에 대처하는 한가지 대응 방식이었다. 그리고 만데족은 상인일 뿐만 아니라 무슬림이었기 때문에 만데화는 이슬람화를 수반했다. 그래서 서아프리카에서 이슬람의 재흥은 기독교의 성장이 그런 것과

---

* Mandé peoples. 말리, 가나, 나이지리아 등 서아프리카 지역에 광범위하게 거주하는 만데어를 사용하는 종족들.

마찬가지로 서아프리카가 세계경제에 편입됨에 따른 결과였다. 이슬람으로의 개종은 아마도 다른 무슬림에 의해 노예로 포획당하는 것을 피하려는 일종의 보호 수단이었을 것이다. 그래서 문제의 이 다른 무슬림들은 그러한 개종의 정당성을 인정하지 않으려 들었다. 이 단계에서는 어떤 면에서 대서양 노예무역이 지하드를 자극했지만 "더 근본적인 면에서(…) 〔지하드는〕 그 열의가" 노예무역으로 말미암아 "더 커진 게 아니라 더 줄어들었다"고 할 수 있다.[24]

이 같은 분석에도 불구하고 "노예무역이 끝났을 때의 아프리카 사회가 '전통적'이었다고 보는 것은 참으로 오해의 소지가 있다"고 로드니는 주장한다.[25] 그와 정반대로 19세기, 20세기에 인류학자들이 아프리카의 전통적 습속으로 기술한 것은 바로 3세기에 걸쳐 북부 기니 연안이 점점 더 '국제 자본주의'의 그물망에 얽히고 마침내 그 분업의 필수적인 일부가 되어간 상황의 산물이었다. 이 같은 편입은 1800년, 즉 로드니가 북부 기니 연안에 대한 자신의 분석을 매듭지은 시점에 이르러 결정적인 것이 되었다고 볼 수 있다.

로드니는 1545년부터 1800년까지의 역사를 이렇게 해석하는 것에 대해 많은 이들이 보인 반응에 매우 민감했다. 어떤 비판자들은 그의 논의가 다소 온순한 아프리카가 공격적인 유럽에 의해 어떤 의미에서 성형되었다는 말로 들릴 수 있다고 주장했다. 아프리카인 역사가들 사이에서 이는 '행위주체'의 문제에 관한 논쟁으로 이어졌다. 아프리카인들은 그들 자신의 역사의 주된 행위주체인가 아니면 그저 다른 행위주체들에 대한 반응자(reactors)일 뿐인가?

행위주체의 문제는 간단한 쟁점이 아니다. 그것은 사회과학을 괴롭히는 골칫거리다. 개별기술적(idiographic) 고유성을 앞세우며 일반화를 폄하하는 사람들이 지겹도록 되뇌듯이, 어떠한 구조적 분석이든 그 안에는 한 개인, 한 집단이 그들 자신이 만들지 않은 그리고 그들의 통제를 벗어나 있는 어떤 그물망 안에 잡혀 있음이 함축되어 있다. 이 그물망은 개인과 집단의 의지들의 총합에 의해서 형성되고 또한 그 의지들은 구조적 조건들(제약들)에 의해 형성된다는 것 — 하나의 완벽한 순환 — 을 제외한다면 맞는 얘기다. 설상가상으로, 사실상 어떠한 사회적 상황에서든 행위자들이 어떤 권력의 위계질서 — 어떤 이들은 더 강하고 어떤 이들은 더 약한 — 속에 위치하고 있다는 사실을 감안하면, 논리적으로 말해서 강자들이 약자들보다 "자기 의지대로 하기가" 더 쉽다. 그게 아니라면, 그들이 더 강하다는 게 무슨 의미겠는가? 이러한 사회적 현실은 우리가 행위주체를 논할 때 분석자의 문제로 변형된다. 분석자는 역사를 위에서 아래로(top down) 기술해야 하는가 아니면 아래로부터 위로(bottom up) 기술해야 하는가? 분명한 답은 어느 것도 해서는 안 된다는 것인데, 왜냐하면 위와 아래는 서로 불가분하게 관련되어 있기 때문이다. 그 둘은 분석상 하나다.

로드니는 말놀이를 즐기는 데서 나오는 논리적 덫에 사로잡히는 것을 피했다. 그는 시간상의 순서를 분명히 했다. 북부 기니 연안에서의 아프리카–유럽의 상업관계에 관하여 그는 이렇게 말한다.

역사적으로 주도권은 유럽에서 나왔다. 다양한 수준의 아프리카 물물교환 경제를 포섭하고 세계 생산에 특정한 역할들을 배정한 것은 팽창하던 유럽의 상업 시스템이었다. 이는 아프리카 무역으로부터, 그리고 무엇보다도 노예를 구매하고 이들을 신세계에서 사용한 것으로부터 자본축적이 이루어졌음을 의미했다. 연안 지역에서 일어난 모든 변화가 이런 전반적인 개념을 침해하지 않았음은 특히 강조할 필요가 있다. 실제로 북부 기니 연안에서 일어난 가장 중요한 사회 변화들은 아프리카 사회가 자본주의 체제에 봉사하도록 연동되었음을 뚜렷이 보여준다.[26]

물론, 그 당시 아프리카가 공식적으로 식민화되지 않았음을 염두에 둬야 한다고 로드니는 덧붙인다. "아프리카의 지배자들은 그들이 유럽인과 개인적으로 접촉할 때 동등성뿐만 아니라 주권을 용케 지킬 수 있었다." 하지만 "상업관계는 전혀 다른 문제였다"고 그는 덧붙인다.[27] 주권을 곧바로 상실한 것은 아니었다. 노예무역의 "광풍"과 유럽의 상업망에도 불구하고 아프리카의 지도자들은 "1885년에 이르기까지는 여전히 결정권을 갖고 있었다."[28]

하지만 이 같은 "주도권"의 시간적 순서는 로드니에게 분석상 그리 중요한 문제가 아니다. 이는 그의 두번째 교훈적인 책에서 뚜렷이 알 수 있다. 여기서 그는 아프리카와 유럽이 일단 자본주의 체제 안에서 서로 얽힌 채로 모든 것이 모든 곳에서 다른 모든 것에 영향을 미치는 단일한 분석적 실체가 되어간 과정을 상세히 밝히는 데 적어도 지면의 절반을 쓰고 있다. "주장의 요점은 〔15세기 이래로 줄곧〕 서유럽이 아프리카를 저개발하는 데 기여한 것과 같은 비율로 아프리카는 서유럽을 발전시키는 데 기여했다는 것이다."[29] 로드니는 자신의 입장을 늘 신중하게 표현하는 사람이었다. 그는 이 같은 진술이 고도의 일반론이라는 것을 잘 알고 있었고, 그래서 그것을 좀더 엄밀하게 기술하는 데 공을 들였다.

아프리카나 그밖의 다른 곳에서의 식민주의가 유럽의 과학과 기술을 발전시켰다는 것은 순진하기 짝이 없는 말이다. 기술 혁신 및 쇄신을 향한 경향은 이윤에 대한 욕구 때문에 자본주의 자체에 내재하는 것이었다. 하지만, 아프리카와 그밖의 다른 지역의 식민화가 유럽 자본주의 토대의 기술적 전환을 가능하게 한 사건들의 사슬에서 하나의 필수불가결한 고리를 이루었다는 것은 전적으로 정확한 말일 것이다. 그 고리가 없었다면 유럽 자본주의는 1960년에 도달한 수준으로 재화와 서비스를 생산해오지 못했을 것이다. 바꿔 말하면, 선진국과 저개발 국가를 측정하는 우리의 잣대 자체가 달라졌을 것이다.[30]

이러한 자본주의 체제 안에서 주변부의 개인들은 할 수 있는 만큼 그들의 이익을 추구했고, 로드니는 "저개발을 순전한 침체로 보는 생각을 바꾸게 하는 지역적 변화들을 확인하는 데" 늘 관심을 두었다.[31] 그럼에도 불구하고 가장 두드러진 현실은 자본주의 세계경제는 핵심부-주변부의 이율배반을 중심으로 구조화되었고, 이는 "선진적인" 지역은 신기술이 자리를 잡는 현장일 뿐만 아니라 고용 기회가 증대하는 현장이었음을 의미했다. "아프리카에서 경영되던 광산업은 지면에 구덩이를 남겼고, 농업 생산의 패턴은 아프리카의 토양을 메마르게 했다. 반면, 유럽에서 농산물 및 광물 수입은 거대한 공업 단지를 조성했다."[32] 식민 지배의 영향은 경제적으로뿐만 아니라 정치적으로도 아프리카에 부정적이었다. 그리고 그중 최악의 결과 중 하나는 자본주의적 개인주의가 널리 퍼진 것이었다.

개인주의 관념은 식민 본국의 자본주의 사회에서보다 식민지 아프리카에서 더 파괴적이었다. 전자의 경우, 부르주아 계급의 성장은 기술을 증진하고 생활 수준을 향상시킴으로써 노동계급을 간접적으로 이롭게 해주었다. 반면, 아프리카에서 식민주의는 그러한 혜택을 가져다주지 않았다. ─ 그것은 단지 아프리카인 노동에 대한 착취율을 강화했을 따름이고 잉여를 끊임없이 수출했다. 유럽에서 개인주의는 유럽의 세계 정복에서 선봉에 선 그런 유형의 기업가 정신과 모험주의를 낳았다. 아프리카에서 식민주의의 공식적 교육체제와 비공식적 가치체계는 모두 사회적 연대를 파괴하고 사회적 책임감이 결여된 소외된 개인주의라는 최악의 형태를 조장했다. 그것은 사회가 자신의 독립성을 되찾기 위해 노력하는 정치적 과정을 지체시켰다.[33]

문화 과정에 관한 바로 이 같은 분석에 비추어 로드니는 비백인 "중간계급"의 역할을 다룬다. 애초부터 주변부에서 계급들 사이의 차이는 결정적인 요인이었다고 로드니는 주장한다. "유럽인과 접촉할 때 북부 기니 연안의 아프리카 사회는 하나의 차별이 없는 실체로서 모습을 나타낸 것이 아니었다. 무역의 양식은 종종 부족의 경계를 초월했지만 귀족(fidalgo)과 평민의 구별을 결코 넘어서지는 않았다."[34] 우선, 애초부터 유럽 상인들은 "언제나 왕, 족장, 귀족과 거래했고," 그래서 "그 국가구조 면에서 가장 후진적인" 집단들은 "유럽인과 관계를 맺는 데 가장 늦은" 집단이기도 했다.[35] 그리고 이것의 장기적인 결과는 아프리카의 집단들 내부에 계급적 양극화를 한층 더 두드러지게 한 것이었다.

대서양 노예무역의 중요한 행위자였던 만데족과 풀라족*은 차후 내부의 노예무역을 계속 이끌어간 같은 집단이었으며, 이들의 사회는 특권을 박탈당한 채 강제 노동하는 상당수의 개인들을 포함하게 되었다. (…)

대서양 노예무역과 19세기에 나타난 사회적 계층화 사이의 가장 직접적인 관련성 가운데 하나는 일부 아프리카인들이 유럽인 노예상인에게 팔아넘겨지기 위해 포획되었지만 이들은 장기간 또는 단기간(또는 종종 영원히) 자신을 포획한 아프리카인 주인 손에 남아 있었다

• Fulas. 남사하라, 서아프리카, 중앙 아프리카 북부, 수단 지역 일대에 광범위하게 거주하는 최대의 종족 가운데 하나이며, 대부분 무슬림이고 유목민 및 반(半)유목민의 비중이 크다.

는 점이다. 우선, 포획 시점과 구매자가 나섰을 때 사이에는 으레 시간의 지체가 있었다. 게다가 유럽인들 중에는 이런저런 이유로 인수를 거부하는 사람들이 있기 마련이었고, 또한 아프리카 상인들이 어떤 상황에서는 판매를 하지 않기로 결정하는 경우도 있었다.[36]

대체로 귀족 신분은 훼손당하지 않고 존중되었다. 그들은 보통 노예사냥꾼들에게 사로잡히지 않았고, 설령 잡힌다 해도 몸값을 내고 풀려날 수 있었다. 이는 귀족들에게만 이로웠던 게 아니라 유럽인들에게도 이로웠는데, 귀족들이 안전한 채로 모든 종족이 제각기 이웃 종족을 팔아넘길 수 있었기에 유럽인들은 동시에 다양한 이웃 종족들과 거래를 할 수 있었던 것이다. 로드니는 이를 두고 "이익을 얻으려는 모든 사람들의 탐욕의 조화"[37]라고 부르며, 노예매매의 행위자와 피해자 사이의 구분선은 "사회 전체에서 특권 집단과 비특권 집단 사이의 구별"과 결과적으로 일치한다고 주장한다. 이어서 그는 "이는 물론 널리 퍼진 근대 신식민주의의 패턴이며, 마찬가지로 서아프리카에서의 노예무역 시대는 원(原)식민(protocolonial) 시대로 봐야 한다"[38]고 결론을 내린다. 또한 유럽인들에게 정치적 중개인이 된 귀족 집단 외에도 물라토 상인 집단이 등장했다. 뽀르뚜갈 남자 상인들의 이 혼혈 후손은 새로운 아프리카 상인계층의 핵심 집단이 되었다. 그들은 아버지로부터 부를 물려받았을 뿐 아니라 훨씬 더 중요한 무역의 전문기술을 물려받았다.

아프로-유럽인(Afro-European)들은 그들이 두 세계에 다리를 걸치고 있으며, 자신의 신분을 상황의 요구에 따라 때론 이렇게 때론 저렇게 밝히는 것이 유리하다는 것을 잘 알고 있었다. 제임스 클리블랜드*에 관하여 매튜스(Matthews)는 이런 말을 남겼다. "그의 캐릭터를 몇 마디로 요약하자면, 백인에게는 백인이었고 흑인에게는 흑인이었다."

이런 것이 당시 원식민지 상황에서 북부 기니 연안 지역의 유능한 매판(買辦, comprador) 계급이었다. 그들은 가능한 한 많은 사적 이윤을 위하여 아프리카인을 쥐어짰지만, 근본적으로는 유럽 상업자본주의의 더 광범위한 이익에 봉사하고 있었다.[39]

1800년 이전 시기 아프리카 자료의 성격은 로드니가 이 매판 계급을 상당히 자세히 분석할 수 있게 해주는 것이

---

* James Cleveland, 1931~91. 현대 가스펠 음악의 발전에 크게 기여한 미국의 가스펠 가수·작곡가.

었지만, 다수의 비특권적 대중에 대해서는 그렇지 못했다. 이러한 불균형은 그가 1881년부터 1905년까지 기간의 가이아나를 다루게 되었을 때 충분히 보충되고도 남았다. 아닌 게 아니라 그 제목부터가 그가 "노동 대중"(working people)이라고 부르는 대상에 초점을 맞추고자 했음을 말해주고 있다. 또한 그저 실수로 그런 흔치 않은 어구를 쓴 것도 아니다. 가이아나의 노동 대중에 대한 그의 논의는 처음부터 끝까지 도시 프롤레타리아와 농촌 농민 사이의 전통적인 구분선에 의문을 제기하고 있다. 노예해방 직후의 시기에 가이아나 노동 대중을 ─ 도시와 농촌의 노동 대중을 동시에 ─ 면밀히 살펴봄으로써 그는 (우선 가이아나에 대한, 그리고 주변부 지역들 전반에 대한) 종래의 설명들과 다른 사회적 패턴을 발견했다.

로드니는 노예 대중이 들고 일어나 그들의 주인을 물리치고 깨부수었기 때문에 카리브해 지역에서 노예제가 끝난 것이 아니었음을 우리에게 상기시킨다. 그것은 "주로 국제 교환체제의 관점에서 정치적으로 그리고 경제적으로 활력이 다했기 때문에" 끝난 것이었다. 농장주(planters)/영지소유자들은 19세기 내내 가이아나에서 여전히 가장 유력하고 영향력 있는 경제행위자였다. 노예제의 종식은 그들에게 "최근에 해방된 주민에게 최소한의 양보를 하면서" 어떻게 이윤을 실현할 것인가라는 문제를 안겨주었을

따름이다.[40]

그들은 어떻게 그리 할 수 있었는가? 농장주들이 "격렬히 반대"했던 "자유로운 임금노동의 제약 없는 운용" 때문은 결코 아니었다.[41] 그런데 자본가들 —— 로드니는 19세기 가이아나의 농장주들이 자본가였음을 단 한번도 의심한 적이 없었다 —— 은 왜 자유로운 임금노동의 제약 없는 운용에 격렬히 반대해야만 했을까? 그 이유는 분명 그것이 그들의 자본축적 능력을 약화시켰을 것이기 때문이다. 로드니의 책 전체는 바로 그 이유를 설명하려는 시도다.

로드니가 결론에서 아주 분명히 밝히거니와 그 분석의 핵심은 "가이아나의 노동계급은 그 자체의 활동을 통해 스스로를 구성했다"는 것이다.[42] 이는 묘한, 또는 적어도 우리에게 익숙하지 않은 진술로 보일 수 있다. 다음과 같은 의견은 이를 한층 더 묘한 진술로 보이게 한다.

농장주들은 생산성과 생계비용이 임금 수준을 변경시키는 결정적인 변수임을 인정하지 않는 것 같았다. 즉 자본주의 세계의 산업관계에 대한 근대적 관념에 훨씬 더 근접한 태도를 취하는 것은 노동자들에게 떠넘겨진 일이었다.[43]

이 같은 분석에서는 마치 세상이 거꾸로 뒤집힌 것 같

다. 노동 대중은 그들 자신을 프롤레타리아로 구성한다. 그럼 자본가들에 의해 그러한 상태를 강요당하지 않았다는 것인가? 그리고 이 같은 노동자들은 자본가들 이상으로 그 체제의 기능적 가치를 표현하거나 적어도 요구한다. 그렇다. 로드니는 바로 그렇다고 말하려는 것이다.

그의 논의는 노예제 이후 사탕수수 농장에서 일어난 사태에 대한 면밀한 분석에 의거하고 있다. 농촌의 임금노동자들은 그곳에서 흔히 "농민"으로 모호하게 지칭되었다.[44] 실제로는, 종전의 노예들은 해방 이후 "농민"이 된 것이 아니라 "농장 노동자"가 되었으며,[45] 주로 "예속적인" 또는 기한부계약 하인으로 고용된(indentured) 노동자, 자유로운 영지 주민, 마을 노동자, 이렇게 세가지 부류로 나뉘었다. 이 세가지 부류는 기술, 자유, 협상력, 임금 수준이 낮은 정도에서 높은 정도로 위계서열 또는 연속적 단계를 이루었다. 그러므로 당연하게 농장소유주들은 기한부계약 하인 노동을 선호했다. 노동자들 자신은 이 세가지 중에서 완전한 프롤레타리아에 가장 가까운 마을 노동자가 되기를 원했고, 또는 그렇게 되었다. 이런 이유로 노동자들이 프롤레타리아 신분에 스스로 다가가고자 했다고 말할 수 있다.

자본가적인 농장소유주들의 전술은 무엇이었나? 그들은 정부에 압력을 넣어 계약 하인 노동력의 (동인도로부터의) 수입을 촉진하도록 했다. 그들은 이 노동력이 (실은 시장에서 가장 덜 비싼 노동력인데도) 너무 "비싸다고" 불평했다. 이러한 불평은 한편으론 임금 비용의 일부를 국가가 감당하게끔 하는 수단이었고, 한편으로는 "노동과정 전체에 대한 **농장주의 통제**"를 보장하려는 책략이기도 했다.[46]

마을 노동력은 여러 영지를 전전하는 독립적인 작업조로 조직되었고, "임금과 작업 조건, 노동 기간을 어느정도 통제하기 위해 경영자 측과 협상했다."[47] 경영자 측은 두가지 주요한 무기를 쥐고 있었다. 하나는 "자유로운 노동에 대한 시장 상황을 농장주 측에 유리하게끔 변경시킨" 계약 하인 고용(indentureship)이었다.[48] 또 하나는 세계 설탕 시장의 가변적 상태였다. 당연하게도, 농장주들은 "〔연간〕 농작물 주기상의 농한기 동안 유리한 고지를 점했다."[49] 더 나아가 그들은 국제 가격의 하락이 나타날 때마다 훨씬 더 강력하게 유리한 고지를 점했는데, 국제 가격 하락은 "자본 측에서 마을 노동력을 단단한 고삐로 묶어둘 수 있는 더없이 강력한 제재수단"을 제공했기 때문이다.[50]

로드니는 1896년 9월 어느 영지에서 게시한 공고문을 우리에게 그대로 보여준다.

대단히 '낮은' '설탕' 가격, 이제껏 전례가 없는 최저 가격으로 말미암아, 우리가 '종전 수준의 임금'을 지급하고 '농장을 경영하는' 것은 '도저히 불가능하다'. 종전의 임금조차 낮은 수준이었음을 내가 모르는 바는 아니지만, 현 상황에서는 더욱더 삭감하는 조치를 취할 수밖에 없다. 이를 요청하기는 난감한 노릇이지만, 노동자들과 직공들이 삭감을 기꺼이 받아들인다면 이 농장에는 그나마 희망이 있을 것이다. 만일 그들이 거부한다면, 우리는 문을 닫을 수밖에 없고, 그것도 거의 당장 닫아야만 할 것이다. 만에 하나라도 가격이 웬만큼 수지가 맞는 수준으로 오른다면, 내가 그동안 깎은 만큼의 임금을 되돌려 주겠다는 것은 거의 말할 필요도 없다.[51]

물론 이 같은 책략은 요즈음 우리에게도 낯익은 것이다. 미국의 자동차 제조사, 제철기업, 항공사 들은 강력한 노동조합으로부터 임금 삭감을 끌어내기 위해 그런 책략을 쓴다.

가이아나 노동 대중의 손에는 어떤 무기들이 있었는가? 어디서나 똑같다. 그들은 자신의 노동을 보류할 수 있었다. 이에 대한 맞대응으로 시장에서 계약 하인 노동력이 수입될 수 있었으므로, 그들은 자신들의 노동이 좀더 숙련 기술을 요하고 따라서 더 희소한 정도로만 그렇게 할 수 있었다. 이럴 경우 그들의 무기는 효과적일 수 있다. 그러므로 더 자유로운 노동력은 농장 노동에 대비되는 것으로서 공장 노동을 그들의 전문분야로 삼았으며, 농장 노동의 경우에 보수 및 숙련도가 아주 낮은 일자리(예컨대, 김매기 작업)에는 "드물게 분포하고", 보수 및 숙련도가 높은 일자리(사탕수수 절단이나 바지선 선적 같은 작업)에서는 "전략적으로 결정적인 역할"을 수행했다.[52] 조업 중단의 우려가 있을 경우 농장주들은 독립적인 작업조를 계약 하인 작업조로 대체하고자 했지만, 이때 그들은 두가지 고려 사항, 즉 전문성(바꿔 말하면 숙련도)의 차이와 계약 하인 작업조가 "농한기에는 부담이 된다"는 사실에 의해 제약을 받았다.[53]

이 끊임없는 싸움의 결과는 "대립하는 두 계급이 공히 (…) 무기로 이용한" "시간제(part-time) 노동"의 광범위한 제도화였다.[54] 다시 말해, 시간제 노동은 사실상 절충적인 일자리였다. 이는 노동자들의 가계(家計, household)에 아주 다양한 일자리들이 혼재하고 있음을 의미했다.

가계를 하나의 단위로 생각하면, 마을 노동력은 가사 도우미에서부터 강바닥의 사금 채취에 이르기까지 대단히 폭넓은 스펙트럼에 걸쳐 있었다. 농부와 발라타 고무 채취꾼(balata bleeder) 또는 사탕수수 농장 일꾼과 다이아몬드 수색꾼의 조합과 중복은 흔하디 흔한 예였다. 이들은 종전의 노예들이 해방 이후 말 그대로 농민이 된 것이 아니라는 여기서의 분석을 뒷받침한다. 대신 그들은 자유 노동력의 잠재적인 구성원이 되었고, 수많은 형태의 노동에 종사할 수 있었다. 국제적 경기침체로 말미암은 압박 때문에 인도인 노동자들이 현금 수입을 올리기 위한 쌀농사에 손을 대야 했던 반면에, 아프리카인들은 생존을 위해 미개척지에 의존해 새로운 경제 부분을 창출해냈다.[55]

마침내 사탕수수 농장들은 국제 경쟁에서 패하여 주저앉게 되었고, 가이아나에서 경제발전의 중심은 배후의 내륙 지역으로 그리고 다른 생산물 분야로 이동했다. 농촌의 일부 임금생활자들은 이제 진정한 농민이 되었지만, 그들은 "다수의 박탈과 소수의 축적에 토대를 둔 계층화를 향하여" 빠르게 나아가는 어느 체제 속에서 그렇게 된 것이었다.[56] 일부 소수의 사람들은 도시로 이주하여 "약간 덜 빈곤한" 장인이 되었다.[57] 대다수는 결국 도시 노동자가 되었다.

부분적으로 자기 의지에 따른 이 프롤레타리아화 과정은 노동자계급의 "인종적" 분리를 두드러지게 했다.* 흑인

• 1833년 영국의 노예제 폐지로 카리브해 연안 식민지의 사탕수수 플랜테이션에서 사역되던 흑인 노예들이 해방되자 영국 정부는 더 저렴하고 온순한 대체 노동력을 확보하기 위하여 수십년 동안 주로 인도인을 계약 하인 노동자로 들여왔다. 그 결과 21세기 초에 인도인은 가이아나

크레올(Black Creole) 노동자들은 농장을 떠났고, 그들 뒤에는 인도인 계약 하인 노동자들이 그 자리를 채웠으며 이들은 나중에 자유로운 농장 거주민이 되었다.

영농을 위한 농민의 토지 보유가 가능한가, 그렇지 않은가 하는 것은 결국 인종적으로 불화를 빚게 된 또 하나의 주요한 문제였다. 백인이 지배적인 농장 사회는 크레올 소농민들에 대해 무자비한 보복을 가했다. 계약이 만료된 인도인 농민들에 대해 그렇다고 조금이라도 더 호의를 보인 것은 아니지만, 그럼에도 불구하고 그 체제는 일부 인도인 농민들의 토지에 대한 요구를 수용하는 것이 바람직하다는 것을 알게 되었다. 이런 일은 크레올 아프리카인들을 희생으로 하여 ── 때론 말 그대로 한 집단을 다른 집단으로 대체함으로써 ── 이루어졌다. 압류 토지의 강제 매각(parate execution sales) 처분은 농촌의 토지재산이 극소수의 수중에 집중되는 현상을 조장했다. 그와 동시에 그것은 크레올 아프리카인 집단으로부터 인도인, 뽀르뚜갈인, 중국인 수중으로 소유권의 이전을 촉발했다. (…)

인구의 30퍼센트 정도를 차지하는 아프리카계 흑인보다 10퍼센트 이상 더 많은 최대의 종족집단을 이루고 있다.

각종 요금 및 세금의 미납으로 인해 토지가 매각될 경우 식민 정부는 영업이익이나 축적된 저금으로 매입할 능력이 있는 사람들에게 그냥 팔아넘겼다. 기한부계약 하인으로 또는 그렇지 않은 신분으로 들어온 이민자들은 저금을 하기 위해 대단한 극기를 실천해야만 했다. 인도인의 입장에서, 모든 토지 구입은 합법적인 일이었고 심각한 궁핍에 대처하는 데 조금이나마 도움이 되었다. 정치적으로 농장주 계급은 그들 자신과 해방 이후 그들과 대립하는 전통적인 마을 소유 토지의 아프리카인 농민들 사이에 또 하나의 토지소유자 집단을 끼워 넣는 데 성공했다.[58]

이런 식으로 자본가들은 서로에 맞서 자신들의 처지를 개선하고자 했던 아프리카인과 인도인의 시도를 이용하려고 애썼으며, 로드니의 논의에 따르면, 그렇기 때문에 풍토적인 것이 아닌 그리고 "그동안 과장되어온" 인종적인 분열을 낳았다.[59] 어쨌든 노동을 통제하려는 자본가 측의 시도와 자신들의 계급적 이익을 추구하려는 노동 대중의 시도라는 맥락을 떠나서는 그것이 나타난 양상을 이해할 수 없다.

이렇게 해서 로드니는 계급 분석과 함께 시작해 그것으로 끝을 맺는다. 하지만 그러한 분석은 단 하나의 자본주의 세계경제가 작동하는 틀 안에 중점적으로 자리잡고 있으며, 그 안에서 완전한 프롤레타리아화 과정에 저항하고 있는 것은 자본가들이지 노동 대중이 아니다. 왜냐하면 그런 프롤레타리아화는 자본축적에 관한 그들의 가능성을 늘리는 것이 아니라 줄일 위험이 있기 때문이다. 이 같은 지적 분석은 노동 대중의 조직화에 대해 명확한 정치적 함의를 갖고 있다. 로드니는 이런 함의들을 실행하고자 노력했고, 또 그것들 때문에 암살당한 것이다.

〔1986〕

13장 /

세계체제 분석가 올리버 콕스

　일반적으로 세계체제 시각의 창시자로 통하는 사람들
보다 10년 앞서 글을 쓴 올리버 콕스*는 실상 모든 본질적
인 점에서 세계체제 시각과 일치하는, 역사적 자본주의에
대한 다음과 같은 다섯가지 명제를 주장했다. (1) 자본주
의는 단순히 하나의 체제가 아니다. 그것은 하나의 세계체
제(world-system)다. (2) 자본주의는 끝없는 자본의 축적
에 기반을 둔 자본주의적 세계경제로서 작동한다. (3) 자
본주의 세계경제에는 핵심부-주변부의 모순에 기초를 둔
기축적 분업이 존재한다. (4) 그 체제에서 중심 국가의 자

---

* Oliver C. Cox, 1901~74. 트리니다드 출신의 미국 사회학자로 인종주의
　와 세계 자본주의의 관계에 대해 연구했으며, 세계체제 시각의 창시자
　중 한명으로 알려져 있다.

리에는 불가피하게 꾸준한 이동이 일어났다. (5) 자본주의
는 여러번 창출된 것이 아니라 오직 한번 창출되었다.

1987년에 폴 스위지*는 이렇게 썼다.

특히 주목할 만한 사실은 콕스의 사후에 세계체제 이
론으로 널리 알려진 역사사회학의 완전히 새로운 분야가
이매뉴얼 월러스틴, 안드레 군더 프랑크(Andre Gunder
Frank), 사미르 아민(Samir Amin) 같은 탁월한 학자들의
주도로 미국에서 개척되어 급속히 성장했다는 것이다.
연대순으로 보나 논리적으로 보나 올리버 콕스는 미국
사회학계 내의 이 비교적 새롭고 환영할 만한 출발의 선
구자일 뿐 아니라 창시자로 간주되어 마땅하다.[1]

나 역시 그렇게 생각한다. 올리버 콕스는 1950년대와
60년대에 세계체제 분석의 사실상 모든 기본 관념을 상술
했다. 그는 창설자다. 그럼에도 그는 좀처럼 그렇게 인정
받지 못하고 심지어 오늘날에도 흔히 잊힌 인물이 되었다.
이 글이 이 같은 중대한 착오를 바로잡는 데 일조하기를
바란다.

---

* Paul Sweezy, 1910~2004. 미국의 맑스주의 경제학자. 『자본주의 발전
  론』 등을 저술하였고, 『먼슬리리뷰』의 편집인으로 활동했다.

올리버 콕스의 명성이 있다면 그것은 주로 그의 첫번째 주저인 『카스트, 계급, 인종』(Caste, Class, and Race) 때문이다. 그가 차후에 자본주의에 대한 3부작을 썼다는 것을 알고 있는 학자들조차 거의 없다. 하지만 나는 콕스의 기여를 이해하는 데 저술의 발표 순서가 중요하다고 생각한다. 본래 트리니다드 출신으로 미국으로 이주한 콕스는 인종차별주의, 특히 그가 여기에서 알게 된 극악한 형태의 인종차별주의의 특질을 이해하고자 했다. 그에 대한 설명을 찾는 가운데 그는 자신이 글을 쓰던 당시에 통용되던 주된 분석들이 유해하다고 판단했다. 특히 그는 하나의 설명적 변수로서 '카스트'를 이용하는 것에 대해 여러가지 이유로 불편함을 느꼈는데, 그 주된 이유는 그것이 일부 전근대 역사적 체제들에서 (그리고 물론, 특히 인도 세계에서) 오랫동안 존속한 계층화 양식(카스트)과 근대 세계체제에서 나타난 인종차별주의를 구별하지 못했기 때문이다. 그는 계층화의 메커니즘으로서 카스트와 인종 사이의 결정적 차이는 인종차별주의가 근대세계의 발명품이고 근대세계는 자본주의적 세계라는 사실로부터 비롯한다고 판단했다.

인종적 적대는 계급투쟁의 핵심적 부분인데, 왜냐하면 그것은 자본주의 체제 내에서 그것의 근본적인 특성 가운데 하나로 발달했기 때문이다. 오늘날 우리가 알다시피 인종적 적대는 대략 1492년 이전의 세계에는 존재한 적이 결코 없었으며, 더 나아가 인종적 감정은 우리의 근대 사회체제의 발전에 수반하여 발달했다는 것이 입증될 수 있을 것이다.[2]

이와 같이 콕스는 자본주의를 하나의 체제(system)로서 분석해야 하며 또한 자본주의를 인종차별주의가 창출되고 배양된 그릇으로 봐야 한다고 생각하게 되었다. 이것은 물론 인종차별주의를 끝장내기 위한 정치적 투쟁에 관하여 여러 의미를 함축하고 있었다. 콕스는 인종차별주의는 자본주의가 지속하는 한 계속될 것이며, 따라서 자본주의가 더이상 존속하지 않을 때에만 종식될 것이라고(또는 적어도 종식될 수 있을 것이라고) 확고하게 믿었다. 맑스주의적이건 아니건 간에(나로서는 이 신학적 논쟁은 다른 이들에게 넘기겠다), 그의 생각은 급진적인, 그것도 어느 흑인 지식인에게서 나온 급진적인 관점이었다. ── 게다가 그것은 의심할 바 없이 면밀하고 정통한 학자, 그 과학적 자질에 이의를 제기하기가 그리 쉽지 않은 학자인 어느 흑인 지식인에게서 나왔기에 한층 더 위협적인 관점이었다. 보수세력이 그의 목소리를 틀어막으려 한 것은 당연하다. 이러한 등식에 그 자신의 조용하고 점잖은 교양적 스타일(그는 호언장담하는 민중지도자 스타일은 아니었다)을 더해 보면, 그가 왜 1970년대의 흑인 급진주의자들에게조차 무시당하는 경향이 있었는지를 이해할 수 있다. 그럼에도 그것은 애석하고도 안타까운 일이다.

콕스는 동떨어진 별개의 두 학문 분야, 즉 인종(인종관계, 인종차별주의)에 관한 사회학과 근대세계의 경제사를 한데 합치기로 작정했다. 그가 보기에는 어느 쪽도 다른 쪽이 없으면 충분히 탐구하기가 어려웠다. 콕스는 자신이 역(逆)인종차별주의의 장점들을 제시하고 있는 것이 결코 아님을 아주 분명히 했다.

백인종이 인종적 편견을 가질 수 있는 유일한 인종이라고 말하려는 것이 아님을 분명히 해두어야겠다. 백인들 사이의 우연한 문화적 사건인 자본주의가 없었다면 아마도 세계가 인종적 편견을 결코 경험하지 않았을 것이다.[3]

"백인들 사이의 우연한 문화적 사건인 자본주의"라는 구절에 주목하자. 이에 대해서는 뒤에서 다시 논의할 것이다. 하지만 백인/유럽인들 사이에 인종차별주의에 대한 어떤 고유의 문화적 성향이 있다는 관념을 분명히 거부하고 있다는 것 또한 주목하자. 이는 많은 오해를 빚기도 했거니와 또한 그의 마지막 저술인 『인종관계: 기본 원리와 사회 공학』(*Race Relations: Elements and Social Dynamics*)에서 단호하게 표명된 바 있는, 흑인의 문화적 민족주의에 대한 그의 완강한 거부 입장의 핵심이다.

그럼 왜 자본주의 사회체제에서는 인종적 편견이 존재하는가? 콕스는 미국에서의 인종적 편견에 대한 로버트 파크(Robert Park)의 분석이 지닌 한계들에 대해 논의하면서 또 한번 아주 분명하게 자신의 의견을 밝힌다.

미국에서 인종 문제는 지배계급인 농장주 계층이 해방된 니그로를 계속 착취해야 할 필요 때문에 나타났다. 이렇게 하기 위하여 지배계급은 모든 지배하는 사람들이 하기 마련인 일, 즉 그 정책에 대한 대중의 지지를 끌어내는 일을 해야만 했다. 인종적 편견은 편리한 수단이었고 여전히 그러하다. (…)

미국에서 인종적 편견은 일부 유색인 민족 또는 민족들과 그들의 자원을 계속 착취하기 위한 백인 지배계급의 계산된 그리고 결연한 노력을 지지해주는 사회 태도상의 기반이다. 정말이지 말 뜻 그대로 백인 지배계급은 니그로의 짐이다. 백인은 니그로의 등에서 내려오는 것 빼고는 니그로를 위해 뭐든지 할 것이라는 속담은 이 같은 생각을 사실 그대로 표현하고 있다.[4]

그러나 콕스는 고비노*에 관해 말하면서 그것이 단순히 미국 내부의 문제만은 아니라고 덧붙인다. 그와는 정반대다! 국제적 차원의 문제가 인종차별주의에 핵심적이라는 것이다.

> 계급투쟁과 자본주의는 불가분하며, 근대의 인종 간 관계는 자본주의의 제국주의적 책략으로부터 발달했다. 한편 공격적·방어적 민족주의는 자본주의하에서 집단적 착취 행위에서의 연대를 위해 필요한 **집단정신**(esprit de corps)을 제공한다.[5]

인종차별주의가 서구에 문화적으로 고유하다는 관념을 거부하는 것만큼이나, 그리고 자본주의가 서구에서 문화적으로 우연적이라고 생각하는 것만큼이나, 콕스는 자본주의가 서구에서 기원했다고 확고하게 믿는다. 그에 따르면, "자본주의는 오로지 유럽에서 발달했고, 동양에서 그것은 문화적 채용의 결과다."[6]

지금까지 나는 콕스의 첫번째 저서, 즉 1948년에 출판

---

* Joseph Arthur de Gobineau, 1816~82. 프랑스의 외교관으로 아리안인의 유전학적 우월성을 주장하는 등 이른바 과학적 인종 이론으로 인종차별주의를 정당화한 『인간 불평등론』을 저술했다.

된 인종에 관한 저서에서 인용하는 방식으로 신중하게 논의를 전개했다. 분명히 자본주의에 대한 그의 관심과 분석이 이 저서에서 이미 예시되어 있지만, 차후의 3부작(1959~64)에서 상술하게 될 세세한 면들은 거기에 나타나 있지 않다. 콕스의 분석이 나중에 등장할 세계체제 분석과 얼마나 유사한지는 참으로 주목할 만하다. 나는 콕스의 저술에서 세계체제 분석과 일치한다고 생각되는 일련의 명제들을 살펴봄으로써 이를 보여주고자 한다.

1. 자본주의는 단순히 하나의 체제가 아니다. 그것은 하나의 세계체제다.

자본주의 체제를 떠나서는 어떤 자본주의 국가의 존재도 상상할 수 없는 것과 마찬가지로, 경제적으로 자본주의는 상업적이고 착취적인 관계로 한데 묶인 국가적·영토적 단위들의 체제 또는 네트워크를 형성하는 경향이 있다.[7]

고도로 통합되고 세계적인 구조를 이루려는 자본주의의 이 같은 경향이야말로 어쩌면 그것의 가장 두드러진 특징일 것이다.[8]

미국 국내 경제가 세계체제〔이것은 콕스가 '세계체제'라는 용어를 실제로 쓴 몇 안 되는 경우 가운데 하나다〕에 불가분하게 결부되어 있다는 것을 인정한다면, 군사비 지출에 대한 미국의 점진적인 의존뿐만 아니라 그 체제 내 후진국들의 극히 낮은 생활 수준에 대한 미국의 관계까지도 곧바로 분명해질 것이다.[9]

2. 자본주의는 끝없는 자본의 축적에 기반을 둔 자본주의적 세계경제로서 작동한다.

그러나 자본주의의 특이한 면은 그 아래에서 대(大)기업가가 단순히 넉넉한 생활을 위하여 일하는 게 아니라는 것이다. 그는 이윤을 통하여 자신의 부를 끊임없이 증대해야 하며 그렇지 않으면 사멸해야 한다.[10]

자본주의 체제의 한가지 고유한 특징은 그것의 무한한 범위라는 것을 유념할 필요가 있다. 그것을 어떤 국가 경제에 한정된 것으로 생각하는 것은 그것의 모든 전형적 특징을 오해하는 것이다. 자본주의 경제는 국외로 팽창하거나 아니면 정체하거나 둘 중의 하나다. 그것은 봉건제처럼 폐쇄적일 수가 없다. 고전경제학 및 맑스주의 경제학의 주요한 실수들은 대개 자본주의를 하나의

폐쇄적인 체제로 생각할 수 있다는 암묵적인 또는 명시적인 가정에 뿌리를 두고 있다.[11]

실상 맑스에 대한 그의 주된 비판은 고전경제학의 전제들에서 충분히 벗어나지 못한 그 맑스, 다시 말해 하나의 세계체제로서의 자본주의를 충분히 강조하지 않은 그 맑스에 대한 것이었다.

〔맑스는〕 자본주의에 대한 분석을 거의 끝마칠 즈음에 가서 그것의 본질에 관한 분석을 시작한다. 게다가 고전경제학에서 다반사로 그렇듯이, 그는 자기 연구의 중심에 두었어야 할 그런 문제들을 부수적인 것으로 취급한다. (⋯) 그가 말하는 '시초 축적'(primitive accumulation)은 근본적으로 자본주의적 축적에 다름 아니다. 또한 자본주의 사회가 시작되기 전에 봉건 사회가 해체되었다고 생각하는 것은 봉건제의 허약성을 너무 과장하고 자본주의 발전과의 결속력(vises)을 무시하는 것이다. (⋯)

맑스에 따르면 영국에서 자본주의 발전의 척도는 산업의 발달이었다. (⋯)

만일 맑스가 전체적인 자본주의 체제를 외국으로부터의 동력 그리고 주요 자본주의 국가들이 이용할 수 있었던 부의 원천과 함께 파악했다면, 아마도 그는 자본의 성장을 이렇게 산업의 발달로 설명하는 것에 만족하지 않았을 것이다.[12]

산업 생산을 자본주의의 본질적 요소로 간주하는 것에 대해 이렇듯 회의적인 태도를 보인다는 점 — 그는 산업화를 "자본주의적 경향의 가속장치"라고 부른다[13] — 에서 콕스는 슘페터*, 브로델**, 그리고 더 뒤에 나온 세계체제 분석과 합류한다.

근대 도시화의 진전에 관한 엄청난 오해를 빚을 수도 있을 한가지 대중적인 분류법은 산업혁명을 하나의 역사적 단절로 표현하는 것이다.[14]

사실 〔산업〕 '혁명'은 대체로 양적 변화였다. 개선의 노력에 대해 부여된 높은 가치는 초기의 대도시들로 거슬러 올라간다.[15]

---

* J. Schumpeter, 1883~1950. 오스트리아·미국의 경제학자로 경제발전 및 경기순환 등에 대한 독창적인 이론을 제시했으며, 주저로 『자본주의, 사회주의, 민주주의』가 있다.
** F. Braudel, 1902~85. 프랑스의 역사가로 주저인 『물질문명과 자본주의』 등 근대 사회경제사 분야에서 탁월한 업적을 남겼으며, 뤼시앵 페브르의 뒤를 이어 아날학파를 주도했다.

〔우리는〕 모든 자본주의는 본질적으로 상업적이라는 것을 입증하고자 한다. 자본주의 사회에서 공업은 중요하지만 하나의 특수한 위치를 차지하고 있는 것이다.[16]

공업을 핵심 요소로 보는 것에 대한 콕스의 반대는 브로델의 주장과 같은 근원, 즉 자본가들이 전문화한다는 것에 의문을 품는 데서 비롯한다.

그 스스로 주요 자본주의 국가는 전문화를 꺼리는 경향이 있다. 그것은 생산의 다각화를 위해 안간힘을 쓴다.[17]

영국은 먼 나라의 국민들에게 의식주의 기본 필수품을 제공하기 시작했고, 이렇게 해서 자본주의 체제 내 지역사회들 간의 상호의존을 엄청나게 확대하고 강화했다. 게다가 후진국 국민들의 생산은 점점 더 전문화되어, 그들의 전체 사회조직과 생활방식이 다각화된 제조업 국가들의 의사에 점점 더 휘둘리게 되었다.[18]

또한 콕스는 바로 브로델 그리고 나중의 세계체제 분석가들과 마찬가지로 자본가적 이윤에서 독점의 결정적 역할을 강조한다.

모든 주요 자본주의 사회들과 마찬가지로 한자(Hansa) 동맹*의 주된 이해관계는 언제나 상업상의 독점적 지위에 달려 있었다.[19]

독점을 강화하는 것은 자본주의의 세계체제로서의 성격이었다.

게다가 원거리 무역은 상대적으로 경쟁이 적은 지역들에 시장을 개척했으며, 그렇게 해서 시장에 대한 무지가 독점 가격을 가능하게 만들었다.[20]

역동적이기 위해, 자본가들은 역동적이어야 하며 시야가 전세계적이어야 한다.

우리는 대외무역이 하나의 자본주의 국가에 필수불가결하다는 (…) 점을 끊임없이 강조하게 될 것이다. 자본주의 국가는 교역을 하거나 아니면 멸망하거나 할 수밖에 없다. 이 같은 사실은 바로 우리 시대의 중차대한

• 13~15세기에 북해 및 발트해 연안의 여러 도시들 사이에 공동의 안전과 이권 보호, 상권 확장 등을 목적으로 맺어진 도시동맹.

국제 문제들에서 그런 것처럼 베네찌아의 경험에서 전형적으로 나타난다.[21]

본래 자본주의 체제에서의 주도적 지위는 그들이 세계 대외무역을 지배함을 의미한다. 이러한 지배는 어느 한 나라의 경제적 사태 변화에 따라 주도국이 휘둘리는 것을 줄이는 경향이 있다. 하지만 그 체제의 광범위한 변동들에 대한 의존은 줄이지 못한다.[22]

그리고 자본의 흐름은 근본적으로 주도적인 자본주의 지역들로부터 나온다기보다는 그리로 향하는 것이다. 확실히 "대외투자의 규모와 형태는 국가의 주도적 지위와 직접적인 상관성을 갖는 경향이 있다. (…)〔하지만〕주도국은 또한 최대의 자본 수입국이기 쉽다."[23] 이유는 아주 간단하다. 즉 자본이 거기에서 더 안전하기 때문이다. "외국인들은 이런 우량 증권에 투자하는 것을 마치 하나의 특권처럼 추구했다."[24] 또한 콕스는 자본만이 아니라 숙련 노동 역시 핵심부를 향해 흘러간다고 덧붙인다.

미래의 모든 주요 자본주의 국가들과 마찬가지로 베네찌아는 외국인 노동자들을 끊임없이 끌어들였다. 자체의 광범위한 시장 통제력 때문에 베네찌아의 노동 수요는 더 컸다. 루까(Lucca)에서 숙련 노동자들이 유입된 것은 훗날 위그노*들이 북유럽의 자본주의 도시들로 이주한 것과 다를 바가 없다. 현대적인 표현으로 하자면 전성기의 베네찌아는 바로 '신 자신의 나라'였다.[25]

3. 자본주의 세계경제에는 핵심부–주변부의 모순에 기초를 둔 기축적 분업이 존재한다. (콕스는 이러한 분업에 대해 아주 뚜렷이 인식하고 있었지만, 핵심부–주변부라는 용어를 쓰지는 않았으며, 이런 용어를 몰랐던 것으로 보인다.)

이 연구에 내포된 명제는 (⋯) 자본주의 체제가 후진국들이라는 넓은 토대에 의존하고 있다는 것이다. (⋯) 이것이 사실인 이유는 주도국들에서의 자본주의의 존재가 그들이 이런 나라들과 맺고 있는 특유한, 그리고 때론 간접적인 관계로부터 완전히 떼어놓고는 생각할 수 없기 때문이다.[26]

이 같은 관계로부터 끌어낼 수 있을, 비록 치명적이지만 한가지 명백한 결론은 자본주의가 그 체제 안에 포함

---

* Huguenot. 16, 17세기 프랑스의 깔뱅파 개신교도. 1685년 루이 14세가 낭뜨 칙령을 철회하면서 박해가 더 심해지자 많은 개신교도들이 네덜란드, 영국, 프로이센 등지로 망명했다.

된 모든 국가와 영토에서 똑같은 것을 의미하지 않으며 의미할 수도 없다는 것이다. 한쪽 극단에서 그것은 전체 인민들에게 인류가 지금껏 누려본 적이 없는 더 높은 생활 수준과 더 큰 자유 그리고 더 완벽한 삶을 의미할 수 있는 반면에, 다른 한쪽 극단에서 그것은 다수의 인민 대중에게 끝도 없이 계속되는 빈곤, 인종적 모욕과 채찍을 의미할 수 있다.[27]

상이한 발전 단계에서 서로 밀접한 관계를 맺고 있는 그 체제의 사회들은 시장에서 불평등한 힘과 불평등한 기회를 갖고 있다. 그 체제의 주도권은 특히 가장 탐이 나는 외국시장에서의 우월한 지위를 의미한다.[28]

실로 자본주의 중심지들은 '후진국들'과의 이러한 관계를 필요로 할 뿐만 아니라 그런 관계가 그들의 힘에서 단하나의 가장 중요한 요소로 드러난다.

사실 자본주의 자체는 핵심적으로 자본주의 선진국들 사이의 시장 상황이나 국내 거래에 의존하는 것으로 보이지 않는다. 오히려 그것은 주요 자본주의 국가들과 후진국 국민들 사이에 발달하는 경제적·정치적 관계들에 의존하는 것으로 보인다. 자본주의 시장 상황에서 나타나는 불균형과 탄력성의 핵심은 바로 여기에 있다. 그것을 대체할 것은 없다. 베네찌아가 동방 무역을 상실하고 한자 동맹이 자체의 상관(商館, kontor)들을 상실했을 때, 이 둘은 모두 자본주의 열강으로서의 그들의 전통적 지위를 잃고 말았다. 둘 다 제각기 해외에서 확보하는 생산품들이 필요했는데, 이는 특히 국내의 소비를 위해서가 아니라 그들에게 수익을 안겨다주는 대외무역의 사이클을 지탱하기 위해서였다.[29]

이는 자본주의 세계체제의 초창기에만 해당하는 사실이 아니었다. 그것은 콕스의 시대에도 역시 사실이었다.

그 주도력의 결과로서 미국은 후진국 경제들이라는 넓은 토대에 의존하는 국제적 구조의 꼭대기에 자리잡고 있다.[30]

빈곤한 국가들의 관점에서 보면 자본주의 세계경제는 마치 거미줄 같은 모습을 띠었다.

비자본주의 지역 인민들의 경제가 일단 그 체제의 시장 안으로 포섭되면, 그것은 그 체제를 떠나서 존립할 수 있는 자체의 능력을 급속하게 잃어버리는 경향이 있다.[31]

핵심부와 주변부 사이에 역사적으로 줄곧 이어져온 이 불평등 관계의 현실은 제국주의가 후기 자본주의의 산물이라는 홉슨(John Atkinson Hobson)-레닌의 주장과 명백히 배치된다. 사실은 그 반대다.

제국주의는 (…) 자본주의의 지속적인 속성으로 보인다. 간혹 주장되는 것처럼 그것은 19세기 말에 전개된 국면이 아니다. 오히려 그것은 자본주의 체제가 등장할 때부터 하나의 필수적 요소로서 함께해왔다.[32]

제국주의는 (…) 자본주의의 하찮은 혹 같은 것이 결코 아니다. 그와 반대로 그것은 바로 자본주의의 기반, 즉 자본주의의 광범위한 구조적 토대를 마련해주었다. 이 같은 사실을 인식함에 따라 모든 주요 자본주의 국가들은 당연히 그들의 제국주의적 입장을 자신들의 운명과 결부짓게 되었다. 주요 국가들은 모든 새로운 해외 벤처사업에서 가장 큰 몫을 차지하려고 하기 마련이므로 이미 손에 넣은 것으로 자족할 리가 없다.[33]

식민화를 향한 자본주의적 압박이 (…) 존재한다. 그 것의 본질적 요소는 고대에 나타난 식민화와는 구별되

어야 한다.[34]

자본주의에 대한 식민화/제국주의의 중심적 역할을 인식한 콕스는 그로부터 노예제와 노예무역에 대한 단도직입적인 견해에 이르게 되었다.

베네찌아의 노예무역은 자본주의적으로 조직된 최초의 인간 장사였다. 노예제는 물론 태곳적부터 존재했지만, 그 이력 초기에 베네찌아는 그 무역을 자신의 상품 교환 체제 안으로 끌어들였고, 주로 로마 교회가 때때로 제기한 도덕적 공격에 맞서 그 무역을 옹호했다.[35]

노예무역은 모든 노동에 대한 자본주의적 착취에서 하나의 극단적 상황이었다. 그 원리는 국내의 일반 민중을 마음속으로 '고약한' 존재로 생각하고 나중에 모든 착취 가능한 유색인들에 대해 인종적 증오와 편견을 발달시킨 동일한 이해관계의 패턴에 기막히게 들어맞았다.[36]

자본주의가 초국적인 경제관계를 중심으로 구축되었다는 생각 그리고 제국주의/식민주의가 그 체제의 기본적인 구조적 요소라는 생각으로부터 콕스의 또 하나의 신념, 즉 국가 간의 정치적 관계가 자본주의의 작동 방식에 대한 분석에서 가장 중요한 요소라는 신념이 나오게 되었다.

경제적으로 자본주의는 어떤 자본주의 국가가 이 자본주의 체제 외부에 존재하는 것을 상상할 수 없을 정도로 상업적이고 착취적인 관계에 의해 한데 묶인 국가적·영토적 단위들의 네트워크를 형성하는 경향이 있다.[37]

자본주의 체제의 유지 및 관리에서 실질적인 요소는 무엇보다도 먼저 영사 및 대사 들의 조직화다. (…) 자본주의적 교역은 항구적 제도로서 대사 및 영사 들을 필요로 하며, 이들의 기능은 말하자면 봉건적 지배자의 대리인들이 떠맡았던 기능과는 뚜렷이 구별된다.[38]

민족주의는 국가 간 체제 내의 정치적 태도로 간주된다.

민족주의는 (…) 적대관계 속에서 협력하는 불평등한 국가 단위들의 세계체제를 전제로 하며, 또한 그들 나라의 운명과 이해관계가 불가분하게 결부되어 있는 국지적 시민들의 세계체제를 전제로 한다. 바꿔 말해서, 민족주의는 자본주의 체제 내에 존재하는 특유한 국제적 경쟁과 대립에 의해 발생하는 것이다.[39]

그리고 이러한 민족주의는 모든 계급들에 호소하며 자본가 계층에 국한되지 않는다는 점에서 정말로 민족적이었다.

어느 주도국의 노동계급은 (…) 세계에 대한 그 나라의 과두지배와 팔짱을 끼고 나란히 걸어갈 만한 충분한 이유를 갖고 있다. 제국주의의 문제들에 관하여 우리는 이 계급이 민족주의적인 태도를 취하리라고 예상해도 무리가 아니다. 왜냐하면 그 국가의 제국주의적 지위에 대한 위협은 곧 그 계급 자신의 복지에 대한 위협이 되기 쉽기 때문이다. 이렇게 해서 국가 수입의 더 많은 몫을 차지하기 위해 (…) 계급투쟁이 국내에서 벌어진다. 그러나 그것은 다른 제국주의 경쟁자들 그리고 착취당하는 후진국 국민들과의 적대가 시작되는 물기슭에서 중단되기 쉬운 투쟁인 것이다.[40]

자본주의 체제 내에서 벌어지는 국가 간 경쟁의 중심적 역할을 반영하는 이 같은 민족주의 개념을 통해서 콕스는 다른 세계체제 분석가들과 함께 역사적으로 그 체제에서 중상주의(mercantilism)가 해온 역할에 대한 명확한 인식에 이르게 되었다. 중상주의는 주도국의 전략도 가장 약한 나라들의 전략도 아닌, 바로 이류에 속한 나라들의 전략이다.

중상주의는 후진적 자본주의 사회에서는 나타나지 않는다. 왜냐하면 이런 사회에서는 역동적인 자본주의적 야망의 요소와 그들 자신을 주도적 자본주의 국가로 상상할 개연성이 결여되어 있기 때문이다.[41]

중상주의 시대는 (…) 한 나라의 자본가들이 그들의 영토를 독립국가 단위로 전환하고, 기존의 자본주의 사회들에서 이미 상당히 성공적으로 시험된 사회적 관행들을 제도화함으로써 그 국가가 자본주의 체제 내의 주도력을 갖도록 조종하는 것이 가능함을 깨닫게 되는 시점에 가까운 어느 때에 시작된다.[42]

중상주의자들은 세계의 다른 모든 나라들과 국민들에 대한 그들 국가의 상대적인 지위에 주로 관심을 두었다는 것을 무엇보다도 먼저 인식해야 한다. (…) 중상주의자들은 하나의 국제 무역체제가 존재하며 거기에서 국가는 이끌든지 이끌려지든지 어느 하나일 수밖에 없다는 것을 뚜렷이 깨달았고 깨달은 대로 솔직하게 진술했다.[43]

콕스가 판단하기에 중상주의자들은 확실히 옳았다. 그

들은 자본주의 세계경제의 작동에 대해 똑바로 이해했던 것이다.

중상주의자들은 자본주의 경제에서 두가지 관계가 중요함을 알아차렸는데, 하나는 대외무역에 대한 국내 상업의 의존이고, 또 하나는 대외무역에서 제조업의 중추적 역할이었다. 그들은 다음과 같은 애덤 스미스의 비사회적인 비평, 즉 비록 국내 상거래의 총합이 수출입 총액보다 훨씬 더 큰 액수에 달한다는 것이 단순 계산으로 드러난다고 해도 "내국 또는 국내 상업이 모든 상업 중에 가장 중요〔했다〕"는 비평을 결코 받아들이지 않았다. 중상주의자들은 국내 상업을 대외무역의 부분적이면서도 중요한 지지대로 보았다. (…) 그들의 일반적 태도는 국제 경쟁의 현 상태에서 대외무역과 국내 생산이 불가분하게 연관되어 있으며 이때 대외무역 요소가 역동적인 스파크를 일으키는 역할을 한다는 것으로 보인다.[44]

이와 같이 중상주의는 이류 주자들의 전략이었다(또는 따라잡기 전략이라 불러야 하지 않을까?).

4. 그 체제에서 중심 국가의 자리에는 불가피하게 꾸준한 이동이 일어났다.

어느 주도적 자본주의 사회의 쇠퇴는 그 현상의 특징으로 나타나는 어떤 확인 가능한 사이클을 따르는 경향이 있다. 베네찌아와 한자 동맹은 함께 (…) 네덜란드에 의해 밀려났고, 네덜란드는 다시 잉글랜드에 의해 밀려났다.[45]

그리고 이 끊임없는 자리 이동의 이유는 주도국의 강점들이 줄어드는 데 있다기보다는 그 경쟁국의 강점들이 늘어나는 데 있다.

하지만 대략 1650년 이후에 조류가 썰물로 바뀌기 시작했다. 네덜란드의 쇠퇴는 주요 무역로의 이동이나 심지어 국가 자원의 고갈에 의해서가 아니라 떠오르는 열강들의 강력한 경쟁력에 의해서 일어난 것이었다. (…) 네덜란드 연합주(United Provinces)의 후퇴는 점진적이었으며, 실제로 몇몇 측면에서 그것은 주요 경쟁자들보다 더 느리게 전진했을 뿐이다.[46]

끝으로, 기존의 주도국은 쇠퇴하지만 급작스럽게 그런 것은 아니다. 예컨대, 네덜란드 연합주에 대해 논의하면서 콕스는 이렇게 지적한다.

네덜란드가 보유한 식민지는 워낙 광대하고 풍요해서 주도력을 잃고 나서도 그 나라는 번영의 거대한 완충장치에 기대고 있었다. 안트베르펜에서처럼 길에는 잡초가 자라지 않았다. 게다가 네덜란드는 급속히 팽창하는 자본주의 체제 속에 줄곧 편입되고 있었다. 자체의 해외 진출이 저지되자, 네덜란드의 축적된 부는 유럽의 자본시장에서 활로를 찾았다.[47]

그리고 이 같은 전략은 느리고 품위 있지만 매우 현실적인 일몰 과정을 예비했다. 베네찌아에 관한 논의에서 콕스는 이렇게 지적한다.

베네찌아는 쇠퇴하는 자본주의 사회의 또 한가지 전형적인 특징을 보여주었는데, 그것은 자본의 더 효율적인 사용을 위하여 새로운 주도자에게로 자본을 수출하는 경향이다. 베네찌아는 이미 외국 자본을 끌어들이는 것뿐만 아니라 자체의 축적된 재원의 투자처로서도 매력적인 대상이 아니었다. 종전의 근면한 상인들은 이제 주로 지대수취자(rentier)가 되어 해외 증권과 토지에 투자하고 사치스럽게 살았다. 숙련노동자는 예전에 그랬던 것처럼 훌륭한 모범이 더이상 아니었다. 그들은 신기술을 이용하는 다른 나라의 같은 노동자들에게 뒤처지고 말았다. 그래서 자금이 네덜란드로 줄줄 흘러갔을 때 전통적 기술을 지닌 노동자들은 운신의 폭이 좁아졌고 유달리 고통을 겪었다. 하지만 그렇다 해도 밖으로 나가는 이주자들이 상당수 있었고, 그 도시는 마침내 희미한 영광 속에 기울어가 모름지기 초기 자본주의 문화의 가장 위대한 성유물로 남겨졌다.[48]

이쯤에서 나는 콕스의 자본주의 분석 방식이 이른바 세계체제 분석이라고 불리게 된 것과 얼마나 일치하는지를 독자들이 뚜렷이 이해하리라고 생각한다. 더 나아가 이 같은 일치는 하나의 체제로서 그 체제에 대한 분석의 큰 줄기들에만 해당하는 것이 아니라 세계사 전체에 대한 그 체제의 관계라는 면에서도 역시 그러하다.

5. 자본주의는 여러번 창출된 것이 아니라 오직 한번 창출되었다.

〔자본주의〕 체제는 (…) 오직 하나의 기원이 있을 뿐

이다. 이전의 비자본주의 사회들은 그들의 내부 조직, 특히 그들의 경제구조가 그 체제의 전제적인 작동에 결정적으로 엮여 들어가 맞물리게 됨에 따라 자본주의 사회가 되었던 것이다.[49]

그렇다면 이제 중대한 질문은 언제 어디에 자본주의의 기원을 둘 수 있겠는가 하는 것이다. 이는 세계체제 분석가들 사이에 어지간히 논쟁이 되었던 문제다. 콕스 자신이 이 문제에 대해 언제나 뚜렷한 입장을 밝힌 것은 아니다. 가장 명확한 진술은 "자본주의가 세계에 결정적으로 확립된 시기로" 13세기를 지지한 것이다. "그 시기에 이르러 그 문화가 돌이킬 수 없게 되었기 [때문이다]."[50] 그가 문화라고 부르는 것의 관점에서, 다시 말해 그 체제의 결정적 요소로서 자본의 끝없는 축적을 최우선으로 한다는 점에서 그 시기로 결정했다는 것을 눈여겨볼 필요가 있다.

바로 이 지점에서 우리는 "자본주의는 백인들 사이의 우연한 사건인 자본주의"라는 그의 진술을 되새겨봐야 한다. 그는 그것이 "우연한 사건"이 된 이유를 자세히 논의하지는 않지만, 그가 베네찌아인이나 서구 유럽인 또는 특정한 어느 집단의 그 이전 문화 속에 그 체제의 시작을 설명해주는 것은 아무것도 없다는 것, 다시 말해 아무리 중요한 것일지라도 그 체제의 "문화"는 결과이지 원인은 아니라고 생각한 것은 분명해 보인다. 애석하게도 콕스의 분석 어디에도 바로 이러한 "우연한" 사건이 어찌하여 실제로 일어난 시기와 장소에서 일어났는지에 대한 논의는 나타나지 않는다.

이 글을 읽는 독자라면 콕스의 업적이 왜 그동안 널리 논의되지 않았는지 그 이유가 궁금할 법하다. 나는 이 점에 대해 곰곰이 생각해보았다. 그의 대표 저작으로 1959년에 출판된 『자본주의의 토대』(*Foundations of Capitalism*)는 1968년 독서 취향의 흐름을 타기에는 조금 시기상조였던 것이 사실이다. 하지만 거기에는 또다른 요인이 있었다. 앞서 말했듯이, 콕스는 두가지 분야의 문헌, 즉 인종 문제와 경제사 분야의 문헌을 한데 합치고자 했다. 후자의 경우, 그것은 주로 고전경제학자와 맑스, 독일 역사학파, 그리고 전통적인 영국 경제사를 의미했다. 내가 알기로, 그는 세계체제 분석에 가장 많이 영향을 준 두 부류의 문헌들을 읽지 않았다. 한편으로 그가 피렌°의 저술을 대부분 번역서로 읽었다고 해도, 아날학파 — 페브르°°, 블로끄°°°, 그

° H. Pirenne, 1862~1935. 벨기에의 역사가로 주로 중세의 상업사·도시사·문화사 분야에서 탁월한 업적을 남겼다.

°° L. Febvre. 프랑스의 역사가로 근대 경제사·지성사를 주로 연구했으며, 특히 1929년 마르끄 블로끄와 함께 『사회경제사 연보』를 창간하여 아날학파의 창설에 기여했다.

리고 특히 브로델 — 의 저술을 읽은 것으로 보이지는 않는다. 다른 한편으로 그는 후진/저개발/주변부 지역들의 경제발전에 대한 1945년 이후의 문헌, 그리고 특히 프레비시*(및 라틴아메리카 경제위원회에 소속한 그의 동료들)와 종속이론가들(dependistas)의 저술을 섭렵한 것 같진 않다. 이렇게 해서 콕스가 걸었던 길과 후일 세계체제 분석의 주역으로 알려진 저자들의 길은 서로 마주치지 않았다. 서로에 대해 한동안은 거의 알지 못했고, 한 10년이 지나고 나서 서로 결합된 후로도 콕스와 그밖의 저자들은 서로를 풍성하게 해주지 못했다. 하지만 이제 와서 그렇게 하기에는 너무 늦었다.

〔2000〕

••• M. Bloch, 1886~1944. 프랑스의 역사가로 뤼시앵 페브르와 함께 아날학파의 창설에 기여했으며, 중세 사회경제사·심성사 분야에서 탁월한 업적을 남겼다. 또한 레지스땅스의 영웅으로 2006년 빵떼옹에 안장되었다.

• R. Prebisch, 1901~86. 아르헨띠나의 경제학자로 선진국과 개도국의 불균등한 교역조건에 관한 '프레비시-싱거 가설'을 발표했으며, 1950년 라틴아메리카 경제위원회 위원장에 취임했다.

14장 /

21세기에 파농 읽기

"나는 돌이킬 수 없이 내 시대에 속한다." 프란츠 파농 (Frantz Fanon, 1925~61)은 그의 첫번째 책인 『검은 피부, 하얀 가면』(*Black Skin, White Masks*)에서 이렇게 썼다. 그때는 물론 반식민 투쟁 시기였다. 1925년 당시 프랑스의 식민지였던 마르띠니끄에서 태어나 에메 세제르°에게 배웠던 파농은 2차대전 때 연합국 편에 참전하여 내과 및 정신과 의사로 리옹에서 훈련을 받았다. 범상치 않은 그의 책 『검은 피부, 하얀 가면』은 1952년에 출판되어 당시 프랑스 지성계에 상당한 충격을 주었다. 그것은 뜨거운 절규(cri de

---

• Aimé Césaire, 1913~2008. 마르띠니끄의 시인·정치가로 네그리뛰드 운동의 기수 가운데 한명이며 식민지 이주자와 식민지 주민 사이의 갈등을 다룬 작품들을 발표했다.

coeur) — '백인 세계에 던져진 어느 흑인의 경험'[1] — 였다. 1953년에 파농은 알제리의 블리다(Blida) 정신병원에 부임했는데, 알제리 독립전쟁이 일어나기 바로 한해 전이었다. 그는 알제리인 환자들이 토해내는 고문 이야기에 금방 격분했다. 그들의 대의에 동조하고 있던 그는 사직을 한 뒤 알제리공화국 임시정부(GPRA)* 활동에 전력하기 위해 튀니지로 갔다. 그는 혁명의 공식 대변지인 『엘 묻자히드』** 지면에 두루 글을 실었다.

1960년 알제리공화국 임시정부는 그를 가나 주재 대사로 파견했는데, 그 당시 가나는 아프리카 통일운동의 사실상의 중심지였다. 임시정부에서는 그가 가나와의 유대관계뿐만 아니라 여전히 자신들의 독립을 위해 투쟁하고 있는 아프리카 내의 여러 민족주의운동과 유대관계를 다져주기를 원했다. 이 운동의 지도자들이 바로 아크라를 정기적으로 거쳐 갔던 것이다. 1960년에 내가 파농을 처음 만난 것도 바로 그곳에서였다. 우리는 세계 정세에 대해 긴 시간 동안 토론을 했다. 그는 민족해방운동들이 세계를 휩쓸고 있는 것에 매우 고무되어 있었으며, 그와 동시에 이

---

* Gouvernement Provisoire de la République algérienne. 1958년 알제리 민족해방전선에 의해 카이로에 수립된 망명정부.
** *El Moudjahid*. 알제리 민족해방전선의 공식 기관지로 '거룩한 전사'라는 뜻이다.

운동들의 지도부에 대해 그가 이미 감지한 한계의 징후들 때문에 불안함 — 마지막 책에서 그가 자세히 논의한 불편함 — 을 감추지 못했다. 그후 얼마 안 되어 그는 백혈병에 걸렸다. 그는 치료를 위해 먼저 소련에 갔고 곧 이어 미국으로 갔지만 모두 소용이 없었다. 나는 워싱턴의 병원에 입원 중인 그를 만날 수 있었고, 거기에서 우리는 미국에서 막 일어나고 있던 블랙파워 운동에 대해 논의했다. 그는 그 운동에 매료되어 있었다. 그는 미국의 세계 정책에 대해 분개했다. "미국인들은 대화에는 관심이 없다. 그들은 계속 독백만 한다"고 그는 말했다. 생의 마지막 해에 그는 주로 그리고 맹렬히, 사후에 『대지의 저주받은 사람들』(*The Wretched of the Earth*, 프랑스어 제목은 *Les Damnés de la terre*)이라는 제목으로 출판된 책을 집필하는 데 몰두했다.[2] 파농은 생전에 장뽈 싸르트르(Jean-Paul Sartre)가 쓴 유명한 머리말을 읽을 수 있었고 그가 보기에도 이 글은 대단히 훌륭했다. '대지의 저주받은 사람들'이라는 이 책의 제목은 물론 세계 노동자들의 운동가인 「인터내셔널 가」의 첫 구절에서 따온 것이었다. 1961년 그는 젊디젊은 나이에 숨을 거두었다.

미국에서는 물론이고 전세계에 걸쳐 파농에게 큰 명성을 가져다준 것은 『검은 피부, 하얀 가면』이 아니라 바로 이 책이었다. 이 책은 1968년의 세계혁명에서 절정에 달한

각양각색의 수많은 운동에 관여했던 모든 사람들에게 하나의 성경 같은 책이 되었다. 그리고 1968년 그 최초의 불꽃이 사그라지고 나서 『대지의 저주받은 사람들』은 아주 조용한 구석으로 물러났다. 1980년대 말에 다양한 정체성 및 포스트식민주의 운동들이 그의 첫번째 책을 발견하고 엄청난 관심을 쏟았지만 그 상당 부분은 파농의 요점을 놓치고 있었다. 『검은 피부, 하얀 가면』의 서론에서 썼듯이 파농은 흑인들의 소외를 극복하기 위해서는 프로이트의 정신분석이 제공해야 했던 것 이상을 필요로 할 것이라고 생각했다. 프로이트는 이를 위해 계통발생적(phylogenetic) 설명을 넘어 개체발생적(ontogenetic) 설명으로 나아갈 필요성을 역설한 바 있다. 파농에게 필요한 것은 사회요인적(sociogenic) 설명이었다. 비록 『검은 피부, 하얀 가면』이 출판된 지 30년 뒤에 포스트모던의 필수 문헌 목록에서 중심 텍스트로서 제2의 생명을 누렸다 해도 그 책은 정체성 정치에 대한 요청이 결코 아니었다. 결론 부분의 몇 줄에서 파농이 분명히 밝히고 있듯이, 실은 그와 정반대였다.

유색인의 커다란 불행은 그가 노예였다는 사실에 있다.
백인의 커다란 불행과 비인간성은 어딘가에서 그가 사람을 죽였다는 사실에 있다.
그리고 오늘날까지도 그것들이 잔존하여 이러한 인

간성 말살을 합리적으로 조직한다. 그러나 유색인으로서 나는 내가 절대적으로 존재하는 것이 가능한 한, 소급적으로 복구된 세계 안으로 나를 가둬둘 권리가 없다.

유색인으로서 내가 원하는 것은 오직 이것뿐이다.

도구가 인간을 지배하는 일이 결코 없기를. 인간에 의한 인간의, 다시 말해 어느 누구에 의한 타자의 노예화가 영원히 그치기를. 그가 어디에 있든지 간에 내가 인간을 발견하고 사랑하는 것이 가능하게 되기를. 니그로는 없다. 더이상 백인도 없다.[3]

파농이 어떤 인물이었건 간에 그는 포스트모던주의자는 아니었다. 차라리 그는 일부는 맑스주의적 프로이트주의자로서, 일부는 프로이트주의적 맑스주의자로서, 그리고 대부분 혁명적 해방운동에 온몸을 바친 인물로 묘사될 수 있을 것이다. 하지만 그가 그의 시대에 속했다고 해도, 그의 작품은 우리 시대에 내어 줄 많은 것을 갖고 있다. 『검은 피부, 하얀 가면』의 마지막 문장은 다음과 같다. "나의 마지막 기도는 이것이다. 오, 나의 육신이여, 내가 언제나 질문하는 사람이 되게 하기를!" 21세기를 위하여 파농 사상의 효용에 관한 나의 성찰을 제시하는 것도 바로 이같은 질문의 정신을 좇아서다.

그의 책들을 다시 읽으면서 나는 먼저, 파농이 특히 타자들에 대해 비판적인 입장을 취할 때 확신에 찬 의견을 단호하게 선언하는 것이 퍽 인상적이었다. 그리고 둘째로, 그런 선언에 뒤이어 때론 한참 뒤에 가서, 어찌 하는 것이 최선인지 또는 성취해야만 할 것을 어떻게 성취해야 하는지에 대한 그의 불확실한 생각들을 설명하는 것이 인상적이었다. 그리고 또한 싸르트르와 마찬가지로, 이 책들이 겨냥하는 대상은 세계의 힘 있는 자들이 아니라 오히려 '대지의 저주받은 사람들', 그에게는 '유색인'과 상당 부분 겹치는 범주라는 것이 인상적이었다. 파농은 잔인하면서도 젠체하는 힘있는 자들에 대해 늘 노여워했다. 그러나 그는 불평등하고 굴욕적인 세상을 떠받치는 데 자신들의 행위와 태도로 일조하는, 그것도 단지 빵 부스러기를 챙기기 위해 흔히 그렇게 하는 유색인들에 대해서는 한층 더 노여워했다. 여기서 나는 파농에게 딜레마였다고 생각하는 세가지 문제들 ─ 폭력의 사용, 정체성에 대한 주장, 계급투쟁 ─ 을 중심으로 나의 의견을 정리할 것이다.

『대지의 저주받은 사람들』이 그토록 많은 공감과 아울러 그토록 뜨거운 관심을 ─ 찬사와 비난을 동시에 ─ 불러일으키게 된 비결은 제1장「폭력에 관하여」의 첫머리에 나오는 문장이었다.

민족해방, 민족의 부흥, 인민의 국민 신분 회복, 공화

국, 어떤 제목을 붙이든 또는 어떤 문구를 끌어다 쓰든 간에 탈식민화는 언제나 폭력적인 현상이다.[4]

이것은 분석적인 의견인가 아니면 어떤 노선에 관한 권고인가? 둘 다 해당한다는 것이 답일지 모르겠다. 어쩌면 파농 자신도 그 둘 가운데 어느 것이 더 우선하는지 확신하지 못했을 것이다. 또 어쩌면 그것은 중요한 문제가 아니었을지도 모른다. 폭력을 사용하지 않고서는 어떤 근본적인 사회변혁도 일어날 수 없다는 생각은 새삼스러운 것이 아니었다. 19세기의 모든 급진적 해방운동은 특권을 가진 자들이 결코 자발적으로 실질적 권력을 내어주지 않으리라고 생각했다. 권력은 그들의 손아귀에서 빼앗아내야만 하는 것이다. 이 같은 믿음은 사회변혁에 이르는 '혁명적' 노선과 '개량적' 노선 사이의 당연시된 차별성을 규정하는 데 일조했다. 그러나 1945년 이후 시기에 '혁명'과 '개혁'을 구별하는 것은 그 유용성을 인정받기가 점점 더 어려워지고 ─ 특히 가장 성급하고 분노에 차 있던 그리고 가장 비타협적인 운동의 투사들 사이에서 ─ 있었다. 그리고 이렇게 해서 사회학적 분석으로서가 아니라 노선에 관한 권고로서의 폭력의 사용은 논란의 대상이 되어갔다.

일단 권력을 잡은 '혁명'운동들의 성취한 바가 애초에 그들이 약속한 것에 턱없이 못 미치는 것으로 나타났다면, '개혁' 운동들의 성취도 그다지 더 낫지 못했다는 것 역시 사실이었다. 바로 이런 이유로 폭력 노선에 관한 양면적 태도가 나타났다. 알제리 민족주의자들은 그들 삶의 행적 속에서 이 같은 순환운동을 실제로 겪었다. 1958년에서 1961년까지 알제리공화국 임시정부의 초대 대통령이었던 페르하트 압바스*는 개량주의자로서 처음 30년 동안의 정치 인생을 보냈지만 결국 그와 그 자신이 이끈 운동이 아무런 성과도 거두지 못했다는 것을 인정할 수밖에 없었다. 그는 알제리가 영원히 하나의 식민지로서 '노예화된' 상태로 있기를 원치 않는다면 폭력적 봉기가 유일하게 유효한 전술이라는 결론에 이르렀다.

『대지의 저주받은 사람들』에서 파농은 하나의 정치 전술로서 폭력의 사용에 관하여 다음과 같은 세가지 논점을 제시하고 있는 것으로 보인다. 우선, '마니교처럼 이분법적인' 식민지 세계에서 그것의 태생적 기원은 식민자들의 지속적인 폭력 행위로부터 찾을 수 있다.

그가 이해하는 유일한 언어는 폭력의 언어라고 저들이 끊임없이 말해온 그 사람은 자신의 의사를 폭력으로

---

* Ferhat Abbas, 1899~1985. 처음에는 프랑스에 대한 협력을 조건으로 한 자치공화국을 요구했으나 1956년 민족해방전선에 가담하여 외교 활동에 주력했으며, 독립 후 제헌의회 의장을 맡았다.

써 표현하기로 작정한다. 언제나 그랬듯이 사실 그가 자유롭게 되고자 한다면 어떠한 길을 취해야 하는지는 식민지 정착자가 줄곧 그에게 보여주었다. 식민지 사람이 선택하는 논거는 정착자에 의해 제공된 것이었고, 아이러니한 반전으로 이제 식민자들은 폭력밖에 모른다고 단언하는 사람은 식민지 사람이다.[5]

두번째 논점은 이러한 폭력이 식민화된 사람들의 사회심리와 정치문화를 모두 탈바꿈시킨다는 것이다.

그러나 식민지 주민에게 이러한 폭력은 그것이 그들의 유일한 일거리이기에 그들의 성격에 적극적이고 창의적인 면을 띠게 한다. 폭력의 관행은 그들을 하나로 묶어주는데, 왜냐하면 각 개인은 그 거대한 사슬의 한 고리, 다시 말해 맨 처음에 정착자들의 폭력에 반발하여 솟구쳤던 폭력의 거대한 유기체의 일부를 이루고 있기 때문이다. 집단들은 서로를 알아보며, 미래의 민족은 이미 불가분의 것으로 나타난다. 무장투쟁이 민족을 동원한다. 다시 말해, 그것은 그들을 한길 한 방향으로 내모는 것이다.[6]

하지만 세번째 논점은 두번째 논점의 낙관적인 논조, 즉 첫 장에서 환기한 민족해방 및 인간해방을 향한 일견 불가역적인 경로에 모순되는 것으로 보인다. 이 책의 2장과 3장은 알제리 민족해방 전쟁 중에 쓰여진 것으로 특히 「폭력에 관하여」라는 장에 드리운 빛으로 말미암아 대단히 흥미롭다. 2장 「자발성: 그것의 강점과 약점」은 민족주의운동들에 대한 일반적인 비판이다. 파농에 따르면, 그것들의 "태생적인 약점"은 "정치적으로 가장 의식화된 분자들, 즉 도시의 노동자 계급, 숙련노동자 및 공무원", 다시 말해 인구의 거의 1퍼센트 정도밖에 안 되는 미미한 부분에 초점을 맞추고 있다는 것이다.

> 민족주의 정당들의 압도적인 다수는 농촌 지역의 인민에 대한 깊은 불신을 내비친다. (…) 서구화된 분자들은 농민 대중에 대하여 산업화된 나라의 도시 노동자 사이에서 나타나는 것들을 연상케 하는 그런 감정들을 경험한다.[7]

이러한 태생적인 약점은 바로 그것들이 혁명운동으로 나아갈 수 없게 하는 요인인데, 왜냐하면 그것들은 서구화된 프롤레타리아트에 기반을 두지 못하고 도시 변두리에 가두어진 뿌리 뽑힌 농민층에 의존해야 하기 때문이다.

반란의 선봉에 서게 될 사람들은 바로 이러한 인간 대중, 도시 판자촌 사람들 속에, 룸펜 프롤레타리아트 속에 있다. 룸펜 프롤레타리아트, 자기 종족과 일족으로부터 뿌리가 뽑힌 굶주린 사람들의 그 무리가 식민지 인민의 가장 자발적이고 가장 급진적인 혁명세력 가운데 하나를 이루고 있는 것이다.[8]

파농은 종족에서 이탈한 룸펜 프롤레타리아트에게 바치는 이 찬가로부터 일단 권력을 잡은 민족주의운동의 성격에 대한 분석으로 넘어간다. 그의 논조는 격렬하고 가차 없다. 그는 이 책의 유명한 구절 중 하나에서 그 운동들을 이렇게 비난한다. "단일 정당은 가면을 벗고 본색을 드러낸, 파렴치하고 냉소적인 부르주아지 독재의 현대적 형태다." 저개발 국가들의 민족주의적 부르주아지는 "그들이 국가의 총체적이고 균형 잡힌 발전을 지체시킬 우려가 있다는 이유 때문에 저지해야 할 상대로 여겨서는 안 된다"고 그는 선언한다. "그들은 그저 말 그대로 아무짝에도 쓸모가 없기 때문에 단호히 저지되어야 하는 것이다." 그러고 나서 그는 다름 아닌 민족주의에 대한 비난으로 넘어간다.

민족주의는 하나의 정치이론도 강령도 아니다. 만약 당신이 당신 나라의 퇴행이나 정체, 불확실한 상황을 피하기를 정녕 원한다면, 민족의식으로부터 정치·사회 의식으로 나아갈 수 있도록 재빨리 조치를 취해야 한다. (…) 대중을 위한 먹거리로 민족주의만을 제공하는 부르주아지는 자신의 임무에 실패하며 모든 일련의 불행한 사태들에 휩싸이게 된다.[9]

바로 이 지점에서 파농은 나의 두번째 주제인 정체성의 문제로 나아간다. 그는 고대문명을 치켜세우는 것으로는 오늘날 어느 누구에게도 충족감을 주지 못한다는 말로 운을 뗀다. 하지만 그것은 서구 문화에 대해 거리를 둔다는 정당한 목적에 도움이 된다. 문화의 인종화는 애초에 식민자들, 즉 타문화들의 부재로 생긴 빈자리를 메꾸기 위해 끊임없이 백인 문화를 세워온 그 유럽인들에게 책임이 있었다. 네그리뛰드라는 개념은 "백인이 인류에게 퍼부은 그런 모욕에 대한 논리적인 안티테제는 아니더라도 감정적인 안티테제였다"라고 파농은 주장한다. 하지만 그는 이어서, "아프리카 문화를 향유하는 사람들로 하여금 그들의 권리 주장을 인종화하도록 이끈 이 역사적 의무는 (…) 그들을 막다른 골목으로 이끌기 십상이다"라고 말한다. 파농은 민족해방을 위한 정치적 투쟁이라는 맥락을 떠나서 그것과 무관한 문화적 정체성을 주장하려는 어떠한 시도에 대해서도 매우 비판적인 입장이었다. 4장 「민족문화에 대하여」에서 그는 다음과 같이 쓰고 있다.

흑인 문화를 창출하는 것이 가능하다고 생각하는 것은 니그로들이 사라지고 있음을 망각하는 것이다. (…) 흑인 문화 같은 것은 결코 존재하지 않을 것이다. 왜냐하면 흑인 공화국을 세워야겠다는 사명감을 느끼는 정치가가 단 한 사람도 없기 때문이다. 문제는 이런 사람들이 그들의 인민에게 부여하고자 하는 지위, 그들이 세우고자 작정한 사회관계들의 종류, 그리고 그들이 인류의 미래에 대해 품고 있는 구상이 무엇인지를 알아내는 것이다. 중요한 것은 바로 이것이며, 그밖의 다른 모든 것은 아무런 의미도 없는 속임수일 뿐이다.[10]

논의를 매듭짓는 그의 요지는 정체성 정치와는 정반대된다.

사람을 그의 행동으로 판단한다면, 우리는 오늘날 지식인에게 가장 시급한 것은 그의 국가를 건설하는 것이라고 말할 것이다. 만일 이 건설이 진정한 것이라면, 다시 말해 그것이 그 인민의 명백한 의지를 표출하고 아프리카 인민의 열망을 드러내는 것이라면, 한 국가의 건설에는 모름지기 보편적 가치들의 발견과 선양이 수반되기 마련이다. 다른 민족들과 결코 거리를 두려 하지 않으면서, 그 민족이 역사의 무대에서 자기 역할을 떠맡도록 이끄는 것은 바로 민족해방이다. 그리고 바로 민족의식 속에서 국제 의식이 싹트고 성장하는 것이다. 이러한 이중적인 생성이 궁극적으로 오직 모든 문화의 원천인 것이다.[11]

그러나 『대지의 저주받은 사람들』의 결론에서, 마치 그가 아프리카를 위한 다른 길 — 즉 비유럽적인 길 — 의 장점들을 한층 더 부각하려는 듯이 파농은 유럽 따라잡기를 그 목표로 삼았고 마침내 너무도 멋지게 성공한 나머지 "유럽의 오점들, 병폐와 비인간성이 소름끼칠 정도로 커져 하나의 괴물이 되어버린" 미국의 예를 지적한다. 요컨대 파농이 보기에 아프리카는 "따라잡기"를 시도하고 제3의 유럽이 되고자 해서는 안 된다. 오히려 정반대로,

인류는 그러한 모방과는 전혀 다른 무언가를 우리에게 기대하고 있다. 그런 모방은 거의 터무니없는 졸렬한 흉내내기가 될 것이다. 우리가 아프리카를 새로운 유럽으로, 미국을 새로운 유럽으로 만들기를 원한다면, 그럼 우리 나라들의 운명을 유럽인들에게 맡겨버리자. 어찌해야 할지는 우리 중에 가장 재능 있는 사람들보다 그들

이 더 잘 알고 있을 것이다. 하지만 만일 인류가 한 걸음 더 진보하기를 원한다면, 만일 인류가 유럽이 보여준 것과 다른 수준으로 올라서기를 원한다면, 우리는 발명하고 발견해야만 한다. (…) 유럽을 위하여, 우리 자신과 인류를 위하여, 동지 여러분, 우리는 환골탈태해야 하며, 새로운 개념들을 창안해내야 하며, 그리고 새로운 인간을 일으켜 세우는 데 힘써야만 한다.[12]

문화적 정체성, 민족적 정체성의 문제를 중심으로 파농이 펼친 이 두 책의 논의에서 우리는 지난 반세기 동안 그리고 아마도 차후의 반세기 동안에도 모든 반체제 사상을 괴롭혀온 근본적인 딜레마를 보게 된다. 유럽적 보편주의에 대한 거부는 근대 세계체제의 구조에서 범유럽의 패권 및 그 권력의 수사학 ── 아니발 키사노*가 권력의 식민성(coloniality of power)이라 이름 붙인 것 ── 에 대한 거부에 핵심적인 것이다. 그러나 그와 동시에 평등주의적 세계를 위한 투쟁 또는 역사적 사회주의의 열망이라 부를 수 있을 것에 헌신해온 모든 사람들은 파농이 "민족의식의 함

---

* Aníbal Quijano, 1930~2018. 페루의 사회학자. 유럽의 식민지 권력이 낳은 일종의 카스트제도 같은 차별구조가 포스트식민 시대의 사회질서, 지식 및 가치 체계, 담론 등 여러 분야에 잔존함을 지적한 권력의 식민성이라는 개념을 제시하여 이에 관한 다양한 연구를 촉진했다.

정들"이라 부른 것에 대해 경계를 늦추지 않고 있다. 그래서 우리는 계속 그런 함정들을 이리저리 헤치며 나아가고 있는데, 왜냐하면 그렇게 하는 것이 파농의 말대로 인류가 "한 걸음 더 진보"하는 미래로 나아가는 길 위에 남아 있기 위한 유일한 방도로 보이기 때문이다.

세번째 주제인 계급투쟁은 파농의 저술 어디에서도 중심 주제로 논의되는 것을 볼 수 없다. 그럼에도 불구하고 그것은 그의 세계관과 그의 분석의 중심에 있다. 그도 그럴 것이 파농은 맑스주의적인 문화 속에서 — 마르띠니끄에서, 프랑스에서, 알제리에서 — 성장했다. 그가 아는 언어와 그와 함께 활동한 모든 사람들의 언어에는 맑스주의의 전제와 어휘가 스며들어 있었다. 하지만 그와 동시에 파농과 그가 함께 일한 사람들은 그 시대 공산주의운동들의 경화(硬化)한 맑스주의에 격렬하게 반항했다. 에메 세제르의 『식민주의에 대한 담론』(*Discourse on Colonialism*)은 여전히 식민지 세계의 지식인들(물론 이들만이 아니다)이 공산당에 동참하지 않고 수정된 형태의 계급투쟁을 주창하게 된 이유에 대한 고전적인 표현으로 알려져 있다. 이 논쟁의 핵심 쟁점은 투쟁하고 있는 계급들은 무엇인가 하는 문제다. 오랫동안 논의를 지배한 것은 독일 사회민주당 부류와 소련 공산당 부류였다. 기본적인 논거는 근대 자본주의 세계에서 주요한 대립관계에 있고 그 무대를 지배하고 있는 두 계급은 도시 산업 부르주아지와 도시 산업 프롤레타리아트라는 것이었다. 누구든지 부르주아와 프롤레타리아에 뒤섞이고 자신들을 그렇게 정의하게 됨에 따라, 그외의 모든 집단들은 죽었거나 죽어가는 구조의 잔재였고 사라질 운명이었다.

파농이 글을 쓰던 시기에 이르러, 이것이 실제 상황을 타당하게 또는 믿을 만하게 정리한 것이라고 보는 사람은 비교적 소수였다. 도시 산업 프롤레타리아트는 어디에서도 세계 인구의 다수에 근접하지 않았고, 전반적으로 사슬 밖에는 아무것도 잃을 것이 없는 집단으로는 보이지 않았다. 따라서 대부분의 운동들과 지식인들은 사회학적 분석에 더 잘 들어맞고 급진정치의 토대로서 더 효과적으로 구실할 수 있는 계급투쟁의 새로운 틀을 찾고자 했다. 혁명 활동의 '선봉'이 될 역사적 주체의 새로운 후보자에 대해 여러 제안이 나왔다. 파농은 자신이 탈종족화하고 도시화한 룸펜 프롤레타리아트에서 그들을 찾아냈다고 생각했다. 하지만 그는 "자발성의 함정들"을 묘사했을 때 자신의 의구심을 인정했다.

끝으로, 우리가 파농으로부터 받은 것은 열정 이상이며 정치행동을 위한 청사진 이상이다. 그는 우리가 직면한 공동의 딜레마에 대한 아주 명쾌한 묘사를 제공했다. 폭력 없이 대지의 저주받은 사람들은 아무것도 성취할 수 없다. 그러나 폭력은 아무리 효험이 좋고 효과적이라고 해도 결국 아무것도 해결하지 못한다. 범유럽 문화의 지배에서 탈피하지 않고서 앞으로 나아가는 것은 불가능하다. 하지만 그에 따른 결과로서 특수성을 내세우는 것은 어리석음을 드러내는 짓이며, 반드시 '함정들'에 이르게 된다. 어떤 계급들이 실제로 투쟁하고 있는 것인지 우리가 알고 있기만 하다면, 중심적인 것은 계급투쟁이다. 그러나 조직적 구조 없이 룸펜 프롤레타리아트 그 자체만으로서는 동력이 없다.

파농이 예견한 대로 지금 우리는 현존하는 우리의 자본주의 세계체제로부터 다른 어떤 체제로의 장기적인 이행 과정 속에 있다. 그것은 결과가 어찌될지 전혀 알 수 없는 투쟁이다. 파농은 그렇게 말하지 않았을지 모르지만, 그의 책들은 그가 그것을 감지했다는 증거다. 우리가 집단적으로 이 투쟁으로부터 빠져나와 더 나은 세계체제로 나아갈 수 있을지 여부는 주로 파농이 논의한 세가지 딜레마에 맞서는 우리의 능력에 — 즉 그것들을 직시하고, 또한 명석하게 분석하며, 도덕적인 면에서 파농이 싸워 이루고자 했던 '탈소외'(disalienation)에 헌신하며, 동시에 정치적인 면에서 우리가 직면한 현실에 적합한 그런 방식으로 그 딜레마들에 대처하는 우리의 능력에 — 달려 있다.

〔2009〕

주

1장

1 게다가 남아프리카는 남서 아프리카에 위임통치령을 갖고 있었으며, 종전 이딸리아 식민지들의 법적 지위는 전후 조정의 일부로서 결정이 되기 직전이었다.

2 이에 가장 가까운 표현은 「식민지 인민들의 선언」(Declaration of the Colonial Peoples)의 다음과 같은 구절이다. "식민지 인민들은 외세의 제약을 받지 않고 그들 자신의 정부를 선출할 권리를 가져야 한다." Appendix in Colin Legum, *Pan-Africanism: A Short Political Guide* (New York: Praeger 1962) 137면.

3 United Kingdom, Colonial Office, *Gold Coast: Report to His Excellency the Governor by the Committee on Constitutional Reform 1949*, Colonial No. 250 (London: HMSO 1949) Appendix XIV, 100~04면.

4 Kwame Nkrumah, *Neo-Colonialism: The Last Stage of Imperialism* (Edinburgh: Thomas Nelson 1965).

5 Julius K. Nyerere, *Freedom and Unity* (London: Oxford University

Press 1967) 205, 208면. 이것은 1962년 세계청년대회에서 처음 나온 논의였고, 1963년 2월 4일 탄자니아 모쉬(Moshi)에서 개최된 아프리카-아시아 연대회의(Afro-Asian Solidarity Conference)에서 더 발전된 형태로 재론되었다.

6 The World Bank, *World Development Report, 1979* (New York: Oxford University press 1979) 11면과 13면의 〈표〉 11, 13을 참조하라.

7 미국과 남부 아프리카에서 나온 일부 데이터를 가지고 이를 측정하는 것의 이론적 문제를 다룬 연구로는, Immanuel Wallerstein, William G. Martin, and Torry Dickinson, "Household Structures and Production Processes: Preliminary Theses and Findings," *Review* vol. 3, no. 3 (Winter 1982) 437~58면을 참조하라.

8 Michael F. Lofchie, "Political and Economic Origins of African Hunger," *Journal of Modern African Studies* vol. 14, no. 3 (December 1975) 554면.

9 Nicole Ball, "Understanding the Causes of African Famine," *Journal of Modern African Studies* vol. 14, no. 3 (September 1976) 517~22면; R. W. Franke and B. H. Chasin, *Seeds of Famine: Ecological Destruction and the Development Dilemma in the West African Sabel* (Montclair, N.J.: Allanheld, Osmun & Co. 1980); Comité d'Information Sahel, *Qui se nourrit de la famine en Afrique?* (Paris: Maspero 1975)를 참조하라.

10 나의 책 *Historical Capitalism* (London: New Left Books 1983) 제1장을 참조하라.

11 같은 책 제3장을 참조하라.

2장

1 이 글은 윌리엄 G. 마틴(William G. Martin)과 공저한 것이다.

3장

1 이 글은 남아프리카 사회학회(South African Sociological Association) 연례 모임(Durban, South Africa, July 7-11, 1996)의 기조 연설문으로 작성되었다.

2 이 같은 관념들의 형성에 대해서는 "The French Revolution as a World-Historical Event," in *Unthinking Social Science* (Cambridge: Polity Press 1991) 7~22면을 참조하라.

3 이어지는 논의는 Terence K Hopkins and Immanuel Wallerstein, coordinators, *The Age of Transition: Trajectory of the World-System, 1945-2025* (London: Zed Press 1996)에서 개진한 광범위한 분석을 요약한 것이다.

4 Fernand Braudel, *Capitalism and Civilisation, 15th to 18th Century*, 3 Volumes (New York: Harper and Row 1981~84)를 참조하라.

5장

1 이 글은 시카고 대학의 산업사회연구소(Center of Study of Industrial Societies, University of Chicago)가 주최한 "종족적 표찰, 계급의 표지: 집단 정체성의 구성과 속뜻"(Ethnic Labels, Signs of Class: The Construction and Implications of Collective Identity)을 주제로 한 학술대회(October 11-12, 1985)의 기조 연설문으로 작성되었다.

2 Immanuel Wallerstein, *Historical Capitalism* (London: New Left Books 1983) 19~26면; idem. "Household structures in the capitalist world- economy," in J. Smith, I. Wallerstein, and H.-D. Evers, eds., *Households and the World-Economy* (Beverly Hills, CA: Sage 1984) 17~22면을 참조하라.

6장

1 이 글은 코넬 대학(Cornell University)에서 개최한 "21세기의 발전을

위한 도전들"(Development Challenges for the 21st Century)을 주제로 한 학술대회(Oct. 1, 2004)의 기조 연설문으로 작성되었다.

2 Volume Ⅲ of *Les colonies francaises*, Exposition Universelle de 1900, Publication de la Commission chargée de préparer la participation de la Ministère des Colonies (Paris: Augustin Challamel 1900).

3 예컨대, Anthony Atkinson, Lee Rainwater & Timothy Smeeding, "Income Distribution in European Countries," in A. B. Atkinson, ed., *In-comes and the Welfare State: Essays on Britain and Europe* (Cambridge: Cambridge University Press 1995)를 참조하라.

4 이에 관한 고전적인 논문은 Giovanni Arrighi & lessica Drangel, "The Stratification of the World-Economy: An Exploration of the Semiperipheral Zone," *Review* vol. 10, no. 1 (Summer 1986) 9~74면이다. 현재 아리기는 이에 관한 진전된 논의를 담은 논문을 준비하고 있다.

5 이는 자명하게 논리적인 것인데도 주류 경제학자들의 분석에서는 좀처럼 고려되지 않고 있다.

6 Deane Neubauer, "Mixed Blessings of the Megacities," *Yale Global Online*, Sept. 24, 2004. ⟨http://yaleglobal.yale.edu/display.article?id=4573⟩을 참조하라.

7 Ilya Prigogine, in collaboration with Isabelle Stengers, *The End of Certainty: Time, Chaos, and the New Laws of Nature* (New York: Free Press 1997)을 참조하라.

8 예컨대 "Japan and the Future Trajectory of the World-System: Lessons from History?" in *Geopolitics and Geo-culture* (Cambridge: Cambridge University Press 1991) 36~48면을 참조하라.

7장

1 이 글은 버몬트 대학(University of Vermont)에서 개최된 "정치경제학

다시 생각하기: 계급, 인종, 젠더, 국민"(Rethinking Political Economy: Class, Race, Gender, Nation)을 주제로 한 학술대회(Conference in Honer of Joan Smith's Contribution to Scholarship, Nov. 10-11, 2006)의 기조 연설문으로 작성되었다.

2 Joan Smith, "We Irish Women: Gender, History, and the World-Economy," *Review* vol. 16, no. 1 (Winter 1993) 10면.

3 같은 곳.

4 같은 곳.

5 같은 책 14면.

8장

1 이 글은 2006년 제30차 미국사회학회의 연례 학술대회의 세계체제의 정치경제학 분과 회의(30th Annaul Conference of the Political Economy of the World-system Section of the American Sociological Association, Macalester College, April 27, 2006)의 기조 연설문으로 작성되었다.

2 *After Liberalism* (New York: New Press 1995), 또한 *The Decline of American Power: The U.S. in a Chaotic World* (New York: New Press 2003)을 참조하라.

11장

1 Basil Davidson, *Can We Write African History?*, Los Angeles: African Studies Center, UCLA. Occasional Paper No. 1 (November 1965) 6면.

12장

1 Walter Rodney, *A History of the Upper Guinea Coast, 1545 to 1800* (Oxford: Clarendon Press 1970) ix면.

2 Walter Rodney, *How Europe Underdeveloped Africa* (London and Dar

es Salaam: Bogle-L'Ouverture Publications and Tanzania Publishing House 1972) 8면.

3 같은 책 160면.

4 같은 책 34면.

5 같은 책 30면.

6 같은 책 189면.

7 같은 책 118면.

8 Walter Rodney, *A History of the Guyanese Working People, 1881-1905* (Baltimore: Johns Hopkins University Press 1981) 19면.

9 *A History of the Upper Guinea Coast, 1545 to 1800*, 88면.

10 같은 책 90~91면.

11 같은 책 129면.

12 같은 책 85면.

13 같은 책 192면.

14 같은 책 196면.

15 같은 책 102~03면.

16 같은 책 106면.

17 같은 책 107면.

18 같은 책 109면.

19 같은 책 157~58면.

20 같은 책 172면.

21 같은 책 177면.

22 같은 책 182면.

23 같은 책 224면.

24 같은 책 239면.

25 같은 책 259면.

26 같은 책 199면.

27 같은 책 253면.

28 *How Europe Underdeveloped Africa*, 148면.

29 같은 책 85면.

30 같은 책 190면.

31 *A History of the Guyanese Working People, 1881-1905*, 217면.

32 *How Europe Underdeveloped Africa*, 197면.

33 같은 책 280면.

34 *A History of the Upper Guinea Coast, 1545 to 1800*, 38면.

35 같은 책 82~83면.

36 같은 책 264면.

37 같은 책 116면.

38 같은 책 117~18면.

39 같은 책 221~22면.

40 *A History of the Guyanese Working People, 1881-1905*, 31면.

41 같은 책 32면.

42 같은 책 220면.

43 같은 책 197면.

44 같은 책 60면.

45 같은 책 218면.

46 같은 책 39면.

47 같은 책 43면.

48 같은 책 44면.

49 같은 책 47면.

50 같은 책 49면.

51 같은 책 50면.

52 같은 책 44면.

53 같은 책 48면.

54 같은 책 47면.

55 같은 책 102면.

56 같은 책 106면.

57 같은 책 112면.

58 같은 책 182면.

59 같은 책 188면.

13장

1 P. M. Sweezy, Foreword to H. M. Hunter and S. Y. Abraham, eds., *Race, Class, and the World System: The Sociology of Oliver C. Cox* (New York: Monthly Review Press 1987) x면.

2 Oliver C. Cox, *Caste, Class, and Race: A Study in Social Dynamics* (New York: Monthly Review Press 1959[1948]) xxx면.

3 같은 책 345면.

4 같은 책 475면.

5 같은 책 483면.

6 같은 책 475면.

7 Oliver C. Cox, *The Foundation of Capitalism* (London: Peter Owen 1959) 15면

8 Oliver C. Cox, *Capitalism and American Leadership* (New York: Philosophical Library 1962) xiii면.

9 같은 책 xvi~xvii면.

10 Oliver C. Cox, *Capitalism as a System* (New York: Monthly Review Press 1964) 35면.

11 *Capitalism and American Leadership*, xiv면.

12 *Capitalism as a System*, 213~15면.

13 *The Foundation of Capitalism*, 456면.

14 같은 책 28면.

15 같은 책 406면.

16 같은 책 75면.

17 *Capitalism as a System*, 110면.

18 *The Foundation of Capitalism*, 441면

19 같은 책 194면.

20 같은 책 358면.

21 같은 책 71면.

22 *Capitalism as a System*, 129면.

23 같은 책 164면.

24 *The Foundation of Capitalism*, 81면.

25 같은 책 77면.

26 *Capitalism and American Leadership*, 121면.

27 *Capitalism as a System*, xi면.

28 *Capitalism and American Leadership*, xiv면.

29 *Capitalism as a System*, 8면.

30 *Capitalism and American Leadership*, xvii면.

31 *Capitalism as a System*, 103면.

32 같은 책 136면.

33 같은 책 138면.

34 *The Foundation of Capitalism*, 74면.

35 같은 책 70면.

36 같은 책 385면.

37 같은 책 15면.

38 같은 책 102면.

39 *Capitalism as a System*, 27면.

40 같은 책 194면.

41 *The Foundation of Capitalism*, 324면.

42 같은 책 393면.

43 같은 책 330~31면.

44 같은 책 356~66면.

45 같은 책 129면.

46 같은 책 244면.

47 같은 곳.

48 같은 책 131면.

49 *Capitalism as a System*, xi면.

50 *The Foundation of Capitalism*, 126면; *Capitalism as a System*, 287면.

14장

1 『검은 피부, 하얀 가면』(*Peau noire, masques blancs*)의 프랑스어 원본의 머리말을 쓴 프랑시스 진슨(Francis Jeanson)의 말을 옮긴 것이다.

2 Frantz Fanon, *The Wretched of the Earth* (New York 1963). 번역은 저자가 수정한 것이다.

3 Frantz Fanon, *Black Skin, White Masks* (London 〔1967〕1970) 164~65면.

4 같은 책 35면.

5 같은 책 84면.

6 같은 책 93면.

7 같은 책 108~11면.

8 여기서 파농은 알제리 전투(1956년 9월 알제리 식민 당국에 대한 알제리 민족해방전선의 테러 공격으로 촉발되어 1년 동안 벌어진 도시 게릴라 전투 — 역자)와 알제리 혁명에 대한 이 전투의 영향에 감화를 받았음이 분명하다. 같은 책 129면.

9 같은 책 165, 175~76, 203~04면.

10 같은 책 212~14, 234~35면.

11 같은 책 247~48면.

12 같은 책 315~16면.

감사의 말

저자와 출판인은 이전에 출판된 글을 이 책에 실을 수 있게 허락해준 여러 분들께 감사를 표한다.

1장 "How Much Change Since Independence?" in G. M. Carter & P. O'Meara, eds., *African Independence: The First Twenty-Five Years* (Bloomington, IN: Indiana University Press 1985) 330~38면.

2장 William G. Martin 공저, "Southern Africa in the World-Economy, 1870-2000," in R. E. Mazur, ed., *Breaking the Links* (Trenton, NJ: Africa World Press 1990) 99~107면.

3장 "The ANC and South Africa: Past and Future of Liberation Movements in World-System," *Economic and Political Weekly* vol. 31, no. 39 (Sept., 28, 1996) 2695~99면.

4장 "What Hope Africa? What Hope the World?" in A. O. Olukushi & L. Wohlgemuth, eds., *Road to Development: Africa in the*

Twenty-first Century (Uppsala: Nordiska Afrikainstitutet 1995) 68~84면.

5장 "Construction of Peoplehood: Racism, Nationalism, Ethnicity," *Sociological Forum* vol. 2, no. 2 (Spring 1987) 373~88면.

6장 "After Developmentalism and Globalism, What?" *Social Forces* vol. 83, No. 3 (Mar. 2005) 321~36면.

7장 "Naming Groups: The Politics of Categorizing and Identities," *Review* vol. 30, no. 1 (2007) 1~15면.

8장 "Political Construction of Islam," in K. Samman & M. Al-Zo' By, eds., *Islam and the Orientalist World-System* (Boulder, CO: Paradigm 2008) 25~36면.

9장 "A Comment on Epistemology: What is Africa?" *Canadian Journal of African Studies* vol. 22, no. 2 (1988) 331~33면.

10장 "The Evolving Role of the Africa Scholar on African Studies," in Immanuel Wallerstein, *Africa and the Modern World* (Trenton, NJ: Afrika World Press 1986) 3~9면.

11장 "Basil Davidson's African Odyssey," *Third World Book Review* vol. I, no. 3 (1985) 8~9면.

12장 "Walter Rodney: The Historian as Spokesperson for Historical Forces," *American Ethnologist* vol. 13, no. 2 (May 1986) 330~37면.

13장 "Oliver Cox as World-Systems Analyst," in H. M. Hunter, *The Sociology of Oliver C. Cox* vol. II (Stamford, CT: JAI Press 2000) 171~83면.

14장 "Reading Fanon in the Twenty-first Century," *New Left Review* no. 57 (May-June 2009) 117~29면.

오랫동안 끌던 이 책의 번역이 거의 끝나갈 무렵 이매뉴얼 월러스틴의 부음을 들었다. 고령이긴 했지만 최근까지 왕성하게 글을 쓰고 발표해오던 터라 순간 당황스러웠고 또 만감이 교차했다. 생전에 고인과 직접 만나 대화를 나눈 적은 없었지만 돌이켜보니 그와 함께 많은 시간을 보냈다는 생각이 들었다. 그의 책과 논문을 찾아 읽거나 이번처럼 번역을 하거나 그의 이론에 관한 글을 쓰면서 저자와 대화하고 고민을 나누며 교감한 시간이 적지 않았던 것이다.

월러스틴의 학문과 사상은 1980년대부터 최근까지 국내에 꾸준히 소개되어왔다. 그간 일일이 열거하기 힘들 만큼 많은 저서가 번역되었고, 언론과 잡지 지면에서 독자와 만난 기고문과 인터뷰 기사도 꽤 많은 편이다. 대표작이라

할 수 있는『근대 세계체제』와『역사적 자본주의/자본주의 문명』을 비롯하여 그의 주요 저술이 거의 다 번역되었고, 또 그의 학문 세계를 체계적으로 소개한 논문(대표적 논문으로 나종일의『세계사를 보는 시각과 방법』에 실린「월러스틴의 자본주의 세계체제론」이 있다)도 여러편 발표되었다. 이런 까닭에 월러스틴의 세계체제 분석을 여기서 자세히 소개할 필요는 없을 것 같다.

이미 오래전에 그의 이론을 접했던 이들 가운데는 그것을 오늘의 현실에 뒤처진 것으로 치부하는 이들도 없지 않지만, 사실 그 이론의 기본 관념들 가운데 상당 부분은 오늘날 그 이론적 출처를 굳이 물을 필요조차 없는 일반 상식으로 자리잡았다. 옮긴이가 보기에 많은 이들이 그의 이론에 매력을 느낀 가장 큰 특징이자 장점 — 거꾸로 많은 이들로부터 비판을 받은 단점이기도 한데 — 은 말 그대로 '하나의 세계체제'를 분석단위로 하는 거시적인 시각이라고 말할 수 있다. 인체를 하나의 체제, 즉 시스템으로 봐야만 모든 신체 부위의 기능을 제대로 파악할 수 있는 것과 마찬가지로, 근대 세계체제 역시 하나의 전체로서 분석해야만 한다는 것이다.

체제 분석이라는 이 같은 넓고 긴 시야를 통해서 그가 피상을 뚫고 들춰낸 심층의 진실은 곧잘 우리의 통념을 뒤흔든다. 예컨대, 이 책에서 자세히 논의하듯이 그는 2차대전 이후 미소 진영 간의 냉전을 맑스-레닌주의와 윌슨적 자유주의의 암묵적인 공모 관계로 파악한다. 다시 말해 두 이데올로기 진영은 표면상의 대립 뒤로, 이를테면 자결권을 행사하는 모든 국가/민족이 제각기 경제발전을 추구함으로써 인류의 진보가 실현된다는 신념을 공유하고 있었으며, 이러한 공통의 신념이 얄타 협정으로 시작된 세계 분할을 뒷받침했다는 것이다. 그에 따르면 미국과 소련은 마치 팽팽한 고무줄로 연결되어 있어서 어느 한쪽이든 장악력이 약해지면 이들의 공생관계가 깨질 수밖에 없었으며, 실제로 소련의 붕괴는 미국과 그 동맹 진영의 승리이기는커녕 미국에 감당하기 어려운 곤경을 안겨주었다.

이 책에서 자주 등장하는 반체제운동 역시 이 같은 시각에서 논의된다. 반체제운동은 1789년 프랑스혁명 이후 근대 세계체제 지문화(geo-culture)의 변형 — 특히 정치적 변화가 예외적인 것이 아니라 정상적인 것이라는 믿음 — 에 따른 자연적인 산물로 등장했고, 20세기에 이르러 '서쪽' 세계의 사회민주주의, '동쪽' 세계의 공산주의, 그리고 '남쪽' 세계의 민족해방운동 세력이 정권을 장악했다. 세계경제의 팽창기였던 1945~70년 기간은 이 운동들이 차오르는 밀물에 발전주의의 꿈을 띄운 절정기였다. 하지만 세계경제의 조수가 썰물로 바뀐 1970년 무렵부터 운동들이 약속한 꿈은 물거품이 되고 운동들에 대한 환멸의 시대가 시작되었다. 요컨대 운동들의 부침과 딜레마는 세계체제의 작동과 모순에 맞물려 있는 것이다.

이 책은 이 같은 세계체제 분석의 시각에서 아프리카에 관한 다양한 문제들을 조명하고 있다. 사실 아프리카는 1955년 무렵부터 십여년 동안 월러스틴의 주요 연구 주제였고, 1959년에 제출한 박사학위 논문도 『독립의 길: 가나와 아이보리코스트』(*The Road to Independence: Ghana and the Ivory Coast, La Haye: Mouton*, 1964)였다. 또한 그는 『아프리카: 독립의 정치학』(1961) 『아프리카: 통합의 정치학』(1967) 『아프리카와 근대세계』(1986), 그 밖의 많은 공동저술과 논문 등 아프리카에 관한 연구를 꾸준히 발표했다. 서문에서 밝히고 있듯이 이 책은 『아프리카와 근대세계』를 펴낸 이후 저자가 발표한 글들을 펴낸 것이다. 다양한 시기에 다양한 형식으로 그때그때의 현안을 염두에 두고 쓴 글들을 묶어놓은 까닭에 우리말로 옮기는 작업은 말할 것도 없고 독해하는 데도 무척 애를 먹었다. 이런 점을 감안하여 독자의 이해를 돕고자 책의 주요 내용을 나름대로 정리해보았다.

먼저 1부에서는 자본주의 세계체제의 구조적 위기와 이행, 그리고 이것이 아프리카에 미친 영향에 대해 주로 논의한다. 특히 저자는 1960년을 전후로 정치적 독립을 성취했지만 경제적 발전이라는 약속을 실현할 수 없었던 아프리카 민족해방운동 세력들의 딜레마에 눈길을 돌린다. 잘 알다시피, 이 신생 독립국들은 세계경제의 분업체제와 국가 간 체제의 구조적 압력 아래서 대단히 실망스러운 성적표를 내놓았다. 핵심부 국가들과의 경제적 격차는 더 벌어졌고, 독립국이라는 이름에 걸맞은 자주권을 행사하지도 못했다. 그러면서도 집권에 성공한 운동 세력들은 권력을 유지하기 위해 근본적인 변혁 — 진정한 해방 — 을 훗날로 미룬 채 당장의 '따라잡기'에 매진했다. 경제적 지위 향상에 그나마 성공한 사례는 일찍이 백인 정착민 집단의 경제적·정치적 우위를 바탕으로 남부 아프리카라는 광대한 배후지를 하나의 지역권으로 통합하고 그 지역권 내의 중심부로 기능할 수 있었던 남아프리카 정도로 보인다.

사실 부유한 나라 '따라잡기'는 19세기 유럽에서 등장한 반체제운동들의 역사적 전략, 즉 세계의 변혁이라는 궁극적인 목적을 위해 먼저 국가권력을 장악한다는 전략에서 비롯했다. 이의 연장선에 있었던 아프리카의 민족해방운동들 역시 국가권력의 장악이라는 잠정적 목표를 성취함으로써 현 세계체제를 침식하는 동시에 강화하기도 했다. 그럼에도 저자는 아프리카의 정치적 투쟁이 세계적인 차원에서 볼 때 강화 작용보다는 침식 작용이 더 컸다고 평가하며, 향후의 정치적 전장은 국가 간 대립이나 고전적 형태의 계급투쟁이 아니라 바로 이런 반체제운동들 내부가 될 것이라고 전망한다. 이는 현 자본주의 세계체제의 이행이 향후 수십년 동안의 조직적 투쟁에 의해 판가름 날 것이라는 저자의 소신을 반영하고 있다.

저자가 보기에 이 투쟁에서 아프리카는 관건이 되는 지역이다. 아프리카가 근대 세계체제에서 소외되어 현 체제를 지탱하는 서구의 보편주의 이데올로기에 지적으로 덜 포섭되어 있으며, 따라서 가장 창조적인 통찰, 조직적 사고의 전환과 움직임이 그곳에서 나타날 것이기 때문이다. 더 나아가 저자는 집권에는 성공했지만 진정한 해방에는 실패한 민족해방운동을 포함하여 반체제운동 전체의 실패 경험이 향후 어떤 새로운 체제로의 이행 과정에서 가장 희망적인 요인이 될 것이라는 다소 역설적인 기대를 내비친다.

이렇듯 저자는 흔히 절망의 대륙으로 묘사되는 아프리카에서 희망의 실마리를 찾고자 한다. 하지만 그렇다고 해서 아프리카를 특이하고 예외적인 대상으로 보는 것은 결코 아니다. 아프리카에 대한 시각의 변화는 저자가 보기에 아프리카 자체의 변화보다는 오히려 세계체제 전체의 변화를 반영한 것이기 십상이다. 예컨대, 1970년 무렵 전후로 아프리카에 대한 시각이 낙관에서 비관으로 바뀐 것은 세계경제 전체의 추세가 역전했기 때문이라는 것이다. 아프리카가 직면한 딜레마들 역시 그에 특유한 것은 아니다. 민족해방운동들의 권위 실추와 지지층의 이반, 국가 기능의 쇠퇴, 사회 인프라의 악화와 새로운 역병의 확산 등은 정도의 차이가 있을 뿐 세계체제 전반의 문제이다. 그것은 모든 반체제운동이 공유한 "하나의 성공적인 전략에 따른 실패의 딜레마"(300면)인 것이다.

2부에서는 근래에 와서 정치적 투쟁의 큰 쟁점이 된 정체성 정치(identity politics)의 관점에서 아프리카의 딜레마들을 다루고 있다. 특히 흑인, 백인, 인도인, 혼혈인 등 매우 다양한 종족집단이 모여 살고 피부색에 따른 주민등록과 거주구역 제한이 법률로 시행되었던 남아프리카에서 이 문제는 뜨거운 사회적 쟁점이었다. 저자가 아주 자세히 소개하듯이, 1984년에 아프리카민족회의(ANC)의 공식기관지 지면에서 '소위 유색인'(so-called Coloured)이라는 표현을 놓고 벌어진 논쟁은 자못 흥미롭다. '소위'라는 표현을 어떻게 봐야 하는지, 유색인의 범주는 무엇이며 그 용어는 정당한 것인지, 이 용어에 따옴표를 치는 것이 정치적으로 올바른 것인지, 또 '남아프리카인'이라는 명칭은 선호할 만한 대안인지 등등 꼬리에 꼬리를 물고 이어진 논쟁은 이것이 얼마나 민감한 쟁점인지를 여실히 보여준다. 미국에서 흑인을 지칭하는 말들이 끊임없이 변해온 것 ─ 깜둥이, 검둥이, 흑인, 유색인, 니그로, 아프리카계 아메리카인… 같은 명칭이라도 소문자로 시작하는 표기와 대문자로 시작하는 표기 등 ─ 또한 같은 맥락에서 이해할 수 있다.

저자는 민족성이라는 개념 같은 특정한 인구 집단의 범

주들 자체가 원초적이거나 본질적인 실체가 아니라 하나의 사회적·제도적 구성물일 뿐이며 따라서 끊임없이 변화할 수밖에 없다는 상식에서 더 나아가, 유전적 범주인 인종, 사회·정치적 범주인 민족/국민, 문화적 범주인 종족집단(ethnic group)과 같은 주요 범주들이 구조적 불평등과 생산·노동의 주기적인 재배치를 필요로 하는 자본주의 세계경제의 역사적 산물임을 강조한다. 종교적 정체성의 문제 또한 세계경제의 변동과 따로 떼서 설명될 수 없다. 저자는 대략 1500년 이후 근대 세계체제에서 꾸준히 쇠퇴하던 종교의 중심성이 1970년 무렵부터 종교적 근본주의의 형태로 대두하는 최근의 경향을 이러한 관점에서 분석하고 있다. 세계경제의 침체(이른바 꼰드라띠에프 B 국면), 그 처방으로 등장한 신자유주의와 그에 따른 양극화의 증대, 구좌파가 이끈 반체제운동들의 붕괴와 냉전의 종식 등이 바로 그 배경으로 논의된다.

3부는 세계체제와 아프리카에 관한 사유와 연구의 두드러진 사례들을 다루고 있다. 그에 앞서 아프리카 연구의 전반적인 발전 과정을 큰 붓으로 그린 10장은 아프리카에 대한 저자의 깊은 관심과 통찰을 보여준다. 1950년 무렵까지 주로 인류학의 연구 영역이었던 아프리카는 원초적이라고 간주된 '부족' 그리고 유럽 세계와의 접촉 이후에 나타난 '문화접변'을 중심으로 기술되었으며, 인류학자들은 근본적으로 이들 부족과 식민 당국 사이의 자유주의적 매개자 역할을 했다. 1950년대 민족주의 운동의 물결을 타고 연구의 초점은 부족에서 국가/민족으로, '문화접변'에서 '식민지 상황'으로 바뀌었고, 연구자 집단 및 연구 경향에서 '아프리카의 주도'가 확연히 나타났다. 그럼에도 자유주의적 매개자로서의 연구자들의 역할에는 근본적인 변화가 없었으며, 그래서 1970년대부터 학계 내부의 반성과 비판이 제기되고 갈등과 분열이 일어났다. 저자는 이 같은 아프리카 학계의 현안들이 세계체제의 변형과 아프리카 내 정치적 투쟁의 합류에 의해 결정될 것이라고 예측한다.

이어지는 네편의 글은 아프리카 연구와 세계체제론에 큰 영향을 준 선구자들을 조명한다. 먼저 11장은 현대 아프리카 연구의 개척자 역할을 한 배즐 데이빗슨의 '아프리카 오디세이'에 대한 평론이다. 그는 아프리카를 역사 없는 대륙으로 치부하던 통념에 맞서 아프리카를 재발견하고 대중들이 그 역사를 진지하게 받아들이도록 노력했다. 아프리카의 재발견은 달리 말하면 아프리카에 대한 서구의 무지를 재발견하는 것이며, 그럼으로써 서구인의 의식에 잠재한 타자 지배의 의식을 극복하는 것이다. 저자는 타자를 재발견하고 그럼으로써 자신을 성찰하는 이 과정을 셍고르가 말한 '주고받기의 만남'으로 표현하며, 이를 통해 "근본적인 공동의 다시 생각하기(rethinking)"(298면)

로 나아갈 수 있다고 말한다.

　가이아나의 역사가 월터 로드니를 다룬 12장은 근대 자본주의 세계경제의 작동 과정에서 과거 유럽의 식민지 사회들이 겪은 변화를 생생하게 드러낸다. 먼저 16세기에 뽀르뚜갈 무역상들의 노예무역으로 사회가 분열되고 물라토 상인 집단이 등장하는 등 파란을 겪으며 세계경제의 그물망에 편입된 기니의 사례는 식민지 시대를 경험한 모든 사회가 세계체제의 시각에서 자신들의 과거를 객관화할 수 있는 단초가 됨직하다. 19세기 말 노예해방 이후 가이아나의 플랜테이션에서 일어난 사회 갈등에 대한 연구 또한 대단히 흥미롭다. 해방된 노동자들이 스스로 프롤레타리아가 되고자 하는 상황에서 위기의식을 느낀 농장주들은 인도 등지에서 기한부계약 하인을 대거 들여와 그런 상황을 회피하고자 했다. 이러한 사례는 이 지역의 인종/종족 문제가 노동자의 완전한 프롤레타리아화를 순순히 감내할 수 없었던 자본가들의 저항에서 비롯되었음을 단적으로 보여준다.

　13장은 세계체제론이 공식적으로 등장하기 10여년 전인 1950, 60년대에 이미 그 이론의 골간을 구축한 올리버 콕스를 소개한다. 그 골간이란 자본주의는 하나의 '세계'체제이며 끝없는 자본축적을 목적으로 작동한다는 것, 자본주의 세계경제에는 지역 간의 불평등에 기초를 둔 기축적 분업이 존재하며, 핵심부 국가의 자리는 꾸준히 이동한다는 것 등이다. 이러한 기본 관념을 바탕으로 그는 생산의 전문화와 독점, 중상주의, 산업혁명, 제국주의와 민족주의 등에 관한 독특한 해석을 제시했다. 특히 그는 인종차별주의가 근대세계의 발명품이며 "백인들 사이의 우연한 문화적 사건인 자본주의"(333면)가 바로 그것을 낳고 배양한 그릇이라고 역설했다.

끝으로 15장 '21세기에 파농 읽기'에서 저자는 1960년 아크라에서 그리고 얼마 뒤 워싱턴의 한 병원에서 파농과 나눈 대화를 되새기며, 오늘날의 관점에서 이 혁명가의 사상에 나타나는 세가지 딜레마 ─ 여전히 정당화되기 어려운 폭력 노선, 유럽 보편주의에 맞서 민족 정체성을 옹호하는 것의 함정, 그리고 계급투쟁의 중심성을 인정하지만 그 투쟁의 주체가 분명치 않은 현실 ─ 를 차례로 논의한다. 저자는 오래전 파농의 고민 속에서 오늘날 우리 세계가 직면한 딜레마를 읽어내고, 바로 이러한 딜레마에 대응하는 우리의 능력 여하에 현 세계체제의 미래가 판가름 날 것이라고 예견한다.

거의 모든 글에서 저자는 현 세계체제의 위기와 이행의 문제를 거론한다. 그는 현 세계체제가 어떤 반체제운동이나 아래로부터의 압력에 의해 끝장날 것이라고는 생각하지 않는다. 현재의 자본주의 세계체제를 막다른 궁지로 내

모는 근본적인 원인은 바로 그 자체의 성공으로 말미암아 키워진 모순들이다. 우리 앞에 진정한 선택안들이 열리고 그래서 진정한 토론과 집단적 선택의 가능성이 열리는 것은 바로 이 같은 이행기이며, 바로 지금 우리가 그러한 위기와 이행의 시기를 지나고 있다는 것이 저자의 판단이다. 그가 얼핏 내비치고 있듯이, 한편으로 미래에 대한 낙관이 언제부턴가 우울한 정서로 바뀌고 우리가 사는 이 세계의 지속가능성에 대한 회의가 번지며, 다른 한편으로 대안적 세계화 또는 다른 세계의 가능성을 외치는 목소리가 커가는 오늘날의 현실이 어쩌면 우리가 그러한 위기와 이행의 시대를 살고 있다는 가장 확실한 징후일 것이다. 그래서 저자는 우리에게 "공에서 한시도 눈을 떼서는 안 될 것"(125면)이라고 당부한다. 이 책을 포함하여 저자가 사유와 글쓰기에 쏟은 한평생의 모든 열정은 이 기회의 시간에 열린 진정한 토론의 장에 개입하려는 의지의 표현이었다.

고인의 명복을 빌며, 끝으로 이 책의 번역을 현명한 조언과 도움으로 이끌어주신 부산대학교의 유재건 선생님과 한남대학교의 강문순, 강미숙 선생님, 그리고 창비 편집부의 이하림씨께 깊이 감사드린다.

2019년 10월
성백용

월러스틴이 우리에게 남긴 지적 도전

유재건

지난 8월 31일 세상을 떠난 이매뉴얼 월러스틴은 1998년 10월부터 매달 2회씩 써온 논평을 7월 1일 500회로 마무리하면서 그 제목을 '이것은 끝이다; 이것은 시작이다'(This is the end; this is the beginning)라고 달았다. 그 결론 부분에서 자신은 "아주 폭넓은 의미의 계급 개념으로, 결정적 투쟁은 계급투쟁"이라 생각해왔다고 썼다. 이것은 자본주의 세계체제가 지리적·사회적 차별이 중첩된 복합적 관계를 매개로 작동하기에 자신이 좁은 의미의 노동계급만이 아니라 인종·민족, 성, 세대 등에서 다면적으로 표현되는 계급관계에 주목했음을 강조한 것이다.

1974년 월러스틴의 『근대 세계체제』 1권이 출간되었을 당시, 그 책의 의미심장한 함의는 지식계에서 충분히 이

해되지 못했던 것으로 보인다. 주된 논지는 자본주의가 1450~1640년에 걸친 '장기의 16세기'에 유럽 중심의 세계경제라는 형태로 출현했고 오늘의 세계는 이 세계경제의 경계가 전지구적 규모로 확장된 결과라는 것이었다. 그후 4권까지 나온 『근대 세계체제』를 비롯한 그의 저작들은 근대 세계사에 대한 인식틀뿐 아니라 이론적 차원에서도 통상적 역사학과 사회과학의 기반을 흔드는 것이었다. 그것들은 우리로 하여금 기존 관념에서 '벗어나' 다시 생각하게끔 할 정도로 논쟁적이었지만, 그 내용의 골자가 반복 소개되는 가운데도 우리 지식계에서 정면대결로 다루어지는 경우는 별로 없었다. 그의 서거를 계기로 그가 남긴 지적 도전을 되새겨보고 싶은 것은 그 때문이다.

우선, 월러스틴의 세계체제론은 한 국가단위 내부에서 자생적으로 자본주의가 형성되었다고 상정하는 통념에 대한 도전이었다. 그는 여기서 더 나아가 사회적 변화가 일어나는 사회체제란 과연 무엇인가 하는 근본적인 질문을 던지고는 그 안에서의 삶이 자족적이고 그 발전의 동력이 내재적인 '세계체제'만이 유일하게 참다운 사회체제라고 답한다. 따라서 사회연구의 올바른 '분석단위'는 세계체제이며 주권국가들은 이 체제를 구성하는 한가지 구조로 보아야 한다는 것이다. 분석단위에 대한 문제제기는 특정한 시공간에 대한 고려를 요구한다는 점에서 기존 사회과학의 보편주의적 인식론과의 결별을 의미하는 것이다. 사실상 그간 역사학과 사회과학은 국가를 분석단위로 하겠다고 자각적으로 주장한 것이 아니었다. 우리 의식에 깊이 배어 있던 보편주의적 인식론에서는 그 단위가 막연히 국가로 상정될 뿐 그 지리적·사회적 공간의 차원은 아무래도 상관없는 것으로 망각되었던 것이다.

자본주의가 세계체제라는 형태로 출현해 지금껏 팽창해왔다는 입론은 그 자체가 근대사 해석을 넘어 사회운동 전반에 실천적·이론적 문제를 제기하는 것이기도 하다. 이것은 자본주의의 극복을 목표로 하는 좌파운동 전략에 대한 근본적인 문제제기라 할 수 있다. 극복해야 할 타깃이 '국가'가 아니라 '세계체제'의 형태로 존재한다면, 개별 국가의 권력을 장악해 사회를 변혁함으로써 국가를 소멸시킨다는 이행 전략이 아니라 세계체제 전체를 겨냥한 완전히 새로운 전략을 세워야 하기 때문이다. 가령, 백낙청의 분단체제론이 한반도 분단체제를 자기완결적인 것이 아니라 자본주의 세계체제가 한반도에서 작동하는 국지적인 양상으로 이해하면서 그 극복을 모색하는 것도 그런 전략의 일환이라 할 것이다. 월러스틴에 의하면, 오히려 '사회주의 국가'라 칭해지는 것들은 사실상 자본주의 세계경제의 틀 안에서 특정 국가기구를 지배한 사회주의 운동들일 뿐이고, 실제 사회주의 국가나 사회주의 국민경제들이 존재한다는 발상 자체도 성립하기 어려운 것이다. 이것은 소련과 동구권 국가가 자본주의 국가였다는 뜻이 아니라, 애당초 국가는 자본주의적 운운하는 속성을 가질 만한 실체가 못 된다는 뜻이다.

월러스틴의 자본주의관은 18세기 후반을 자본주의로 전환되는 시점으로 설정하고 그 특징을 자유로운 시장경제와 노동력의 상품화(임노동)에서 찾는 통상적 관점과 대립된다. 16세기의 농업자본주의에서 전환점을 보게 되면 그 출현 양상은 전혀 달라진다. 자본주의는 지리적으로 차별화된 다양한 노동통제방식들(임노동제와 함께 노예제, 강제 환금작물노동 등)의 결합에 기반한 세계적인 분업체제, 그리고 '핵심부-주변부-반주변부'라는 지리적 분업체제로 등장했다는 것이다. 그에 의하면 자본주의는 유럽 봉건체제의 위기에 따른 혼돈기에 지배층의 대응으로 시장기제를 적극 활용하는 효율적인 새로운 잉여전유 체제로 출현한 것이다. 이후 이 체제가 공고히 자리잡자 여기서 자본의 '끝없는' 축적 자체가 체제의 목적으로 작동하면서 끊임없이 팽창하게 된다는 것이다. 그는 자본주의에서 끝없는 자본축적을 위한 구조적 조건으로 시장경제의 확장과 결합된 지리적 위계제와 국가, 그리고 독점을 강조한다. 끝없는 자본축적을 위해서는 비자유노동을 확보하는 지리적 팽창, 독점과 국가권력이 필수적이고, 오히려 '완전히 자유로운' 시장은 치명적인 적이라는 것이다.

자본주의 세계체제는 탄생과 종말이 있는 역사적 체제이기에 다른 체제로 대체될 수밖에 없는데, 생산비용의 장기적 상승으로 오늘날 한계에 다다랐다는 것이 월러스틴의 진단이다. 그는 오늘날 자본주의 체제가 민중과 자본가계급 모두에게 부담이 되기에 21세기 중반경에 종언을 고할 것이라 예측한다. 우리는 지금 자본주의는 아니면서도 위계제와 양극화를 온존시키는 체제로 갈 것인가, 한층 민주적이고 평등한 대안적 체제로 갈 것인가의 분기점에 서 있다는 것이다. 그는 이러한 혼돈의 분기점에서는 사람들의 집단적 실천이 그 방향을 좌우하는 데 결정적으로 중요하다고 강조한다. 그렇다고 자본주의의 종말을 대재앙이나 최후심판의 날처럼 연상할 필요는 없다. 과거에 자본주의의 성립이 하나의 이행 과정이었던 만큼 그 종말 역시하나의 이행 과정이 될 터인데, 그는 바람직한 이행 방향은 시장경제의 폐지가 아님을 강조한다. 시장 가능성을 기각해버린 것이야말로 20세기 좌파운동들이 이론과 실천면에서 저지른 중대한 실수였다는 것이다. 그는 시장을 통한 사회적 조정이 대안적 체제에서도 중요하기에 시장의 가능성을 포기하지 않으면서도 끝없는 자본축적의 우선성을 약화시켜 제거해가는 방안을 제안하는 한편, 대안적 체제의 작동원리로서 금전이 아니라 성과에 대한 만족이라는 다른 형태의 보상체계가 필요하다는 일종의 문명적 전환의 발상을 제시한다.

이렇듯 근대 세계체제가 500년 만에 전환의 분기점에 있지만, 월러스틴은 이것이 현실 체제의 위기인 동시에 근대적 지식구조의 위기라고 주장한다. 지금 우리의 근대적 지식구조는 근대 자본주의 세계체제의 발전사와 궤를 같이해왔는데, 이제 그 세계체제가 전환기에 접어들었으니 지식구조 또한 모종의 불확실성에 직면해 있다는 것이다. 그는 근대 세계체제가 경제의 원활한 작동을 위해 세가지 요소로 구성된 문화적·지적 발판을 필요로 했다고 본다. 보편주의적 규범과 인종주의/성차별주의 관행의 역설적인 결합, 자유주의에 의해 지배되는 지구문화, 그리고 '두개의 문화' 간의 인식론적 구분에 기반한 지식구조가 그것들이다. 하지만, 이에 대해 점차 의구심이 커져가고 68혁명의 지적 대격변 이래 계속 점증하는 도전을 맞게 된 것은 우리가 모종의 전환기에 접어들었음을 보여주는 예증이라는 것이다.

그는 근대 이전의 그 어떤 역사적 체제도 진(眞)에 대한 추구와 선(善) 및 미(美)에 대한 추구 사이의 분리를 제도화한 적이 없음을 강조하고 그 통합의 필요성을 역설한다. 진선미를 동시에 추구하는 어려운 과제를 위해 그는 지식인은 반드시 세가지 차원에서 동시에 활동해야 한다고 주

장한다. 진의 추구에서는 분석가로, 선과 미의 추구에서는
윤리적 개인으로, 그리고 진선미를 통합하는 데서는 정치
적 인간으로. 요컨대 과학과 인문학의 분리를 극복하고 진
선미를 동시에 추구하는 단일한 인식론에 대한 희망은 분
석적·도덕적·정치적 지식활동의 통합된 지평에서 찾아져
야 한다는 것이다.

柳在建 | 부산대 명예교수

찾아보기

이매뉴얼 월러스틴(Immanuel Wallerstein) 1930년 미국 뉴욕에서 태어나고 자랐으며, 컬럼비아대에서 아프리카 연구로 사회학 박사학위를 받았다. 컬럼비아대, 맥길대, 뉴욕주립 빙엄튼대에서 사회학 교수로 재직했고 페르낭브로델센터 명예소장, 예일대 수석연구학자, 국제사회학회(ISA) 회장 등을 역임했다. 2019년 8월 88세의 나이로 세상을 떠났다. 한국에 소개된 저서로는 『근대 세계체제』(4권) 『역사적 자본주의/자본주의 문명』 『사회과학으로부터의 탈피』 『반체제운동』(공저) 『이행의 시대』(공저) 『유토피스틱스』 『우리가 아는 세계의 종언』 『미국 패권의 몰락』 『지식의 불확실성』 『유럽적 보편주의』 『자본주의는 미래가 있는가』(공저) 등이 있다.

성백용(成白庸) 서울대 서양사학과에서 박사학위를 받았고 한남대 역사교육과 교수로 재직 중이다. 저서로 『시대를 넘어서다』(공저) 『영웅 만들기』(공저), 역서로 『자본주의는 미래가 있는가』 『사회과학으로부터의 탈피』 『세 위계: 봉건제의 상상세계』 『사생활의 역사』(공역) 등이 있다.

세계체제와 아프리카

초판 1쇄 발행 / 2019년 11월 5일

지은이 / 이매뉴얼 월러스틴
옮긴이 / 성백용
펴낸이 / 강일우
책임편집 / 이하림 성지희
조판 / 박지현
펴낸곳 / (주)창비
등록 / 1986년 8월 5일 제85호
주소 / 10881 경기도 파주시 회동길 184
전화 / 031-955-3333
팩시밀리 / 영업 031-955-3399 편집 031-955-3400
홈페이지 / www.changbi.com
전자우편 / human@changbi.com

한국어판 ⓒ (주)창비 2019
ISBN 978-89-364-8645-7 93300

* 이 책 내용의 전부 또는 일부를 재사용하려면
  반드시 저작권자와 창비 양측의 동의를 받아야 합니다.
* 책값은 뒤표지에 표시되어 있습니다.